"十二五"职业教育国家规划教材
高等职业学校旅游类专业教材

高等职业学校旅游类专业教材

饭店前厅服务与管理

（第二版）

主　编　陈的非　刘秀珍

中国轻工业出版社

图书在版编目（CIP）数据

饭店前厅服务与管理／陈的非，刘秀珍主编. —2版.
—北京：中国轻工业出版社，2021.6
“十二五”职业教育国家规划教材　高等职业学校旅游类专业教材
ISBN 978-7-5184-0452-0

Ⅰ. ①饭… Ⅱ. ①陈… ②刘… Ⅲ. ①饭店—商业服务—高等职业教育—教材 ②饭店—商业管理—高等职业教育—教材
Ⅳ. ①F719.2

中国版本图书馆CIP数据核字（2015）第057622号

责任编辑：史祖福
策划编辑：史祖福　　责任终审：劳国强　　封面设计：锋尚设计
版式设计：锋尚设计　　责任校对：燕　杰　　责任监印：张　可

出版发行：中国轻工业出版社（北京东长安街6号，邮编：100740）
印　　刷：三河市万龙印装有限公司
经　　销：各地新华书店
版　　次：2021年6月第2版第2次印刷
开　　本：787×1092　1/16　　印张：12
字　　数：230千字
书　　号：ISBN 978-7-5184-0452-0　　定价：26.00元
邮购电话：010-65241695
发行电话：010-85119835　传真：85113293
网　　址：http://www.chlip.com.cn
Email：club@chlip.com.cn
如发现图书残缺请与我社邮购联系调换
210645J2C202ZBW

PREFACE 前言

旅游与饭店业是当今世界发展最迅猛的行业之一。目前全球旅游业的接待规模每年约7亿人次，据预测，到2020年将增至15亿人次。旅游行业的迅猛发展带来了大量的就业机会，预计未来10年，全球旅游业与饭店业每2.5秒将创造一个新的工作机会。因此，培养应用型、复合型高级旅游、饭店业人才也成为旅游饭店职业教育和职业培训的光荣使命。为此，我们组织一线教师和旅游饭店行业专家，对饭店前厅服务与管理工作过程进行分析、确定岗位能力素质要求，并以岗位能力素质要求为依据，编写《饭店前厅服务与管理》高职高专工学结合的特色教材，以适应旅游饭店职业教育和职业培训发展的要求。

本教材在第一版的基础上进行了修订，以客人抵达饭店前的订房、到达饭店的登记入住、客人入住店内相关的客房服务，直到退房这一连串的工作内容和程序为主线，采用项目导向、任务驱动的模块化结构进行编写，使课程内容与职业岗位实际工作过程相适应。全书共分为八个项目，每个项目由多个任务来驱动。每个项目后面都附有习题作业以帮助学生更好地巩固所学的内容。习题作业主要包括两大部分：第一大部分是项目练习，由讨论题和案例分析题为主，目的是帮助学生梳理项目中的主要理论知识点；第二大部分是项目实训，设置了实训要求、目的、内容、步骤和考核等，目的是为老师和学生设置一个完整的实训场景，方便老师的实训教学，提升学生的实践动手能力，最终使教学达到现代职业教育提倡的“专业性、高技能、实用性”的要求，实现教学标准与评价跟企业要求接轨。

本教材的具体内容包括：前厅部概述、礼宾服务、客房预订、接待服务、问讯服务、商务中心与总机服务、前厅宾客关系管理、前厅部人力资源管理。本教材可供高职高专旅游与酒店管理专业使用，也可作为行业职业培训教材使用。

目前“饭店”和“酒店”两个词在行业中的含义基本趋于一致，但根据行业和实践中的一些特定使用习惯和规范，在教材中的使用也有所区别。

本教材由广东轻工职业技术学院陈的非和刘秀珍担任主编；广东轻工职业技术学院朱列文、陈海山、陶静、魏建芳和王丹担任副主编；陈艳艺和石灵心参与了本教材的编写整理工作；广州白天鹅宾馆张丹凤对本书的编写提供了不少支持和帮助。本书在编写过程中，还得到诸多酒店管理人士的热心帮助，也参考和引用了国内外作者的相关研究成果，在此一并表示衷心感谢。

由于编者水平有限，书中内容如有缺点错误，敬请广大读者指正。

编者

2015年3月

CONTENTS 目录

项目一

前厅部概述

■ 知识目标

❶ 认识前厅部在现代酒店经营管理中的基本功能和重要地位

❷ 了解前厅部的组织机构设置与主要岗位职责

■ 技能目标

❶ 掌握前厅部员工的素质要求

❷ 能自觉应用这些岗位素质要求来规范自身学习、工作和日常生活习惯

❸ 不断提升自身职业素养

【案例导入】

某酒店下午6点钟左右，总台来了三位客人，当客人提出要开特价房时，接待员很礼貌地告诉客人："对不起，先生，特价房已住满，您看其他的房间可以吗？"没等接待员把话说完，客人就不高兴了："怎么会没有呢，是不是你们骗我？"这时，接待员耐心地向客人解释："先生，我们酒店的特价房数量是有限的，每天只推出十几间房作为特价出售，今天是周末，客人比较多，一般到了下午这个时候特价房已售完了，假如您提前打电话跟我们预订，我们就可以帮您预留出来，不过，您这次入住的房价我可以按贵宾的优惠给您打折，您看怎么样？"客人有些犹豫，但他的两位同伴不耐烦地说道："不住这里了，到××酒店去，那里肯定还有特价房。"不过，这位客人似乎对接待员的一番话有点心动，对他的同伴说："难得小姐这么热情地接待，就住这里算了，不过，说实在的，我主要还是觉得你们酒店的客房电话特别安静，没有乱打或骚扰的电话。"其实，客人之所以最后选择入住这家酒店不只是因为前台接待员留住了客人，总机接线员的服务也给客人留下了好的印象。

案例分析 酒店总机接线员除了认真做好日常接线工作以外，还需要在客房电话控制上下工夫。这个案例也从另一个侧面说明，前厅部员工的服务质量和酒店形象是一个综合的整体，任何一个环节上出现差错或疏忽，都将直接影响到酒店的经营效果，这就要求前厅部员工以出色的工作直接或间接给客人提供优质的服务。

任务1 前厅部的地位和功能

前厅部，又称前台部或大堂，是客人抵达酒店、离开酒店的必经之地，是酒店留给客人第一印象和最后印象的部门；对客人人身财产安全起着至关重要的作用；是酒店组织客源、销售客房商品、沟通和协调酒店各部门的对客服务工作，并为宾客提供前厅系列服务的重要部门。

一、前厅部的地位

前厅部是酒店综合业务部门和首席业务部门，因此，它的地位十分重要，通常可将其在酒店的地位概括为"五个中心"。

（一）酒店整体形象展示中心

前厅部是给客人和公众留下第一印象和最后印象的地方。富丽堂皇的大堂、豪华的灯饰，亮丽的服饰，笑容可掬的员工，温馨的氛围都会给客人和公众以愉悦的心情。对于那些"四海为家"的商务客人而言，每当他们走进一家酒店的前厅，不用看星级铜牌，也不用问业主是谁，他们凭多年住店的经验就可以轻而易举地感受出这家酒店的服务水平和星级档次。所以，我们通常将前厅喻为酒店的“脸面”。这张脸面是否漂亮，是否迷人，不仅取决于大堂的设计、布置、装饰、灯光等硬件的豪华程度，还取决于前厅员工的精神面貌、办事效率、服务态度和服务技巧。

（二）酒店对客服务中心

前厅是对客服务的起点和终点，前厅的服务，贯穿于酒店对客服务的全过程，在很大程度上决定了客人的满意度。

前厅是客人抵店后首先接触的部门，礼宾员的行李服务和接待处的开房服务，是酒店给客人留下的第一印象。从心理学上讲，第一印象非常重要，客人总会带着第一印象来评价一个酒店的服务质量。如果第一印象好，即使在住宿期间遇到不如意的地方，客人也会认为是偶尔发生的，可以原谅。客人离开酒店也是从前厅离开的，这里也是酒店给客人留下最后印象的地方，而最后印象在人的脑海里停留的时间最长。前厅结账服务的效率、技巧和态度会给客人留下最后的印象，如果最后一站的服务没有做好，则会影响客人在住店期间的满意度甚至会丧失。

（三）酒店经营活动的枢纽中心

前厅部通过销售客房带动了酒店其他部门的经营活动，它犹如酒店的枢纽，在很大程度上控制和协调了整个酒店的对客服务工作。前厅部任何一条有关客源、客情变化以及客人投诉的信息都会影响到其他部门的工作和对客服务质量。从客人抵店前的预订、入住到客人结账离店，通过前厅部的工作完成了客人付出房租后获得多少价值回报的整个过程，是酒店经营活动成效优劣的集结点。另外，前厅部能否成功地推销客房，留住每一位客人，能否适时适度地增加客房的入住率，提高前厅散客的房价，都是提高酒店经济效益的主要因素。

（四）酒店的信息中心

前厅部直接面对客人和市场，市场的发展趋势、房价的变化、客人的需求和服务质量的反馈等各种信息都汇集在前厅的资料库。通过整理信息资料，建立完善的客史资料，对市场的调研和预测以及对资料进行定期统计分析，为酒店的经营管理和决策提供有参考价值的依据。管理层一般是根据前厅提供的客人预订信息和经营数据来决定未来一个时期内房价的走向和定价策略的。

（五）酒店的人才中心

前厅部的综合性工作，要求配备各种专业性人才。部门的各个班组，从礼宾处、大堂副理、接待处、结账处、商务中心到电话总机，由于工作性质各不相同，工作特点各不一样，业务涉及面宽，因此，对员工和管理人员的文化程度、综合素质要求也高，且一般要求具备英语听说能力。在酒店所有部门中，可以说对前厅部的员工的平均要求指数是最高的。前厅部有条件培训和造就一支具有专业知识和专业技能的员工队伍，并不断地向酒店其他部门输送各种人才。

二、前厅部的功能

前厅部在酒店运行中起着推销、沟通、协调等重要作用，是酒店的“神经中枢”，具体有下列九项功能。

（一）销售客房

前厅部的首要功能是销售客房。客房是酒店最主要的产品，其收入是酒店营业收入的主要来源。我国的许多酒店和世界上相当数量的酒店一样，客房的盈利占整个酒店利润总额的50%以上。因此，前厅部能否有效地发挥销售客房的功能，将影响酒店的经济效益。前厅客房销售的任务由以下四个方面的工作组成。

1. 订房推销

前厅部总台设有专门的客房预订部，其主要工作就是预售客房和做好与之有关的售前服务工作。预订员必须熟练掌握酒店房况、房价政策，能积极主动地与客人达成订房协议。订房成功与否取决于预订员的工作态度、推销技巧及其受训程度。一个酒店的客房预订量越大，则客房销售就越有保证。因此，成功的订房推销是酒店客房销售的重要组成部分。

2. 接待无预订客人

接待无预订客人是向那些未经预订、直接抵店的临时客人销售客房。总台接待员在接待这类客人时，需要表现出良好的推销能力，在使客人感到宾至如归的温馨服务的同时，向客人推销客房及酒店的其他产品与服务。对于酒店客房销售来讲，这种接待推销是十分重要的。

3. 办理入住登记

所有客人住店都必须经过总台办理入住登记手续。接待员在办理入住手续时，也须表现出推销功能。对于有预订的客人来说，房价、附加费用、店内服务项目的商定，都会对他是否住店产生影响。而对于未预订的散客来讲，正如前面所述，总台接待员从一开始就要进行一个完整的推销工作。

4. 排房、确定房价

客房营业收入的高低取决于销售客房的数量和价格。合理安排客房和正确定价对于酒店的营业收入是十分重要的，这也是前厅部销售客房的重要一环。前厅的接待员应当清楚地认识到这一点，即不仅要注意销售客房的数量和价格，还要注意是否将合适的房间安排给客人。因为酒店销售的并非价格，而是产品和服务，正确地排房有利于提高客房的使用率和客人的满意度，使他们感到物有所值。

总之，客房销售是前厅部首要的功能。客房营业收入是考核前厅部管理及运转好坏的重要依据之一。同样，衡量一位总台服务人员的工作是否出色，往往也参考其客房推销的能力和实绩。可见，前厅部的全体管理者及员工应全力以赴按确定的价格政策推销出去尽量多的客房，积极发挥销售客房这一重要功能。

（二）提供信息

除了发挥销售客房的功能外，前厅还应成为提供信息的中心。地处酒店显眼地段的前厅部的总台是服务人员与客人的主要接触地点，前厅服务人员应随时准备向客人提供他感兴趣的资料，如将餐饮活动（举行美食周、厨师长特选等）的信息告诉客人。这样做，不但能方便客人，还能起到促进销售的作用。

前厅部服务人员还应向客人提供酒店所在地、所在国的有关信息和指南。例如，向客人介绍游览景点的特色，购物中心的地点及营业时间，外贸公司及科研机构的地址、联系人、电话号码，本地区及其他城市主要酒店的情况，各类交通工具的抵离时间等。

前厅部的服务人员应始终做好准备，充分掌握和及时更新各种固定的与变动的信息，以亲切的态度、对答如流的技能，给客人提供正确无误的信息。

（三）协调对客服务

为了能使客人享受到高水准的服务，前厅部服务人员应以优质的服务来衔接酒店前、后台之间及管理部门与客人之间的沟通联络工作。为了使客人满意，前厅部应在客人与酒店各有关部门之间牵线搭桥。例如，客人投诉房内暖气不足，前台服务人员应及时向工程部反映，并通过适当途径给客人以满意的答复。前厅部的责任是根据客人的需求，发挥其信息的集散点和总经理室的参谋部的作用。

（四）控制客房状况

控制客房状况是前厅部又一重要功能，这项功能主要由两方面的工作组成。

1. 协调客房销售与客房管理

协调客房销售与客房管理，一方面是指前厅部必须正确地向销售部提供准确的客房信息，避免超额预订和使销售部工作陷入被动；另一方面是前厅部必须向客房部提供准确的销售客情，以使其调整工作部署。例如：总台排房时应注意将团队、会议用房相对集中，以便客房的清洁和管理；在客情紧张的旺季应将客情随时通报客房部，以便其安排抢房和恢复待修房。必须强调，协调好客房销售与客房管理之间的合作关系是前厅部的重要职责。前厅部和客房部双方都必须抱着理解与合作的态度，努力为每一位客人提供准备好的房间，最大限度地将客房销售出去。

2. 正确反映酒店的客房销售状态

正确反映酒店的客房状况依赖于前厅部负责管理的两种客房状况显示系统：一种为预订状况显示系统，也称为客房长期状况显示系统；另一种为客房现状显示系统，也称为客房短期状况显示系统。目前，大多数酒店使用计算机管理，其应用软件内含有这两种控制系统的子目录。还未使用计算机的酒店通常要用客房状况显示架（分为预订显示架和总台开房显示架两种）来控制和反映客房状况。客房状况控制系统要随时反映整个酒店每间房——住客房、走客房、可售房、待修房、内部用房等的状况。及时准确地掌握酒店状况为客房销售提供了可靠的依据，也是前厅部的管理目标之一。要做好这项工作，除了控制系统计算机化和拥有必要的现代化通信联络设备外，还必须建立健全行之有效的管理制度，切实做好与客房、销售、收银等部门之间的信息沟通工作。

（五）提供各种前厅服务

作为对客服务的集中场所，前厅部还是一个直接向住店客人提供各类相关服务的前台服务部门。例如，电话、商务、行李、接受投诉、邮件、票务代办、钥匙收发、迎宾接站、物品转交、留言问讯服务等。这些众多工作内容构成了直接对客服务的功能，其中有一些服务还担负着为酒店创收的任务。但是，前厅部最主要的任务是通过日益完善的机制和管理将各种服务工作做好，前厅部的服务质量也是其重要的考核内容之一。高质量的前厅服务能使客人对酒店的总体管理水平留下良好的、深刻的印象。目前，世界上一些酒店奉行“大堂区域”管理理论，其核心思想是使客人在酒店客人集中处的一层大厅内形成对酒店气氛、服务与档次的良好感觉，以便为其他各项服务工作的进行提供一个良好的基础，从而促使客人对酒店总体留下良好、深刻的印象，而前厅的服务与管理显然是这“大堂区域”管理中最为关键和重要的一环。因此，前厅部的管理人员要在积极推销酒店产品的同时将自身所提供的各种服务的质量抓好，以顺利实现其服务功能。

（六）建立客账

目前，大多数酒店为了方便客人、促进消费，都已经向客人提供了统一结账服务。客人经过必要的信用证明，查验证件后，可在酒店营业点（商场部除外）签单赊账。前台收款处不断累计客人的消费额，直至客人离店或其消费额达到酒店政策所规定的最高欠款额时，才要求客人付款。要做好这项工作，必须注意建立客人账户、对客人消费及时认真地登记和监督检查客人信用状况这三个环节。

客人账单可以在客人预订客房时建立（记入订金、预付款和信用卡号码），或在其办理入住登记手续时建立。建立客账的目的是记录和监视客人与酒店之间的财务关系，以免酒店发生经济上的损失。前厅部的职责是区别每位客人的情况，建立正确的客账，提供客人以往消费和客人信用的资料，以保持酒店良好的信誉及应有的经营效益。

（七）结账离店

客人离店前，前厅部员工应核查其账单。客人要办理离店手续时，应将账单交给客人，请客人检查。离店手续办理完毕，前台应按程序与有关部门进行及时的沟通。

做好客人离店工作是十分重要的。客人住店期间，全体员工竭尽全力地提供给客人优质的服务，如果在最后一刻，由于某一环节上的疏忽，而使客人对酒店的美好印象受到损害，那是令人十分遗憾的。让客人心满意足地离去是酒店的一个重要目标，满意而归的客人很可能成为酒店的回头客，酒店的良好声誉在很大程度上取决于常客的间接宣传。

（八）建立客史档案

由于前厅部为客人提供入住及离店服务，它自然就成为酒店对客服务的调度中心及资料档案中心。大部分酒店为住店一次以上的零星散客建立客史档案。按客人姓名字母顺序排列的客史档案记录了酒店所需要的有关客人的主要资料。这些资料是酒店给客人提供周到的、具有针对性的服务的依据，同时也是酒店寻找客源、研究市场营销的信息来源。所以，前厅部必须坚持规范建档和保存制度化两项原则。

（九）辅助决策

前厅部处于酒店业务活动的中心地位，每天都会接触大量的信息，如有关客源市场、产品销售、营业收入、客人意见等。因此，前厅部应当充分利用这些信息，将统计分析工作制度化和日常化，及时将有关信息整理后向酒店的管理机构汇报，与酒店有关部门沟通，以便其采取相应对策，适应经营管理上的需要。为了起到决策参谋的作用，前厅部还应当将有关市场调研、客情预测、预订接待情况、客史资料等收存建档，以充分发挥这些原始资料的作用，真正使前厅部成为酒店收集、处理、传递和储存信息的中心。

前厅部的管理人员还要亲自参与客房年度销售预测，进行月度、年度销售统计分析，向总经理提供有价值的参考意见，并亲自检查各类报表和数据，通过掌握大量的信息来不断改善本部门和酒店的服务工作，提高前厅部的管理水平。

从上面介绍的九项功能中可以看出，前厅部是酒店的营业中心、协调中心和信息中心，它在酒店经营中起着销售、沟通、控制、协调服务和参与决策的作用。前厅部管理的好坏与上述九项功能是否正常发挥作用密切相关，特别是与首要功能——销售客房有关，也就是与酒店的经营效益有关。因此，在日常的运转与管理中，前厅部必须重视以上九项功能的正常发挥。

任务2 前厅部的组织机构和岗位职责

一、前厅部组织机构

（一）前厅部组织机构设置原则

1. 从实际出发

前厅部机构设置应该从酒店性质、规模、地理位置、经营特点、管理方式的实际出发，不能机械地模仿其他酒店的设置。

2. 精简机构

前厅部组织机构的设置，必须遵守精简原则。前厅部机构的精简，不仅有利于节省劳动力，而且有利于工作效率的提高和人际关系的融洽。否则，人浮于事，势必影响前厅业务运转效率。特别是前厅的管理人员更应精简，前厅的定员一定要以前厅工作分析为基础，以工作定员工，不要因人定岗。

3. 统一原则

无论酒店的规模大小，在设置前厅组织机构时，务必遵循统一指挥、权责分明的组织原则，这样才更利于前厅效能的发挥。

4. 便于协调

前厅工作中涉及的部门比较多，例如，客房部、餐饮部、工程部、营销部、总经办、保卫部等。因此，前厅部的各岗位设置要方便与酒店各部门之间的工作协调，以便有条不紊地开展各项对客服务工作。

（二）前厅部组织机构设置图

大型酒店前厅部组织结构如图1-1所示。

中型酒店前厅部组织结构如图1-2所示。

二、前厅部主要岗位职责

（一）预订处

预订处是专门负责酒店订房业务的部门，一般由预订主管和订房员组成。其主要职责如下：

（1）熟悉酒店的房价政策、预订业务。

（2）受理并确认各种方式的订房，处理订房的更改、取消。

（3）密切与总台接待处的联系，及时向前厅部经理提供最新订房状况。

（4）负责与有关公司、旅行社等提供客源的单位建立业务关系并尽力推销客房，了解委托单位的接待要求。

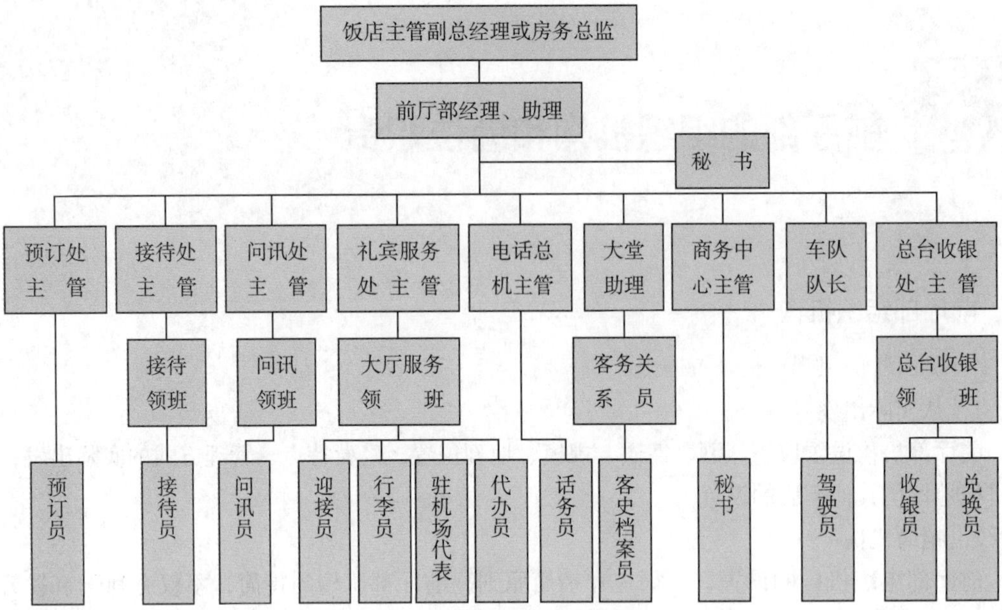

图1-1　大型酒店前厅部组织结构

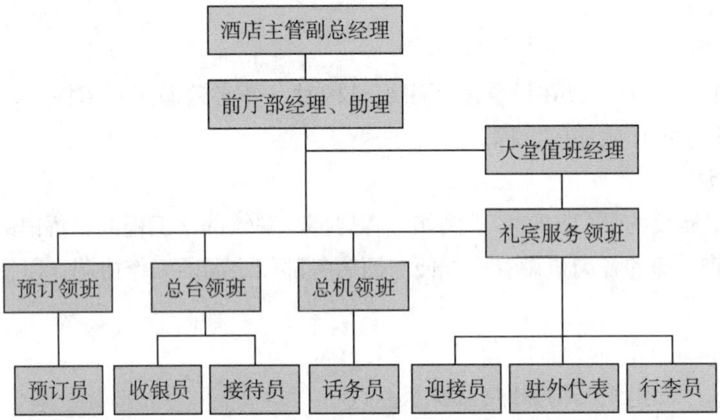

图1-2　中型酒店前厅部组织结构

（5）参与客情预测工作。

（6）及时向上级提供贵宾抵店信息，参与前厅部对外订房业务谈判及签订合同。

（7）制作预订报表。

（8）参与制订全年客房预订计划。

（9）加强和完善订房记录和档案管理。

（二）接待处

接待处的人员配备一般有主管、领班和接待员。其主要职责如下：

（1）安排住店宾客。

（2）办理入住登记手续，分配房间。

（3）积极推销出租客房。

（4）协调对客服务，掌握客房出租的变化。

（5）掌握住客动态及住客资料。

（6）正确显示客房状态。

（7）制作客房营业月报表。

（三）问讯处

问讯处的主要职责是回答客人问讯，介绍店内服务及有关信息、市内观光、交通情况、社团活动等，接待来访客人，处理客人邮件、留言，分发和保管钥匙，掌握住客动态及信息资料，负责有关服务协调工作等。

（四）收银处

收银处一般由领班、收款员和外币兑换员组成，在许多酒店，收银处往往由财务部管辖。但由于收银处位于总台，与总台接待处、问讯处等有着不可分割的联系，是总台的重要组成部分。因此，前厅部也往往参与和协助对收银处的管理与考核。

收银处的主要职责如下：

（1）负责办理离店客人的结账手续，收回客房钥匙。

（2）核实客人的信用卡，负责应收账款的转账等。

（3）提供外币兑换服务。

（4）管理住店客人的账单。

（5）与酒店各营业部门的收款员联系，催收、核实账单。

（6）夜间审核全酒店的营业收入及账务情况，制作当日营业日报表。

（7）为住客提供贵重物品的寄存和保管服务等。

（五）礼宾服务

大厅服务人员一般由大厅服务主管、领班、迎宾员、行李员、委托代办员等组成。

其主要职责如下：

（1）在门厅或机场、车站迎送宾客。

（2）负责客人行李的运送、寄存及安全。

（3）雨伞的寄存和出租。

（4）公共区域传呼找人。

（5）陪同散客进房并介绍客房。

（6）分送报纸、客人信件和留言。

（7）代客预订出租车。

（8）协助管理和指挥门厅入口处的车辆停靠，确保其畅通和安全。

（9）回答客人问询，为客人指引方向。

（10）传递有关通知单。

（11）负责客人的其他委托代办事项。

（六）电话总机

电话总机的人员一般由总机主管和话务员组成，其主要职责：转接电话；叫醒服务；回答电话问询；处理电话投诉；提供电话找人、留言服务；办理长途电话事项；酒店出现紧急情况时充当临时指挥中心；播放背景音乐等。

（七）商务中心

商务中心服务人员一般由主管和秘书组成。其主要职责：为客人提供打字、翻译、复印、长途电话、传真及互联网等商务服务。此外，还可根据需要为客人提供秘书服务。

（八）大堂副理

大堂副理是酒店管理机构的代表人之一，其主要职责如下：

（1）处理客人的投诉。

（2）联络和协调酒店各有关部门对客人的服务工作。

（3）处理意外或突发事件。

（4）回答客人的一切询问，并向客人提供一切必要的协助和服务。

（5）负责检查贵宾房及迎送客人的接待服务工作。

（6）维护大堂秩序，确保客人的人身和财产安全以及酒店员工和财产的安全。

（7）负责检查大堂区域的清洁卫生，各项设施设备的完好情况。

（8）征求客人的意见，沟通酒店与客人之间的情感，维护酒店的声誉。

（9）熟悉前厅部各班组的工作，在其他部门主管不在场时，协助管理、督导其下属员工的工作。

（10）巡视检查员工着装、仪表仪容及工作纪律状况。

（11）出席酒店的有关例会，对加强管理、改进服务、增加创收等提出建议。

（九）宾客关系主任

目前，不少高档酒店前厅部设有宾客关系主任，也称为“客户关系主任”，是酒店树立良好形象、协助各部门圆满完成各项接待任务、提供个性化服务、处理好宾客关系的高层接待人员和管理人员。其主要职责有以下几个方面：

（1）向客人介绍、宣传酒店的各项服务及设施。

（2）关注客人需求并迅速准确地满足客人需求，提供个性化的快捷登记入住及结账退房服务，并达到客人满意。

（3）参与酒店的重要接待工作，有针对性地设计接待服务流程并进行人员分工调配。

（4）与相关部门及时沟通，满足客人的特殊要求，确保所有VIP、常住客及时得到个性化的服务。

（5）收集、分析客人反馈意见并向上级汇报，不断改进工作程序。

（6）接受并处理客人投诉，与值班经理和相关部门联系，对所发生的情况进行缓解补救。

在不设客户关系主任的酒店中，这些职责由大堂副经理负责。

（十）前厅部经理

前厅部经理负责前厅部的行政事务管理和营业管理，确保酒店经营管理方针在部门的贯彻落实。除了日常性的工作，如检查督导各项制度落实，主持参加各种会议之外，前厅部经理的职责主要有以下五大项：

1．制定工作目标

前厅部经理要制定部门的工作目标，包括年度工作目标和各种阶段性工作目标，选择合适的主管对各种业务活动进行管理，并形成一个有效管理的团队，以保证这些工作目标的实现。

2．不断完善部门的管理制度和操作规程

要适应经常变化的外部环境和酒店内部的资源变化，就要在日常管理中，根据前厅服务和管理发展趋势，对各项操作规程和服务方法进行修正、完善。

3．收益管理工作

前厅部经理必须直接负责前厅部营业收入的收益管理工作，运用前厅资料库的各种资料和信息，掌控房间预订和超额预订管理以及客房出租率预测工作。

4．衡量和激励工作

前厅部经理要考核下属绩效，就要建立各个岗位和各位员工工作绩效的衡量标准和评价制度，对每位员工的工作成效进行分析、评价和解释，并将这些衡量标准和评价结果通报下级和上级。在衡量工作的基础上，制订并实施对员工的激励措施。

5．培养人才工作

“员工”是酒店最主要的资源，“人才”更是酒店最珍贵的资源。前厅部经理应有培养人才的观念，除了日常管理工作之外，提高员工素质、发现人才、推荐人才、组织前厅部员工的培训，是前厅部经理职责中一项既有长期性又有前瞻性的工作，也是评价一位前厅经理素质高低的重要指标。

任务3 前厅部员工的素质要求

一、前厅部业务特点

（一）业务面广，专业性强

要求前厅人员知识面广，协调和学习能力强，尤其是软件学习能力要强。

（二）遵循工作程序，政策性强

程序性是酒店服务的一大特点，前厅部尤为突出，否则会带来房态信息的混乱、账目统计的错误等，给客人和酒店带来损失。而且无论是客房的销售、房价的折扣、特殊客人的接待还是处理客人投诉、客人询问，都涉及整个酒店的经营政策，稍有疏忽就会造成政策性错误。

（三）信息量大、变化快，要求工作效率高

前厅部要跟许多数字打交道，同时又是客人的汇集地和直接信息的集中地，要求前厅人员对信息敏感、反馈及时，对客服务快。

（四）对人员素质要求高

要求前厅人员思维敏捷、服务意识强、应变能力强、沟通能力强、形象好、气质佳等。

二、员工素质要求

一个合格的前厅部服务人员，应该具备以下素质：

（一）优良端正的品行，作风正派

前厅部的工作政策性很强，经常涉及现金、价格优惠及酒店经营策略方面的机密等。前厅部服务人员必须有较高的品行修养，坦诚、遵纪守法、原则性强，绝不能以工作之便牟取私利。

（二）良好的仪表仪容

前厅是客人汇集或经过的地方，前厅部服务人员则是代表整个酒店接待每位客人。

因而，前厅部服务人员的仪表、仪容、礼貌礼节都直接影响着酒店的形象，关系到整个酒店的服务质量。前厅部服务人员要养成良好的行为举止，着装整洁大方。在言谈举止上，应做到用语规范，声调柔和，语气亲切，表达得体；站立挺直、不倚不靠，动作自然优美、符合规范。在工作作风上，应做到端庄朴实、谦虚谨慎、勤奋好学。在服务态度上，应做到一视同仁，不卑不亢，待人热情，分寸适度，表情自然诚恳，精力充沛。

容貌端庄、服装整洁、举止大方的前厅部工作人员给人以热情好客、训练有素、值得信赖的感觉。良好的仪表仪容代表了前厅部工作人员对酒店和工作的热爱、对客人的尊重，反映了酒店高品质的服务水准和追求卓越的企业精神。

（三）机智灵活，有较强的应变能力

前厅部是酒店的业务中心，各项工作十分繁杂。每天会接触到各种各样的人和事，甚至会碰到许多意外的事，都必须予以妥善处理。因此，要求前厅部服务人员必须具有机智灵活的处理能力和较强的应变能力，有针对性地提供服务，处理好特殊事件。

（四）有较强的处理人际关系的能力

酒店属于服务业，离不开与人打交道，尤其是作为前厅部服务人员，几乎每时每刻都要与来自不同国家或地区、不同文化背景、不同生活习惯的客人打交道。因此，前厅部服务人员必须喜欢并善于与人相处。同时，前厅部员工还要处理好与同事、上下级之间的关系，互相理解、互相合作，以顺利地完成工作。

（五）较强的语言表达能力

前厅部服务人员应具有较强的语言表达能力，表现在两个方面：

一方面是能够用客人使用的语言与宾客交流。应具有良好的汉语表达能力和理解能力；普通话发音准确、嗓音甜美动听。由于酒店的客人来自世界各地，前厅部服务人员必须熟练地掌握一门以上的外语，特别是口语方面要达到良好的水平。在一些沿海地区的酒店，常会接待许多港澳同胞和海外华侨，前厅部服务人员还必须会讲广东话、闽南话等方言。前厅部人员是否能够用客人使用的语言接待宾客，不仅影响服务质量，而且还会影响酒店的客源。

另一方面是讲究语言的艺术性。语言是人际关系的润滑剂，前厅部员工在接待客人的过程中，与客人进行语言交流的机会很多，如果不掌握语言艺术，会在不知不觉中得罪客人，甚至“刺伤”客人，更谈不上使客人满意。因而，前厅部服务人员应掌握语言表达技巧，通过幽默或具有说服性的言语、打破僵局。

（六）精明强干，善于推销

在前厅部工作的服务人员，销售酒店产品是首要的工作任务。因此，必须具备推销员的素质，积极主动地工作，掌握销售技巧。

（七）勤奋好学，知识面广

前厅部接待的客人来自不同国家和地区、不同的社会阶层、不同的职业、身份、文化背景和风俗习惯。因此，要为客人提供优良的服务，就必须懂得心理学、社会学、民俗学、销售学、管理学、旅游学等知识。

（八）善解人意，有较强的理解能力

前厅部接待的客人形形色色，性格各异。前厅部服务人员应能迅速、准确地领会客人的需求，快速准确地处理问题。前厅部工作人员必须深刻理解客人在旅途中的困难和不便，理解本身职业的责任和荣誉，有发自内心的服务意识、在工作中时刻保持充沛的精力和热情的微笑。

（九）一丝不苟，认真踏实

前厅部服务人员必须具有高度的责任感，强烈的事业心，一丝不苟的工作态度。前厅部工作任务重、业务繁杂、脑力劳动强度大，必须具备认真的工作态度和踏实的工作作风，才能把工作做好。

（十）谈吐优雅，善于控制自己的情绪

前厅部员工工作具有复杂性，因此，前厅部员工为了做好工作，必须要有涵养、有耐心，善于控制自己的情绪，不卑不亢，不能被客人的情绪所左右，任何时候都不与客人争辩。

【项目练习】

一、讨论

1. 列举你参观过的酒店，说说这些酒店令你满意的地方。
2. 你参观过的各个酒店前厅的布局设计有什么不同？存在什么问题？
3. 在你参观酒店前后，你曾经和酒店的哪些部门接触过？

二、案例分析

— 转怒为喜的客人 —

正值秋日旅游旺季，有两位外籍专家来到上海某大宾馆的总台。当总台服务员小刘（一位新手）查阅了订房登记簿之后，简单地向客人说："您已预订了708号房间，你们只住一天就走吧？"客人们听了以后就很不高兴地说："接待我们的工厂有关人员答应为我们联系预订客房时，曾问过我们住几天，我们说打算住三天，怎么会变成一天了呢？"小刘机械呆板地用丝毫没有变通的语气说："我们没有错，你们有意见可以向厂方人员提。"客人此时更加恼火了："我们要解决住宿问题，我们根本没有兴趣也没有必要去追究预订客房的差错问题。"正当僵局之际，前厅值班经理闻声而来，他首先向客人表明他是代表宾馆总经理来听取客人意见的，他先让客人慢慢地把意见说完，然后以抱歉的口吻说："你们所提的意见是对的，眼下追究接待单位的责任看来不是主要的。这几天正当旅游旺季，双人间客房连日客满，我想为你们安排一处套房，请你们明后天继续在我们宾馆做客，房金虽然要高一些，但设备条件还是不错的，我们可以给你们九折优惠。"客人们觉得值班经理的表现还是诚恳、符合实际的，于是同意了他的提议。

没过几天，住在该宾馆的另一位外籍散客要去南京几天办事，然后仍旧要回上海出境归国，在离店时要求保留房间。总台的另外一位服务员小吴在回答客人时也不够机智，她说："为客人保留房间在过去是没有先例可循的，这几天住房紧张，您就是自付几天房金而不来住，我们也无法满足您的要求!"客人碰壁以后很不高兴地准备离店。此时值班经理闻声前来对客人说："我理解您的心情，我们无时无刻不希望您重返我宾馆做客。我看您把房间退掉，过几天您回上海后先打个电话给我，我一定优先照顾您入住我们的宾馆，如果无法入住我们宾馆，我也一定为您安排别的住处。"

数日后，该客人回到上海，得知值班经理替他安排了一间楼层和方向比原先还要好的客房。当他进入客房时，看见特意为他摆放的鲜花，不由得竖起了拇指。

思考题

1．请分析值班经理接待客人的技巧和艺术。

2．服务员小刘和小吴应从哪些方面提升自身的服务技能？

【项目实训】

一、实训要求

1．实训目标

了解酒店前厅部的组织构成；了解酒店前厅部的空间布局；了解酒店前厅部的岗位安排；了解酒店前厅部员工的素质要求。

2．实训课时

6课时。

3．实训方法

酒店参观。

二、实训内容与步骤

1．参观校外实习基地（某酒店），请酒店管理人员介绍项目一所包含的实训内容，如前厅部组织构成、前厅部员工工作职责等；

2．学生绘制所参观酒店的组织结构图并说明其基本的运作流程；

3．绘制所参观酒店的空间布局图并说明布局意图；

4．列出所参观酒店的岗位构成并简单说明各岗位的基本职责；

5．课堂上复述所参观酒店前厅部对员工的素质要求。

三、实训考核

前厅部概况调查实训考核标准

考核内容	评分标准	配分	得分
绘制所参观酒店的组织结构图并说明其基本的运作流程	准确、合理	20	
绘制所参观酒店的空间布局图并说明布局意图	准确、合理	20	
列出所参观酒店的岗位构成并简单说明各岗位的基本职责	准确、合理	30	
复述所参观酒店前厅部对员工的素质要求	准确、合理	30	

项目二

礼宾服务

■ 知识目标

❶ 熟练掌握礼宾部各岗位职责和服务工作规程
❷ 掌握在机场和前台迎送客人的服务程序与要点
❸ 掌握散客团队行李服务的细节
❹ 熟悉金钥匙的服务特点和工作内涵

■ 技能目标

❶ 能熟练做好不同班次岗前准备工作
❷ 能准确填写礼宾部的各类报表、工作单
❸ 能独立完成散客与团队客人的机场迎送工作和门厅迎接工作
❹ 能独立完成散客与团队的行李抵、离店服务工作
❺ 能熟练地做好宾客行李的存取服务
❻ 能根据客人的个性特点进行专业的沟通

【案例导入】

2010年7月8日（星期六），在酒店召开会议的某地产公司的招待人员要求酒店帮忙转交三台某品牌的数码相机给三位客人。当值班行李员B接到前台通知后，立刻上前与客人打招呼。当问明情况之后，行李员B表示数码相机是贵重物品，酒店不能帮忙给予转交，并请客人理解。该客人表示不理解，强烈要求转交，并让行李员B向上级反映，于是该行李员向礼宾部领班C汇报。C考虑到该地产公司在酒店的宴会规模很大，而且客人也的确需要酒店的帮助，于是C答应可以帮客人转交。于是，B从客人那里拿到三位客人的姓名，这三人是地产公司的贵宾，分别住在不同的房间。B在电脑上查询这三位客人的房间号。查到电脑上有此地产公司预订的房间，其中三间房已经有人入住，他核对了两间房，发现客人1和客人2的名字与已经入住的客人房间名字相符，于是他就没有继续核对第三个客人的名字，他想当然地认为客人3肯定就是另外一个已经登记入住的客人（其实，当时该客人还没入住，只是有以他的名字预订的房间）。于是，三部数码相机及三封地产公司的欢迎信（上面分别有上述三位客人的全名，下面用"客人1""客人2""客人3"代替）一起被该行李员B送入客人房间。当然，客人1和客人2都收到了礼品，但客人3没有收到，反而客人4（某地区政府官员）收到送错给他的礼品和欢迎信，但该客人却心安理得地收了下来，没有将送错的礼品还给酒店或是地产公司，而且于第二天一大早就退房离店了。

星期天上午，地产公司致电酒店询问为什么客人3没有收到礼品，当值的礼宾部领班刚好又是C。于是，C就想办法联络行李员B，B了解到相关情况之后，却发现客人4 已经退房离店，领班C马上将此事告知当值的大堂副理。大堂副理致电地产公司表示歉意，并将调查结果告知对方公司。地产公司招待员先是要求酒店赔偿数码相机，事后又致电酒店大堂副理投诉此事，并要求酒店出具书面道歉，一封给地产公司，一封给客人3，一封给客人4。礼宾部领班C致电当时正在休假的礼宾司，虽然礼宾司马上赶回酒店处理此事，但良机已失，地产公司的态度非常强硬。礼宾司对此次事故进行了总结和处理：该行李员B从事礼宾部工作4年多，属于老员工，平常表现一直很好。但正因为如此，他才以老油条的心态，查完两间房之后居然不查第三间房就贸然将价值近4000元的礼品送入客人房间。B对待此事漫不经心的态度，导致客人的投诉，酒店因此而付出惨重的代价。礼宾部领班C知道客人3没有收到礼品之后，没有立即查看派送物品登记表，然后再根据线索找到客人4。反而将时间白白浪费在联络行李员B和调查事情上，导致在客人4退房离店之后酒店对此束手无策，并最终引致地产公司更大的投诉。行李员B立刻回酒店写出整件事情的经过报告及反省，因为该行李员B没按正常操作规程操作而导致客人的投诉，故签署轻微过失单一张（考虑到行李员B平常表现不错），并且负责赔偿同品牌的数码相机一部给地产公司；礼宾部领班C写出整件事情的经过报告及反省，并给予口头警告处理。

星期一下午，礼宾司召集所有员工开会，并将此事拿出来分析，要求员工踊跃发言讨论，以避免再出现此类低级错误。而且，再次强调员工必须严格按照部门操作规程操作，不能抱着漫不经心的态度工作，工作中的任何事情都一定要认真处理!否则，一经查出，后果自负。最后，礼宾司号召部门员工发扬团队精神，他带头捐款，并最终为行李员B收集到捐款1500元整。丢失的品牌数码相机价值3800元左右，其余的2300元全部由行李员B 负责支付。

案例分析 通过该案例我们必须明确三点：第一，严格遵守单位的规章制度，按照相关的操作规程处理问题；第二，细心严谨对待工作的每个细节，不要抱侥幸心理，想当然的做事方式终究伤害自己；第三，树立团队精神，在日常工作中换位思考，哪怕是一点一滴的马虎，其他同事或领导可能需要花几倍的时间和精力甚至财力去补救。

任务1 迎送服务

酒店迎送服务，是指对客人入住以及进出酒店时所进行的一项面对面的服务，既包括在机场迎接客人也包括在酒店大门口迎送客人。迎送人员是酒店的“门面”，也是酒店形象的具体体现。因此，酒店代表、门童、行李员等相关人员必须服装整洁，仪容仪表端庄、大方，体格健壮，精神饱满，相互配合，保证迎客、送客服务工作的正常进行。

酒店宾客迎送服务分为店外迎送和店内迎送两种。

一、店外迎送

店外迎送服务主要由酒店代表提供。酒店在其所在城市的机场、车站、码头设点，派出代表，接送抵离店的客人。同时，做好宣传介绍工作，争取未预订客人入住本酒店。下面介绍酒店代表的工作规程。

（一）酒店代表主管日常工作

（1）检查员工到岗，考勤情况。

（2）检查员工仪容仪表。

（3）检查上班次完成工作情况及跟查落实。

（4）核对当天接待任务及准备工作，合理调配人力。

（5）检查通信工具、物资情况。

（6）了解当天开房率、VIP情况。

（7）主持交班会，布置任务。

（8）参与接待服务工作。

（9）做好VIP接待工作。

（10）检查现场工作情况。

（11）及时汇报有关情况、信息。

（12）汽车司机及汽车调度协调、沟通。

（13）与员工保持沟通。

（14）完成上级交待的工作。

（二）酒店代表工作内容

早班工作流程：

（1）7：00到岗签到，检查预订组订车簿是否有增加订车，委办组是否有任务，以及交通工具的充电情况。

（2）向机场询问当天订车客人所乘航班的预计起飞及到达时间，如遇与订单中不符之处，立刻向预订组反映，及时处理。

（3）与票台联系，要求打印出当天各个有订车的国内航班的预计起飞及到达时间表两份，附在机场、车站来客名单后面。

（4）到汽车调度台再次确认所订车辆的出车及到达的时间，以及停泊位置，并记录汽车部接到的当天接车任务。

（5）向接待组查询当天预计开房率和VIP情况并记录在交班簿上，以备各班同事在外工作时推销房间时用到。如遇交易会或其他开房率较高的时间，需与接待组确认才能推销房间，并在交班簿注明。

（6）在本组工作中，取出接待通宵班打印的“当天到达客人表”两份及“有到达航班的客人的报表”两份。在两份报表上用笔在有订车的客人姓名上做出明显的提示（到达航班、时间、订车类型、订车数量、同行人数及有特别要求的一并附上）。将各份“当天到达客人表”“有到达航班的客人的报表”“航班查向表”装订成一册。

（7）检查夜班员工写的接客单拼写是否准确，是否齐全。在检查中还应将有关客人特别要求（在预订车备注栏中）的事项写在接车单的背面。

（8）把车站与机场的接车表以及接客单分别叠成两份，便于交班。

（9）负责跟查昨天未接到客人的订车单的情况。

（10）与早班接送车司机联系确认是否随车赴岗及出车时间。

（11）负责跟办早上班会布置的任务。

（12）准时带手机出车，执行有关接车任务，在航班、车次到达前15分钟到达出口处等候客人。

（13）下班前填写有关接机情况和交班表各栏，如有未接到的客人，则客人入住时，要跟查清楚；如客人未到，应把相关情况在交班簿中填写清楚，以备各班跟进跟查。

（14）签退下班。

中班工作流程：

（1）上班后签到，马上检查当天预订车登记簿的接车任务，阅读交班部有关内容，向委办组查询是否有工作任务。

（2）在交班簿中填写第二天预订车任务（写清客人到达航班号、到达时间、订车人数、订车类型以及收费方式等内容）。

（3）查对、书写第二天有订车任务的客人的接车单，并在接车单背面注明有关资料（如订车客人的到达航班号、到达时间、订车人数、订车类型以及收费方式等内容），如果是商务楼层客人的免费车，应注明特别事项。

（4）如早班有漏接客人的现象，中班应负责跟查。

（5）与夜班接送车司机联系出车时间。

（6）带车到机场，与早班职员交班，检查任务和物品等。

（7）完成当晚的国内航班订车及国际航班的接车任务和临时增加的接车任务。

（8）每两个小时联系订房部一次，20：00—22：00离开机场前再联系一次。

（9）带回工作手机并关闭电源，放在指定位置。

（10）回酒店后与汽车调度确认第二天订车是否需要带车及带车时间，如不需要带车，确认订车停泊位置及到位时间。

（11）跟查当天漏接客人，如客人未到则写在交班簿中，交由第二天的早班员工跟查。

（三）各项业务操作规程

1. 接直通车的工作程序

（1）酒店代表必须在直通车到达前15分钟到站台内本酒店柜台处，打扫好柜台卫生及再次核对本次列车的客人订车，并将订车客人的姓名写在酒店接客告示牌上，放在柜台显眼处。

（2）在站台内等候列车报站，报站后及时用手机通知行李组，准备好接待工作，在列车报站后不要随意走动，应守候在本酒店接待柜台处。

（3）如列车在预定时间内仍未到站，且没有具体到站时间，则应一直在站台内等候，不能随便走动，并用手机把情况通知行李组、接待组。待得知客人到达时间后立即再行通知其他部门。

（4）在直通车到达前，了解接客车辆停泊情况。如遇到客车未到达的情况，要立即同汽车调度联系。

（5）主动同走向本柜台的客人打招呼，问明客人是否需要订车。如果客人已经订车，则要及时带领客人前去停车场乘车。对于订房但没有订车的客人，应该问清其姓名，尽快做好登记手续，并领客人乘坐酒店的免费巴士，随时留心本车次的客人数量，在客人较多的情况下，及时与汽车调度联系，随时准备支援车辆。

（6）热情接待每一位客人。如果客人没有订房，则应更加主动地介绍和推销本酒店的设施设备，必要时视开房率的情况与接待组联系，给予折扣以吸引客人。

工作注意事项如下：

（1）酒店代表必须携带对讲机，并随时了解有关车次的准确到达时间。

（2）车到达前15分钟，到车站出口处等候。

（3）了解在同一时间是否有多辆班车同时到达，了解车站有关对应班车的放行路线。

（4）需将有关客人的姓名等，用正楷中英文写在酒店柜台的迎客板上。

（5）随时向正在出关的旅客了解其乘坐车次，接到客人后立即带领客人到指定的停车场上车，并做好有关接客情况的记录。

（6）如果在旅客全部出闸后，仍未能接到客人，必须在原地等候，继续向有关方面查询。

（7）如果在原地等候超过30分钟，并且经多方寻找还是接不到客人，应立即按有关漏接客人的工作程序跟查。

2．接国际航班的工作程序

（1）在国际航班到达前15分钟，必须准时到达国际候机室。

（2）随时向机场问询处咨询，掌握所接国际航班到达时间的最新情况。

（3）车辆到达国际机场的泊车场后，酒店代表需通知司机随时做好准备工作，待客人到达后，车辆准时停泊在候机楼门口处接客。

（4）酒店代表需将有关客人的姓名等，用正楷中英文写在接待柜台迎客板上，使客人一目了然。

（5）航班到达之后，酒店代表必须注意每一位出关的客人。必要时酒店代表要向有关的客人大声报“××酒店”。

（6）接到客人后，帮助客人提行李，并带客人到候机楼门外。

（7）在接客记录簿上做好记录。

（8）如航班到达后，订车的客人一直未出现，应与海关联系，查询是否还有客人未出关；如果有，酒店代表应在候机楼继续等候。

（9）如超过30分钟后，仍未能接到订车的客人，应按照有关漏接客人的工作程序跟查。

（10）每隔两小时与订房部联络，查询是否有新增接客任务。

3．接国内航班的工作程序

（1）在机场当值的酒店代表，根据客人提供的航班班次，随时咨询机场有关方面，了解航班到达的情况。

（2）将有关客人的姓名等写在接车单上。

（3）查到航班到达时间之后，酒店代表必须在航班到达前15分钟守候在国内到达厅出口处恭候客人。

（4）在航班到达之前，了解有关车辆停泊位置及车牌，必要时需知会车队有关车辆的情况。

（5）酒店代表必须清楚地了解是否有几班国内航班同时到达。

（6）航班到达后，需向正在出关的旅客了解其乘坐航班的班次，如确认所接航班已到，则密切注意每一位出闸的客人。

（7）高举接客牌，必要时酒店代表要向有关的客人大声报“××酒店”。

（8）帮助客人提行李，并护送客人到车场乘车。

（9）在接客记录簿上做好记录。

（10）如在旅客全部出闸后，仍未能接到客人时，必须在原地等候，继续向有关方面查询，了解航班是否到达或仍有客人没有出闸等，并注意到达厅内的旅客，主动寻找客人。

（11）航班到达后超过30分钟，如经多方寻找还是接不到客人，即按有关漏接客人的工作程序跟查。

（12）做好交班簿的情况报告。

4．未订房客人的推销工作

（1）在机场（车站）设点的酒店，一般都有固定的柜台，有酒店的明显标识，酒店代表日常时间在柜台上工作时，应时刻注意观察客情，发现有径直向柜台走来或眼神中有顾盼的客人时，应主动上前问好，热情询问是否需要帮助。

（2）当了解到客人没有订房时，应注意了解客人的需求，主动介绍酒店的基本情况，注意语言技巧，突出酒店的优势和特色。当客人确定需要房间时，打电话帮助客人预订客房，并安排客人乘坐班车去酒店。

（3）酒店管理人员应当赋予员工一定的自主权，绩效考评时结合客房销售情况给予其一定的奖励，以此来调动员工的工作积极性。

二、店内迎接

店内迎送服务，是对宾客进入酒店正门时所进行的一项面对面的服务。迎接员（Doorman），又称迎宾员或门童，是代表酒店在大门口迎送宾客的专门人员。迎接员要承担迎送、调车、协助保安员、行李员等人员工作的任务，通常应站在大门的两侧或台阶下、车道边，站立时应挺胸，手自然下垂或下握，两脚与肩同宽。

（一）VIP客人迎送服务

（1）根据需要，负责升降某国国旗、中国国旗、店旗或彩旗。

（2）负责维持大门口的秩序，协助保安做好安全保卫工作。

（3）正确引导、疏通车辆、确保大门前交通畅通。

（4）讲究服务规格，并准确使用VIP客人的姓名或头衔向其问候致意。

（二）迎送员操作程序和要求

当客人乘坐的车辆抵近时，站外车道的迎接员要主动为司机打手势，以便汽车停在适当的位置。待车停定后，迎接员迅速跑近开启汽车门的最佳位置，热情相迎（微笑），拉开车门。向客人表示欢迎（讲敬语，问好）。先开前门，再开后门，然后站在后门为客人服务。

（1）迎接员应用右手拉开车门，左手遮挡于车门框上沿（泰国客人除外），以防客人头部与汽车门框相碰，并提醒客人注意。

（2）对于年老或行动不便的客人，拉开车门后，要主动搀扶其下车。

（3）如果客人手上拿的东西太多，应主动接过来，以方便客人上下车。

（4）遇到车上装有行李的客人，即招呼门口行李员为客人搬运行李。

（5）问客人是否要开房并把客人的需求转告给行李员。

（6）如暂时没有行李员，应主动帮助客人将行李卸下，当面和客人点清行李的件数，把行李搬入大厅，并告诉行李员行李件数、行李的主人和车牌号码。如无行李员则应与主管进行交接，然后迅速返回工作岗位。

（7）当客人乘大客车抵店时，应站立在车门一侧迎接客人，主动点头致意、问候以及搀扶行动不便的客人。对于货车及客货两用车则一般不提供开车门的服务。

（8）协助老、弱、病、残、幼上下车，必要时使用酒店的轮椅。

（9）若客人乘出租车，则应记下出租车的车牌号，以便备查。

（10）如客人属贵宾，应按酒店既定接待规格迎接。

（11）如遇雨天，若酒店大门没有华盖，门童应准备雨伞并且主动为客人打伞，接客人进出酒店。

（三）客人离店时

负责离店的迎接员应主动上前向客人打招呼，询问客人的去处并代客人叫车，打手势引导车辆停在适当位置，等车停稳后，迅速跑近开启车门的最佳位置，以便于提供服务。请客人上车，并告诉司机客人的去处，向客人道别。

（1）迎接员右手拉门，左手遮挡于车门门框上沿（泰国客人除外），以防客人头部与汽车门框相碰，并提醒客人注意。

（2）对于年老或行动不便的客人，拉开车门后，要主动搀扶其上车。

（3）如果客人手上拿的东西太多，应主动接过来，征得客人同意后，把行李物品放好，并交接好件数，盖好车尾箱盖（或关好车门）；如遇不能盖的车尾箱盖，放好行李物品后，要通知客人。

（4）VIP客人离店，当客人车辆启动时，应举手告别，并且目送其离去以示礼貌。

（5）当候车客人较多而无车时，迎接员应礼貌地请客人排队，按先后次序乘车。协助保安员维持秩序，当载客的车多而人少时，迎接员按汽车到达的先后顺序安排客人乘车。

（6）有许多客人正在排队，而有住客出来要求优先乘车时，必须请客人出示住房卡、房间钥匙或结账单，请客人稍候，然后询问在排队的客人中有无住客。如果有，则请排队的住客先乘车，然后再让后出来的客人乘车。由行李员带出来乘车的客人，做法也一样。

（7）如有客人赶火车或飞机，必须要征得排队客人的同意，方可让其先乘车。

（8）如有客人乘蓝牌车（丰田、奔驰）抵酒店，需要迎接员签车单时，迎接员要在指定位置写下工号，把第三联（红单）交给司机，把第一、二联（白、蓝色）交给行李员或主管，并交待清楚车单是哪位客人的。

（9）如有客人想乘坐酒店的专线车时，要问清楚客人是否是住客（非住客不能乘坐专线车），是否去火车站或机场（专线车不去火车站和机场以外的地方）。如果是的话，要向客人讲明专线车的出发时间，并帮客人拿行李，带客人上车，向专线车司机讲明客人的去向，最后向客人道别。

（10）早班由一指定迎接员负责取专线车记录表，并做好早班期间内专线车的出车记录，早班下班时把专线车记录表转交给中班迎接员，中班指定迎接员负责记录中班期间内专线车的出车记录。

（四）为进出酒店客人拉大门的服务

（1）站在大门一侧，精神饱满，注意力集中。

（2）看见客人走到大门前2～3米处的位置时，主动拉开大门扶手，一手拉门，一手背在身后。

（3）面带微笑，问候客人或道别。注意音量适中。

（4）在没有客人进出时，一般应保持大门的关闭状态。

（5）如遇客人行李较多时，应主动帮助提拿或招呼行李员。

（6）如酒店大门为自动门或旋转门，则不必拉门，但应注意客人进出情况，防止意外事故发生。

（五）其他日常服务

（1）维护大厅外环境卫生。看见地上有脏的小物品或污迹，应立即捡起投入垃圾筒或通知公共区域清洁员予以清除。

（2）接受雨具寄存。将雨伞存放在伞架上，钥匙交客人妥善保管。如伞架数量不够，应准备各式伞套，将雨伞套好后，交客人带入大厅；客人的雨衣可装入塑料袋，由客人自己保管。

（3）安全工作。注意门前进出往来客人，发现可疑人员应立即汇报。

（4）问讯工作。门童应熟悉店内外基本情况，礼貌回答客人问讯。

（5）指挥疏导门前交通。协助车管人员，保证车道畅通无阻。

（6）安排出租车。门童应为需要的客人安排出租车。对不熟悉当地环境的客人，问清客人所去目的地后，将客人的要求告诉司机，然后将写明车号的出租车意见卡交给客人，并说明用途。

（7）注意大门口的灯光照明，玻璃门等设备的完好程度，发现问题及时报修。

三、客源国主要生活习俗和礼仪

（一）美国

美利坚合众国地处北美洲中部，国土面积937.26万平方千米。人口中80%以上是欧洲移民的后裔，12.1%为黑人，其余为墨西哥人、阿拉伯人、印第安人及华裔等，有“民族熔炉”之称。50%的居民信奉基督教新教和天主教。首都为华盛顿，国花为玫瑰花，国歌为《星条旗》，官方语言为英语，货币为美元。1979年1月1日同中国建交。

1. 节庆习俗

在美国，主要节日有：国庆节或称独立日（7月4日）；感恩节，又称火鸡节，是北美独有的节日，在每年11月的第四个星期四举行，现已成为家人团圆、朋友相聚的全民性节日；母亲节（5月的第二个星期日）和父亲节（6月的第三个星期日），两个节日都是表示对双亲含辛茹苦养育之恩的崇敬和感激，并经美国总统批准，为全国重要的节日；植树节（4月22日），为美国农学家莫尔顿所发起的；情人节（2月14日），情人之间互赠卡片。

2. 礼貌礼节

美国人以不拘礼节著称于世。因为他们一般性格开朗、举止大方，即使素不相识，谈笑间也毫不拘束。美国人第一次同他人见面常直呼对方的名字，不一定以握手为礼；有时只是笑一笑，说一声“嗨”或“哈罗”这种不拘礼节的打招呼用语，跟其他国家的握手为礼意义相同。在分别时美国人也不一定跟别人道别或握手，只是大家挥挥手，或者说声“明儿见”“回头见”“再见”之类的道别话。

如有客人在夜间来访，不能身穿睡衣去迎客。当被邀去朋友家做客时，必须预备小礼物送给主人。在朋友家做客时，打长途电话要经主人同意。离开时，应留下电话钱，但可以说：“送一点钱给孩子买糖果吃。”美国人在接到礼物、参加宴会、得到朋友帮助时，都要写信致谢，赠送亲友礼品也要写信，或者在礼品上附礼物片。美国人一般有晚睡晚起的习惯。因此，在外出参观时，需及时提醒他们。

3. 禁忌

美国人忌讳蝙蝠图案的商品，认为它是凶神恶煞的象征；忌讳问个人收入和财产状况，忌讳问妇女婚否、年龄及衣饰价格等；忌食各种动物的内脏。

（二）加拿大

加拿大位于北美洲北半部。东临大西洋，西濒太平洋，北抵北冰洋。国土面积997.6万平方千米，人口3 108.19万，大部分是英法等国家移民的后裔。居民大部分信奉天主教与基督教新教。首都是渥太华，国花为糖槭（俗称：枫树叶），国歌为《啊，加拿大》，官方语言为英语和法语，货币为加元。1970年10月31日同中国建交。

1. 节庆习俗

在加拿大，主要节日有：国庆日（7月1日）、元旦。人们将瑞雪作为吉祥的征兆，新年期间，不但不去铲平积雪，而且还将白雪堆积在住宅四周，筑成雪岭。据说，这样可以防止邪魔入侵，永保安宁。枫糖节，每年3、4月间，在春意犹浓之时，几千个生产枫糖的农场粉饰一新，披上节日的盛装，以吸引众多的旅游者。冬季狂欢节，在魁北克市，每年2月从第一个周末开始，要举行为期10天的冬季狂欢节。冰雕比赛是节日的主要活动内容，在一条被称为“狂欢大街”的两旁，人们到处可以见到千姿百态、晶莹剔透的各种冰雕艺术品。

2. 礼貌礼节

加拿大人因受欧洲移民的影响，其礼貌礼节大多与英、法两国相似。居住在北极圈附近的因纽特人，他们的审美观点和西方人不同，喜欢小鼻子，他们心目中的美女，就是鼻子最小的姑娘。青年男女表示爱慕的方法不是接吻，而是相互摩擦鼻子。

3. 禁忌

加拿大人忌食各种动物的内脏，也不爱吃肥肉；忌送白色的百合花，因为加拿大人只有在葬礼上才使用这种花；加拿大人一般不喜欢黑色和紫色。

（三）英国

大不列颠及北爱尔兰联合王国简称英国。位于欧洲西部大西洋的不列颠群岛上。国土面积24.2万平方千米，人口6 000万，其中英格兰人占80%以上，其余为苏格兰人、威尔士人和爱尔兰人等。居民绝大部分信奉基督教新教，少部分人信奉天主教。首都是伦敦。国花为蔷薇花，国歌为《神佑女王》，官方语言为英语，货币为英镑。1972年3月13日与中国建立大使级外交关系。

1. 节庆习俗

英国人除了宗教节日之外，在全国性的节日中，国庆和除夕之夜是最热闹的。国庆是每年6月的第二个星期四。按历史惯例定在英王生日那一天。除夕之夜全家围坐，举杯畅饮，为辞旧迎新，人人高唱“辞岁歌”。除夕夜必须瓶中有酒，盘中有肉，象征着来年富裕有余。苏格兰人则提着煤块去拜年，把煤块投入亲友家的炉子里，并说“祝你家的煤长燃不熄”以求吉利。4月1日为一年一度的“愚人节”。

2. 礼貌礼节

英国人讲究文明礼貌，注重礼节和自我修养。同时，也要求别人对自己有礼貌。注意衣着打扮，什么场合穿什么服饰都有一定惯例。见面时，对尊长、上级和不熟悉的人用尊称，并在对方姓名之前冠以职称、衔称或先生、女士、夫人、小姐等称呼，亲友和熟人之间常用昵称。初次相识的人相互握手，微笑着说：“您好！”在大庭广众之下，人们一般不行拥抱礼，男女之间除了热恋者之外一般都不手拉手走路。英国人时间观念很强，而且照章办事。若请英国人吃饭，必须提前通知，不可临时匆匆邀请。到英国人家去赴宴，不能早到，以防主人还未准备好，导致失礼。与英国人谈话不要涉及政治、宗教和有关皇室的小道消息，也要避免使用English（英格兰人）这个词，而要用British（不列颠人），这样说大家都高兴。他们不喜欢被问及家事、个人职业、收入、年龄以及婚姻等私事。英国人尤其讲究“绅士”“淑女”风度，认为这种风度是他们的骄傲。他们感情内向，不轻易动感情或表态。特别是受过高等教育的英国人，更是谈吐幽默、高雅脱俗、谦虚谨慎。他们视夸夸其谈为缺乏教养，视自吹自擂为低级趣味。英国人交往时常用“请”“对不起”“谢谢”等礼貌用语，即使家庭成员之间也是如此。对英国人用表示胜利的手势“V”时，一定注意手心对着对方，否则会招致不满。

3．禁忌

英国人忌用人像、大象、孔雀作为服饰图案和商品装潢，他们认为大象是愚笨的，孔雀是淫鸟、祸鸟，连孔雀开屏也被认为是自我吹嘘和炫耀。忌“13”“3”这两数字；与英国人坐着谈话忌两腿张得过宽，更不能跷起二郎腿，若站着谈话，不可把手插入衣袋；忌当着英国人的面耳语和拍打肩背；忌送百合花，他们认为百合花意味着死亡。

（四）法国

法兰西共和国位于欧洲大陆的西部，国土面积55.16万平方千米，人口6 062.8万，其中法兰西人约占94%。绝大多数居民信奉天主教。首都是巴黎，国花为鸢尾花，国歌为《马赛曲》，官方语言为法语，货币为欧元。1964年1月27日同中国建交。

1．节庆习俗

在法国，主要节日有：万灵节（11月1日）也称诸圣节，是祭奠先人及为国捐躯的先烈的节日；停战节（5月8日）；体育节（每年3月中旬的第一个星期日），由国家心脏学基金会发起“为心脏健康而跑”的活动。此外在法国北部城市土哥英，有一年一度的“鸡鸣节”，这个节日的民族气氛很浓。

2．礼貌礼节

法国人热情开朗，谈问题开门见山，但不急于做出结论，做出结论后都明确告知对方。法国人讲究服饰美，尤其是法国妇女衣着非常时髦，特别爱使用化妆品，光口红就有早、中、晚之分，是世界上最爱打扮的妇女。

法国人喜欢行亲吻礼。据考证：法国是世界上最早公开行亲吻礼的国家，也是使用亲吻礼频率最高的国家。与法国人约会必须事先约定时间，准时赴约是有礼貌的表示，但不要提前，送鲜花给法国人也是很好的礼品。法国人非常讲究公共卫生，同时，在公共场所不能有懒散的动作，也从不大声喧哗。

3．禁忌

法国人忌讳黄色的花，认为是不忠诚的表示；忌黑桃图案，认为不吉利；忌墨绿色，因为第二次世界大战期间德国纳粹军服是墨绿色；忌仙鹤图案，认为是蠢汉和淫妇的象征；忌送香水和化妆品给女士，因为这种行为有过分亲热或图谋不轨之嫌。

（五）德国

德意志联邦共和国位于中欧西部，国土面积35.7万平方千米，人口8 237万，绝大多数是德意志人。居民中信奉基督教新教的约占一半。另有约46%的人信奉天主教。首都为柏林，官方语言为德语，国花为矢车菊，国歌为《德意志之歌》，货币为欧元。1972年10月11日同中国建交。

1．节庆习俗

在德国，主要节日有：慕尼黑啤酒节（每年9月最后一周到10月第一周），节日期间，人人举杯开怀畅饮，在节日里啤酒的消费量为世界第一，所以称慕尼黑为“啤酒之都”；狂欢节（每年11月11日11时11分开始，到次年2月复活节前夕结束）；狂欢节最后一个星期四称为“妇女节”，这一天妇女们不但可以坐市长的椅子，还可以拿着剪刀，在大街上剪下男子的领带；元旦也是重大节日。

2. 礼貌礼节

德国人勤勉、矜持，有朝气，守纪律，好清洁，爱音乐。德国人颇为注重衣着打扮，外出时必须穿戴整齐、清洁；见面打招呼须称头衔，不要直呼其名；约会讲究准时，时间观念强；待人热情、好客、态度诚实可靠。在宴席上，男子坐在妇女和地位高的人的左侧，女士离开和返回饭桌时，男子要站起来以示礼貌。请德国人进餐，事先必须安排好。与他们交谈最好谈原野风光，个人的业余爱好多为体育活动。接电话要首先告诉对方自己的姓名。

3. 禁忌

德国人忌讳茶色、红色、深蓝色。服饰和其他商品包装上忌用纳粹标志或类似符号，忌食核桃，忌送玫瑰花。

（六）俄罗斯

俄罗斯联邦位于欧洲东部和亚洲北部，国土面积1 710万平方千米。人口14 820万，80%以上是俄罗斯人，主要宗教为东正教。首都为莫斯科，国花为向日葵。国歌由米哈尔科夫作词，亚力山德夫作曲。官方语言为俄语。货币为卢布。1991年12月，苏联解体，俄罗斯联邦宣告独立。

1. 节庆习俗

俄罗斯人除重视宗教节日之外，还把圣诞节的传统习俗与过新年结合起来，身穿皮袄的圣诞老人称“冬老人”，代表旧岁；体态轻盈的雪姑娘，代表新年，这一老一少在辞旧迎新的晚会上，给人们分发礼物，受到大家的欢迎。大多数俄罗斯人喜欢在家乡过年，男子们痛饮伏特加，当电视或广播里传出克里姆林宫的12声钟响后，男女老少互祝新年快乐。女主人们往往按照习俗，要大家说一个新年的心愿。

2. 礼貌礼节

俄罗斯人性格开朗、豪放、集体观念强。主人给客人吃面包和盐，是最殷勤的表示。他们与人见面，大都行握手礼，熟人之间还行拥抱接吻礼。男人外出活动时，十分注重仪表仪容，一定要把胡子刮净；赴约准时，在社交场合，处处表现出对女性的尊重。

3. 禁忌

与俄罗斯人说话，要坦诚相见，不能在背后议论第三者，更不能说他们小气。对妇女要十分尊重，忌讳问她们的年龄和衣饰价格等。

（七）日本

日本是亚洲东部的一个由群岛组成的国家。国土面积37.78万平方千米，人口12 731万，几乎全是大和民族，居民主要信奉神道教和佛教，少数信奉基督教和天主教。首都为东京。国花为樱花，国歌为《君王的朝代》，官方语言为日语。货币名称为日元。

1. 节庆习俗

在日本，主要节日有：元旦，其庆祝方式相当于中国的春节。除夕前人人要洗澡。除夕晚上全家团聚吃过年面，半夜听钟声“守岁”，各寺庙钟声齐鸣，响108下，据说可以消除108个魔鬼。元旦早晨吃年糕汤，下午全家出动去亲友家拜年。成人节（1月15日），按日本法律规定，年满20周岁为成年。儿童节有男孩子和女孩子之分。女孩子节（3月3日）又称“雏祭”，凡有女孩子的家庭要陈设穿着民族服装的玩具女娃娃。男孩子节（5月5日）旧称“端午节”，过去与我国端午节相似，门上挂菖蒲叶用来驱鬼，家家户户吃糕团或粽子。有所不同的是，节日里凡有儿子的家庭，家门外要挂上各色大小不一的鲤鱼旗，大的鲤鱼旗代表大男孩，小的鲤鱼旗代表小男孩，家里有几个男孩就挂几面鲤鱼旗；樱花节（3月15日至4月15日），在此期间日本各地樱花盛开，男女老幼纷纷参加游园赏花活动，并饮酒跳舞，迎接春天的到来。敬老节（9月15日），这一天人们都到退休的老人家中表示慰问，在整个社会上形成一种尊重老人的风尚。文化节（11月3日），日本政府对知识分子的慰问和授勋活动一般在这天举行，以示对知识分子在发展国家文化方面的贡献。

2. 礼貌礼节

日本人总的特点是勤劳、守信、守时，生活节奏快，工作效率高，民族自尊心强。日本是一个以注重礼仪闻名的国家。在日常生活中，人们非常讲究礼貌，注重礼节，还形成了某种礼仪规范。例如，凡对客人、长者和上级要用敬语讲话，初次见面时要鞠躬，问候礼是30度，告别礼45度。鞠躬要脱帽，眼睛向下，表示诚恳亲切。初次见面，只是鞠躬，交换名片，一般不握手，如果是老朋友或比较熟悉的人就主动握手，甚至拥抱。如遇女宾，女方主动伸手才可握手，但不要用力或久握。日本人一般不愿在走廊中拉着客人长谈，而喜欢在休息室或房间谈。吸烟时应先征得主人的同意，以示尊重。日本人比较注重仪表，在正式场合一般穿礼服。和服是日本传统的民族服装，在隆重的社交场合或节庆时她们会穿和服出席，在天气炎热时，主人未请客人宽衣时，不要随便脱衣。如需要宽衣，应先征得主人的同意。一般场合不允许穿背心或赤脚，否则，会被认为是不礼貌的行为。

3. 禁忌

日本人忌讳荷花图案，认为是妖花；忌讳绿色，认为是不祥之兆；忌讳“9”“4”等数字，因“9”在日语中发音和“苦”相同，赠送礼品时，切勿赠数字为“9”的礼物，否则会产生误会。“4”的发音和“死”相同，故在安排食宿时，要避开4层楼、4号房及4号餐桌等。日本商人还忌“二月”“八月”，因为这是营业的淡季。此外，日本人讨厌金银眼的猫，认为看见这种猫的人要倒霉。日本人在吃饭时有“忌八筷”之讲究，即不可舔筷、迷筷、移筷、插筷、掏筷、跨筷、扭筷和剔筷。

（八）韩国

韩国位于亚洲东北部，与我国山东半岛隔海相望，是我国的近邻。面积9.92万平方千米，人口约4 802.16万，民族为朝鲜族，信奉佛教和基督教，官方语言为朝鲜语。首都为首尔，国花为无穷花（又名木槿花），国歌为《爱国歌》，货币为韩元。1992年8月24日同中国建交。

1. 节庆习俗

韩国的节日与我国的传统节日近似，只是时间有区别。我国用的时间是阴历，而韩国则是公历，传统节日为春节、清明节、端午节和中秋节，而端午节也是韩国的儿童节。同时，妇女们还流行一种荡秋千的传统习俗。

2. 礼貌礼节

韩国人民性格刚强，勤劳勇敢，民族自尊心强。人们普遍注重礼貌礼节，有“礼仪之邦”之称。韩国人待客热情，见面时，一般以咖啡、不含酒精的饮料或大麦茶招待客人，有时还加上适量的糖和淡奶，这些茶点客人必须接受。韩国人初次见面时，常以交换名片相识。由于韩国与西方长期接触，有些商人养成通报姓氏的习惯，并与“先生”等敬称联用。与长辈握手时，还要以左手轻置于其右手之上，躬身相握，以示恭敬。与长辈同坐，要保持自然姿势端正、挺胸，绝不敢懒散；若想抽烟，须征得在场长辈的同意；用餐时，不可先于长者动筷等。男子见面，可打招呼，相互行鞠躬礼并握手。但女性与人见面通常不与他人握手，只行鞠躬礼。韩国人注重服饰，男子穿西服、系领带。

如果应邀去韩国人家里做客，按习惯要带一束鲜花或一份小礼物，用双手奉上。受赠者不应当着赠送者的面把礼物打开。进入室内时，要将鞋子脱掉留在门口，这是最基本的礼仪。

3．禁忌

韩国人认为“4”是个不吉利的数字。因此，许多楼房的编号严禁出现“4”字，医院、军队绝对不用“4”字编号。韩国人在饮茶或饮酒时，主人总以1、3、5、7的数字编号来敬酒、布菜。

任务2 行李服务

行李服务是前厅服务的一项重要内容，由行李员负责提供。内容主要包括宾客行李搬运和行李寄存保管服务。

一、散客的行李服务程序与标准

（一）散客入住行李服务

（1）散客抵店时，行李员帮助客人卸行李，并请客人清点过目，准确无误后，帮助客人提拿。但对于易碎物品、贵重物品，可不必主动提拿，如客人要求帮助，行李员则应特别小心，轻拿、轻放，防止易碎物品、贵重物品的破损和丢失。

（2）行李员手提行李走在客人的左前方，引领客人到接待处办理入住登记手续，如为大宗行李，则需用行李车。

（3）客人到达接待处后，行李员站在客人身后，距客人2～3步远，行李放于面前，随时听候接待员及客人的召唤。

（4）从接待员手中接过客人的房卡和钥匙卡，引领客人进入客房。

（5）主动为客人叫电梯，并注意相关礼节：让客人先进电梯，行李员进电梯后，按好电梯楼层，站在电梯控制牌处，面朝客人，并主动与客人沟通；电梯到达后，让客人先出电梯，行李员随后提行李跟出。

（6）返回礼宾部填写“散客行李（入店/出店）登记表”。

（二）散客离店行李服务

（1）当礼宾部接到客人离店搬运行李的通知时，要问清客人房号、姓名、行李件数及搬运行李的时间，并决定是否要带上行李车，然后指派行李员按房号收取行李。

（2）与住客核对行李件数，检查行李是否有破损情况，如有易碎物品，则贴上易碎物品标志。

（3）了解清楚客人是否直接离店，如客人需要行李寄存，则填写行李寄存单，并将其中一联交给客人作为取物凭证，向客人道别，将行李送回行李房寄存保管。待客人来取行李时，核对并收回行李寄存单（详见“行李寄存服务”）。

二、团队的行李服务程序与标准

（一）团体入住行李服务

旅行社一般备有行李车，由专职的行李押送员运送团队行李。酒店行李员只负责店内行李的运送与收取。

（1）团体行李到达时，行李员推出行李车，与行李押运员交接行李，清点行李件数，检查行李有无破损，然后双方按各项规定程序履行签收手续。此时如发现行李有破损或短缺，应由行李押运单位负责，请行李押运人员签字证明，并通知陪同及领队。如行李随团到达，则还应请领队确认签字。

（2）填写“团体行李登记表”。

（3）如行李员与客人抵店，则将行李放到指定的地点、标上团号，然后将行李罩上存放，注意不同团体的行李之间应留有空隙。

（4）在每件行李上挂上酒店的行李标签，待客人办理入住登记后根据接待处提供的团体分房表，认真核对客人姓名，并在每张行李标签上写上客人房号。

（5）将写上房号的团体行李装上行李车。

（6）行李送到楼层后，按房号分送。

（7）送完行李后，将每间客房的行李件数准确登记在“团队入店行李登记表”上，并按团体入住单上的时间存档。

（二）团体离店行李服务

（1）根据团体客人入住登记表上的出行李时间做好收行李工作安排，并于客人离店前一天与领队、导游或团体接待处联系，确认团体离店时间及收行李时间。

（2）在规定的时间内依照团号、团名及房间号码到楼层收取客人放在门口的行李。行李员收行李，应从走廊的尽头开始，这样可避免漏收和走回头路。

（3）收行李时应核对每间房的入店行李件数和出店行李件数，如不符，则应详细核对，并追查原因。如客人在房间，则应与客人核对行李件数；如客人不在房间，又未将行李放在房间，则要及时报告领班，请领班出面解决。

（4）将团体行李汇总到前厅大堂，再次核对并严加看管，以防丢失。

（5）核对实数与记录相符，请领队或陪同一起过目，并签字确认。

（6）与旅行社的行李押运员检查、清点行李，做好行李移交手续。

（7）行李搬运上车。

（8）填写“团体行李登记表”并存档。

三、换房行李服务

（1）接到接待处换房通知后，行李员到接待处领取“换房通知单”，了解清楚客人的姓名、房号及换房后的房号。

（2）到客人原房间楼层，将“换房通知单”中的一联交给服务员，通知其查房。

（3）按进房程序并经住客允许进入客房，请客人清点待搬行李及其他物品，将行李装车。

（4）引领客人到新的房间，为其开门，将行李放好；必要时向客人介绍房内设备设施。

（5）收回客人原来的房卡及钥匙，交给客人新的房卡及钥匙。

（6）向客人道别，退出客房。

（7）将原房卡及钥匙交回接待处。

（8）做好换房工作记录，并填写“换房行李登记表”。

四、行李寄存服务程序

（一）对寄存行李的要求

（1）行李房不寄存现金、金银珠宝等贵重物品和身份证、护照等身份证件，上述物品应请客人自行保管或放到总台收银处的贵重物品保险箱内免费寄存。

（2）酒店及行李房不寄存易燃、易爆、易腐烂、有腐蚀性的各类物品（具体限制物品，酒店可参考邮局对邮寄物品的有关限制目录）。

（3）一般酒店行李房不接受活的动物、植物的寄存，如确有必要开展此项服务，应征询专业人士的意见，在场地、设备、人员等方面符合有关条件的前提下方可提供此项服务。

（4）行李房一般不存放易变质的食品、易碎品、精密仪器，若客人坚持要寄存，则应向客人说明酒店的免责条款，请其签字，易碎品注意挂上“小心轻放”的牌子，加以特别保管。

（5）若发现有毒品、枪支等危险物品，及时报告上级和保安部，妥善处理。

（6）所有寄存物品原则上都应上锁或使用行李封条，封好开口。

（二）行李寄存服务

（1）客人前来寄存行李时，行李员应主动问好，礼貌服务。

（2）确认客人身份。请客人出示房卡或钥匙，外来客人的行李原则上不予寄存。

（3）礼貌询问客人行李中是否有酒店不予寄存的物品。

（4）问清行李件数、提取时间、姓名、房号，填写“行李寄存卡”，请客人在行李寄存卡的寄存联上签名确认。

（5）检查行李的破损、上锁情况，如发现问题，应当面向客人说明清楚，并在行李寄存卡上注明。

（6）将寄存卡的提取联交给客人，并向客人简要说明注意事项，提醒客人详阅提取联背面的“宾客须知”。

（7）把寄存卡的寄存联挂在行李上，放入行李房，填写行李寄存记录本，注明存放的位置。寄存两件以上的行李，应用绳子把它们拴在一起。

（8）当班时未领取的行李，应注意与同事交接清楚。

（三）行李领取服务

（1）当客人取行李时，应主动问候，收回客人的行李寄存卡提取联，并当场请其签名，视情况可询问客人行李的颜色、大小、形状等，以便查找。

（2）请客人在行李房外稍等，将行李物品从行李架上取下，仔细核对行李寄存卡的两联，并注意签名是否一致。如无误，则将行李交客人清点核对，与客人道别。

（3）将寄存卡的两联装订在一起存档，并填写行李寄存记录本。

（4）如客人遗失了“行李寄存卡”，可按如下程序处理：

① 请客人出示房卡，有效证件，并复印留底备查。

② 询问客人寄存行李的件数、颜色、形状等特征以便核查。

③ 核对无误后，请客人写一张领取行李的说明并签名。

④ 在行李寄存记录本上注明情况，并将客人写的说明、证件复印件以及行李寄存卡的寄存联一起装订存档。

（5）如他人代领行李，请客人事先把代领人的姓名、地址或单位等情况写清楚，告知其注意事项，在行李寄存记录本上标注清楚。

（6）当代领人来领取行李时，查阅“行李寄存记录本”上的记录，请其出示有效证件并复印留底，询问原寄存人的姓名、行李件数，收回寄存卡提取联，请其签名，注意核对寄存卡的上下两联，核对无误后，将行李交给代领人，做好记录及存档工作。

任务3 金钥匙服务

金钥匙是西方国家或城市向来访贵宾表示友好和崇敬所赠送的象征性礼物，并须举行赠送仪式。这种仪式起源于古代欧洲。当时欧洲城市多为城堡，进出开启城门需用钥匙。由一个城市的最高官员把该城市大门钥匙赠送给某一外来贵宾，即意味着对该客人的尊敬、信任和欢迎。随着旅游服务业的发展，将“客人委托、酒店代办”式的个性化服务上升为一种理念，并成立了酒店业委托代办的组织——金钥匙组织。“金钥匙”是酒店综合服务的总代理，被誉为“万能博士”，“金钥匙”上衣佩戴的两把交叉的金钥匙，意味着尽善尽美的服务，也象征着为客人解决一切的难题。

一、金钥匙与金钥匙组织

（一）什么是金钥匙（Concierge）

Concierge，词义为门房、守门人、钥匙看管人。Les C1efsd'Or（音：lay clay door），名词，

来自法语，系指由为服务行业献身的酒店委托代办金钥匙成员们组成的国际专业组织。

金钥匙的服务内容涉及面很广：向客人提供市内最新的信息、时事信息和举办各种活动的信息，并为客人代购歌剧院和足球赛的入场券；或为城外举行的团体会议做计划，满足客人的各种个性化需求，包括安排在国外城市举办正式晚宴；为一些大公司做旅程安排；照顾好那些外出旅行的客人和在国外受训的客人的子女；甚至可以为客人把金鱼送到地球另一边的朋友的手中。

现在，国际金钥匙组织已拥有超过5 000名来自35个国家及地区的金钥匙成员。中国的金钥匙会员数量已将近3 000名（少数为女性）。而在中国旅行的客人正在继续加深对酒店金钥匙的认识，以便了解如何获得酒店金钥匙的帮助。在中国一些大城市里，金钥匙委托代办服务被设置在酒店大堂，金钥匙服务人员除了照常管理和协调好行李员和门童的工作外，还负责许多其他的礼宾职责。

（二）国际金钥匙组织

国际金钥匙组织成立于1952年4月25日。这一天，在巴黎斯克拉酒店礼宾司捷里特先生的倡导下，在法国戛纳举行了第一届国际金钥匙组织会议，并在此会议上正式成立了国际金钥匙组织。捷里特先生也因此而被誉为金钥匙组织之父。“金钥匙”（Les Clefsd'Or）通常身着燕尾服，上面别着“十字形”金钥匙，这是委托办的国际组织——国际酒店金钥匙组织联合会（Union International Concierge Hotel Les Clefsd'Or）会员的标志，它象征着“Concierge”就如同万能的“金钥匙”一般，可以为客人解决一切难题。自1995年被正式引入中国以来，金钥匙在中国已发展了15年，并覆盖190个城市1 200多家高星级酒店和高档物业，拥有近3 000名金钥匙会员，金钥匙服务已被国家旅游局列入国家星级酒店标准。在1997年1月的第44届国际金钥匙年会上，中国区金钥匙被接纳为第31个成员国。

二、国际金钥匙组织中国区会员申请入会条件和程序

（一）基本条件

申请人必须年满23岁，品貌端正，在中国服务行业（含高星级酒店、高档物业及将开展金钥匙服务的领域）工作的委托代办负责人（或称首席礼宾司、庶务部主管、服务总管等），有五年以上服务管理工作经验，含三年以上委托代办工作的经验，至少掌握一门以上的外语，参加过国际金钥匙组织中国区的会员资格培训班并获得证书。

（二）必备文件

申请人将申请书（申请表格）连同八份资料和文件呈送国际金钥匙组织中国区总部。

（1）申请人穿着深色西装的标准一寸彩色照片两张（以电子邮件的形式邮至总部信箱anli@lesclefsdorchina.com；电子版照片请用JPG格式，蓝底。尺寸：2.5厘米×3.2厘米）。

（2）会员在岗工作照片一张（以电子邮件形式发至总部信箱anli@lesclefsdorchina.com）。

（3）申请人身份证的正反面复印件。

（4）两位会员（具备资格三年以上的正式会员）的推荐，在一个月内答复申请。如该地区没有符合资格的推荐人，则应把申请人的申请表格直接寄至总部。

（5）申请人所在企业的总经理的推荐信。

（6）参加金钥匙学习的资格证书复印件。

（7）在企业工作五年的履历证明文件。

（8）申请人通过总部服务预订系统成功开展的三次金钥匙服务预订和三个服务事迹的考核。

（三）金钥匙入会誓词

金钥匙入会誓词为："我宣誓：我自愿成为中国金钥匙成员，秉承国际金钥匙组织服务宗旨，忠诚于祖国，忠诚于法律，忠诚于企业，忠诚于客人。严格遵守中国金钥匙行为准则；热爱本职工作，通过友谊与协作服务于顾客，为中国金钥匙服务事业而奋斗！"

三、金钥匙的五条服务标准

（一）服务体现"可靠度"——严格按承诺提供规范服务

（1）及时。

（2）改正错误迅速。

（3）始终如一。

（4）结账等服务准确。

（5）出品、桌面或柜台服务符合标准。

（二）服务体现"可信度"——对知识、礼仪把握适度，在沟通中显示出信任与自信

（1）完整回答客人问题。

（2）让客人进门（餐厅、酒吧、商场、大堂等）时感到舒适，获得客人的尊重。

（3）主动提供房单、餐单、酒单或展示商品，介绍产品，如房间状况或菜肴成分以及加工方法等信息。

（4）使客人有安全感。

（5）为客人提供服务操作的过程中应表现出相应的职业教养以及工作经验。

（三）服务体现"灵敏度"——乐于帮助客人，并能竭尽全力，提供快捷服务

（1）员工之间互助合作，保证服务速度、质量。

（2）时时提供快捷服务。

（3）竭力满足客人的特殊需求，从不说"不"。

（四）有形服务体现"完美度"——仪容仪表、设施、设备、环境维护等状况良好

（1）建筑外观、停车场、庭园醒目，有吸引力。

（2）餐厅分区、商场、通道等醒目，有吸引力。

（3）员工着装整洁、美观、合适。

（4）装修、装饰、布局、陈设档次与价格相符。

（5）菜单、宣传品醒目、完好，有吸引力，符合公司形象。

（6）各出入口便利、顺畅，环境宜人。

（7）客房、餐厅、卫生间、商场等各类服务场所前后台整齐、清洁。

（8）时时保持床铺、坐椅、桌面、车、电脑等整洁、舒适，且在布置上体现高雅与热情。

（五）无形服务体现"充实度"——无微不至，有针对地应对客人的个性

（1）时时微笑。

（2）主动、细心体察，预料到客人的个人需求、愿望，而非呆板地从属于规范、制度。

（3）让每位客人都感受到特别礼遇。

（4）为每一过失细节负责，表示歉意、同情，并保证事不过二。

（5）以顾客获得最大利益为己任。

四、金钥匙的服务内容

（1）金钥匙柜台每天的服务时间不少于16小时，时间一般在7：00—23：00，其间要保证至少有一名金钥匙当值。

（2）金钥匙要在三声铃响之内接听电话。

（3）如果超过三声铃响才接听电话，要表示歉意。

（4）金钥匙接听电话要使用恰当的问候语，报部门名称并表示提供帮助。

（5）金钥匙要询问客人的姓名并在交谈过程中一直使用尊称。

（6）金钥匙要在客人到柜台后30秒内招呼客人。

（7）金钥匙要热情、友好地问候客人。

（8）金钥匙对酒店附近的公共服务场所和设施要熟悉（如剧院、旅游景点、运动场所、邮局、银行、医院、学校、商场），了解其营业时间、收费标准、联系电话、地址等。

（9）金钥匙要主动提醒客人，酒店不承担代办事项中所出现的任何问题。

（10）金钥匙要按客人的要求详细填写委托书。

（11）金钥匙要复述客人的委托要求并请客人签字确认。

（12）金钥匙要提醒客人代办服务所需要的大致时间。

（13）金钥匙要在约定的时间前完成代办事项并报告给客人，如果未能按时完成，要及时向客人解释原因。

（14）金钥匙完成代办事项后要请客人在完工报告上签字确认。

（15）金钥匙要向客人致谢。

五、金钥匙的服务理念

（1）先利人，后利己（金钥匙的价值观）。

（2）用心极致，满意加惊喜（金钥匙的方法与效果）。

（3）在客人的惊喜中找到富有的人生。

六、金钥匙的十条服务心法

（1）我们将保持开朗、明快的微笑。在服务舞台上，客人是主角，客我之间的最短距离，是微笑。

（2）我们为客人的满意而工作。重视效率，彬彬有礼，热情关心，让客人的经历充满愉快，让他们感到自己花钱买回的是世上最真诚的服务。

（3）客人是我们的衣食父母，我们不可自大，不可说尖刻的话，不可表现出不雅的神情与姿态，不可与客人争论，而应立即采取措施，调整自己，使客人满意；或向上级报告，请求调整。凡与客人发生口角，即使再小，都是我们的错。

（4）任何不主动为客人服务的行为，不拘任何理由，都是违背职业道德的；在客人买单、致意、离开时不表示感谢，是忘恩负义；与客人保持联系，他们是我们永远的恩人。

（5）我们应真诚地了解、记录同事与客人的需要，并尽全力提供服务；迅速记录并处理客人要求或不满的每一件小事，以保证不失去任何一位客人；始终使用适当的语言与同事、客人沟通，始终说积极的话，而不做消极的评论。

（6）我们将牢记，自己已经被授权去解决问题，并防止问题的再发生；在接到客人投诉后马上接受，立即安抚客人，快速纠正问题，处理到底，绝不推诿，不应得过且过、敷衍了事。

（7）我们将主动关注每一个服务细节，引领客人到服务区域，而不仅是指示方向；仔细掌握，认真、礼貌地回答同事、客人有关服务的任何信息。如果不清楚，马上查询并回复；即使在电话中也不疏忽，不说“他不在”“不知道”“没办法”等不负责任的话。

（8）我们将以自己的容颜为骄傲，遵守所有的修饰标准；保持制服干净整洁，没有污点；注意鞋子的合适、干净、光亮、安全；注意佩戴名牌。

（9）我们将忠诚于公司，熟练掌握、应用，并致力改善服务流程与标准；正确地认识公司有无“错误”“重复劳动”“破损”“无效率行为”“差距”等情况，提出改善建议；严格遵循“人财安全”“清洁卫生”“保护环境”“设施完好”的准则，履行责任。

（10）我们将认真了解自己在紧急情况下应扮演的角色，明确在火灾和生命发生危险的情况下的反应程序，熟练操作工具；在发现安全隐患或设备受损时，及时通知主管；高度注意节约能源，保护、维护、保养好公司的财产、设备。

【项目练习】

一、讨论

1. 两人一组，一位扮演客人，一位扮演酒店行李员，在前厅实训室和客房实训室进行迎送与行李服务的情景模拟。

2. 走访设有金钥匙服务岗位的酒店，观察金钥匙在工作过程中的仪容仪表及言行举止，并对金钥匙进行个人访问。把调查访问的内容整理出来，以小组为单位，进行讨论分享。

二、案例分析

（一）

2010年6月27日，某酒店行李员A接前台主管通知帮客人转房。因为客人不愿意住在四星级的世纪楼，他要求转房去五星级的酒店主楼。行李员A接到通知后，与礼宾部领班说了一声，就去帮客人转房。之后，A用行李车把客人的行李拉着送往100米距离的主楼。约5分钟之后，大堂副理接到停车场保安的报告说在停车场捡到一件衣服，不清楚失主是谁，但上面的袋子上有酒店的洗衣单。大堂副理马上过去调查，得知丢失的衣服正是转房客人的。而且，大堂副理查到当时行李员A帮客人转房时客人并不在房间，A没有通知大堂副理就私自帮客人将行李物品搬往主楼客房。而且该行李员还将客人的衣服丢失在停车场而不自知，幸好被酒店保安员捡到，否则必将招致客人的投诉。

大堂副理第一时间将此事通知礼宾司，要求礼宾司调查，并答复处理结果。礼宾司总结及处理：行李员A在帮客人转房时，明知客人不在房间，没有按部门规定程序操作通知大堂副理、客房服务员、保安一起处理，而是一个人私自处理，此为第一个错误之处；行李员A在使用行李车时没有按部门规定程序操作，严格遵守行李车只推不拉的原则（活动轮在前），避免撞坏其他物品或使行李跌损或遗失，此为第二个错误之处；发生此事的原因主要是行李员A操作失误，不按部门正规的操作规程操作，才导致发生这起低级错误。故礼宾司调查之后答复大堂副理：第一，要求此员工重新阅读一次部门所有操作规程；第二，写出整件事情的经过报告及反省；第三，给该员工签署轻微过失单处理。

部门培训例会上，礼宾司将此事当成服务案例拿出来分析，并要求礼宾部员工给出意见，以便加深员工的印象，以避免类似事情的再度发生。

思考题

1. 行李员A出现失误的主要原因是什么？应该如何去补救？

2. 住客转房后，正确的行李服务流程和注意事项是怎么样的？请根据案例和学习过的内容进行陈述。

（二）

2010年10月31日是一个令人难忘的日子，第16届亚运会火炬传递活动在南方油城茂名隆重举行。在亚运火炬传递的众多的火炬手中，有一位美丽的姑娘，这位姑娘从踏上工作岗位的那一天起就勤勤恳恳、爱岗敬业，在工作中不断学习、不断提升并取得优异成绩，从一名普通服务员成长为优秀的酒店管理者。她，就是茂名国际大酒店的前厅部经理兼金钥匙陈春红。

陈春红于1998年便成为一名普通的服务员，从事一份普通并且繁琐的工作，因为遇到的客人素质参差不齐，陈春红曾经被客人打骂过，甚至被吐过口水。可是，每次陈春红都耐心劝解。她至今仍清楚记得，在她刚参加工作不久，一位客人喝醉了酒，要求提前开隔夜房。被陈春红拒绝后，客人叫来十几个社会青年，围着她叫骂、威胁，从没经历过这阵势的陈春红，强忍着心中的恐惧和眼中的泪水向客人耐心地解释。第二天，酒醒后的客人主动向她道歉，两人还成了好朋友。陈春红爱上了酒店的服务工作。所以，无论多苦多累多委屈，陈春红从来没有想过放弃，她无怨无悔地全身心投入到工作中。正因为这份执着，这份坚持，陈春红渐渐从一名普通的服务员晋升为前台领班、主管，最终成为国际大酒店前厅部经理。

为了提升自己的业务水平及管理水平，陈春红利用业余时间钻研酒店服务，设法用真诚和细致的服务感动顾客，赢得客人们的赞扬。2009年陈春红参加了国际金钥匙组织中国区的培训学习班，并顺利通过了考核，成为茂名地区的第一把金钥匙，从此，陈春红将金钥匙“先利人、后利己，用心极致、满意加惊喜，在客人的惊喜中找到富有的人生”的服务理念贯彻到国际大酒店前厅的各个岗位，使前厅人员为顾客奉上了一次又一次满意的服务。

火炬手传递结束后，陈春红非常激动地说：“火炬手传递的过程承载着亚运精神、奥林匹克精神。作为金钥匙的一员，亚运会火炬能在自己手中传递，这是我个人和所从事事业的光荣。它将成为我终生难忘的荣耀和财富。我将继续用它激励自己，投身我所热爱的金钥匙事业当中，使金钥匙服务像火炬一样传遍整个茂名地区，让更多人认识并感受到金钥匙服务。”

思考题

1. 要成为一个优秀的“金钥匙”，需要做哪些准备？

2. “金钥匙”陈春红的优质服务在日常工作中是如何体现的？

【项目实训】

一、实训要求

1. 实训目标

通过对行李员行李服务、礼宾服务、物品寄存提取及问询服务等实训，使学生了解礼宾服务的基本知识，掌握礼宾服务的步骤和方法。

2. 实训课时

4课时。

3. 实训方法

教师先讲解示范，然后学生按程序操作，学生观察并相互点评，教师指导纠正。

二、实训内容与步骤

1. 规范站立
2. 宾客到达
3. 引领客人
4. 等候
5. 引领客人至房间
6. 房间服务

三、实训考核

行李服务（上行李）考核标准

程序	操作要求	配分	得分
仪表仪容	面带笑容	4	
	按照酒店仪容仪表要求	4	
规范站立 宾客抵达	按照标准站姿站与酒店大门外	4	
	体后搭手而面带微笑随时处于服务状态	4	
	车辆抵达后指挥车辆停至指定位置	4	
	开启车门	4	
	护顶服务	4	
	从车内取出客人行李，请客人确认行李件数	6	
引领客人	轻关车门	4	
	将客人引领至酒店总台，办理登记手续	6	

续表

程序	操作要求	配分	得分
等候	行李放置在距前台2米地方	4	
	手背后直立站在行李后方，直到客人办理完毕全部入店手续	4	
引导客人到房间	从前台接待手中接过客房钥匙	4	
	引导客人至电梯厅	4	
	途中向客人介绍酒店设施和服务项目	4	
	电梯到，请客人先进电梯间，为客人按下相应楼层示意键	4	
	将行李提进电梯间，靠电梯按键一侧站立	4	
	电梯到达，请客人先出电梯	4	
	随后赶上，引领客人到达房间	4	
房间服务	用钥匙开门，将钥匙插入开关内	4	
	请客人首先进门，行李员进入后把行李放在行李架上	4	
	询问客人是否还有其他要求	4	
	祝客人入住愉快	4	
操作完毕	举手示意操作完毕，按标准姿态站立，等待评分员点评	4	
合计		100	

项目三

客房预订

■ 知识目标

❶ 了解前厅部预订工作的目的、客房的种类、预约的种类
❷ 熟悉预约的程序与标准
❸ 了解客史档案管理的重要意义
❹ 熟悉客史档案的主要内容

■ 技能目标

❶ 熟练掌握各种预约类型的工作流程
❷ 熟练掌握客史档案建立及管理的方式与方法

【案例导入】

在旅游旺季，某酒店的出租率较高，为了保证经济效益，该酒店实行超额预订。某天，经大堂副理及前台的配合，酒店已将大部分客人安排妥当。当时，2305房的预离客人，直至18点时才来前台办理延住手续。而此时，2305房间的预抵客人已经到达（大堂副理已在下午多次打电话联系2305房间预离客人，但都未将其找到）。大堂副理试图向刚刚到达的客人解释酒店的超额预订政策，并保证将他安排在其他酒店，一旦有房间，再将其接回。但客人态度坚决，称“这是你们酒店的问题，与我无关，我哪儿也不去”。鉴于客人态度十分坚决，而且多次表示哪怕房间小一点也没关系，他就是不想到其他酒店。在值班经理的允许下，大堂副经理将客人安置到了值班经理用房，客人对此表示满意。

案例分析 宾客向酒店订房，并不是每位客人都做出保证类订房，经验告诉我们，即使酒店的订房率达到100%，也会有订房者因故不到、临时取消或者提前离店，使酒店出现空房的情况。因此，酒店为了追求较高的住房率，争取获得最大的经济效益，往往实施超额预订。超额预订是订房管理艺术的最高体现，处理得好会提高客房出租率，增加酒店的经济效益。但是，如果超额过度，预订客人又都在规定的时限内抵达酒店，而酒店却因客满无法为他们提供所订住房，必然会引起客人的不满，这无疑将会给酒店带来很大的麻烦。因为，接受并确认了客人的订房要求，就是酒店承诺了订房客人具有得到“自己的住房”的权利。发生这种情况属于酒店的违约行为，所以，必须积极采取补救措施，千方百计地调剂房间，开拓房源，最大限度地满足客人的预订要求，妥善安排好客人的住宿，以消除客人的不满，挽回不良影响，维护酒店的声誉。

任务1 客房预订业务知识

如今的社会，越来越多的客人希望在出发前就为自己安排好住宿地点，是为了使自己的旅行生活更加舒适和安全，尤其是商务旅行者，他们为了更有效地计划、安排自己的旅程，往往会在出发前预先向目的地的酒店提出用房的要求。在了解客人这一需求的基础上，酒店则为客人提供预订服务，同时这项服务本身也增加了酒店的客房销售量，合理安排客房产品，更是酒店主动开展客房销售工作的重要手段。随着科技的发展，预订的方式也越来越简单便捷，除了通过电话等通信手段预订房间之外，互联网也成了客人们预订房间的最佳选择。前厅预订部门拥有的信息量在不断地增长，随之而来的酒店业的竞争也在不断地扩大。明确预订工作的内容和预订服务就显得至关重要了。

一、前厅部预订概述

（一）预订工作的目的

前厅部的预订服务是酒店营销的一部分，是酒店营销工作的延伸与实现。与营销部工作性质不同，前厅部的预订销售人员一般不会直接上门拜访客人，而是在酒店内完成销售任务。当客人有住宿需求时，有可能直接与预订部门联系预订客房。这时，服务人员要能够运用销售手段，将有需要的客人留在自己的酒店。想要达到这一目的，前厅部的预订服务人员必须清楚本部门的工作目的、酒店的客房产品特征、客人预订的渠道以及客人预订的方式。只有这样才能准确按照客人的需求为其介绍和提供相应的客房产品，提高客人预订成功的比例，实现销售。

客房预订是客人预先要求酒店为其在某一段时间内保留客房所履行的手续，也称订房。开展客房预订业务，是国际酒店业的惯例，也是满足客人需求的有效途径。对于酒店来说，开展预订服务，不但能使客人的需要预先得到保证，而且可以通过预订服务，提高客房出租率，增加酒店收入，这才是预订工作最根本目的。

为达到通过预订提高客房出租率，进而增加客房收入的目的，前厅部必须精心设计科学有效的预订工作程序，以便预订工作人员能够快速识别客人的要求。预订工作开始于客人抵店之前，其效率和质量往往成为客人对酒店形成的第一印象，甚至直接影响客人选择酒店的决策。因此，为满足每位预订者的需求，争取最理想的住房率和最佳的经济效益，预订部必须采取行之有效的措施，建立规范化的客房预订管理制度、服务程序和预订系统网络，以保证为客人提供优质的预订服务。

对酒店来说，预订工作重要意义如下：

（1）真正体现全面系统对客服务的具体形式和内容，直接体现了酒店工作质量。

因为在对客服务上掌握了主动权，从而方便了客人，增加客人的满意度，使客人能放心前来。

（2）预订工作是酒店进行推销的重要手段之一。通过有效的、高质量的预订工作，可争取更多的客源，为酒店增加经济效益和社会效益。

（3）通过预订工作，使酒店更好地掌握未来的客源情况，为酒店做好总体工作安排提供基本依据，有利于酒店提高管理成效。

（二）预订服务的工作范围

（1）办理团体及散客的订房事宜。

（2）做好预订存档工作，使所有预订房间得以正确累计汇总，对没有按时抵店的保证付款类订房客人提供保留权。

（3）收集有关信息资料，准确处理客人的预订变更需求。

（4）每天为酒店各部门提供即将入住的客人的详尽资料，与前台各部门协调合作，使酒店的开房率达到最高。

（5）定期为酒店市场营销部及高层决策部门提供信息反馈及客源动态资料。

（三）预订服务的工作内容

（1）班前准备工作。

（2）掌握预订的相关资料与信息。

（3）接受电话预订及函电预订（传真、信函、电传）。

（4）直接处理订房业务。

（5）预订确认处理及预订更改与取消处理。

（6）保证付款类预订的处理。

（7）已预订但未抵达的客人的处理。

（8）超额订房情况的处理。

（9）团队预订。

（10）VIP客人的预订。

（11）核对订房情况。

（12）预订单存档。

（13）客人历史档案的建立与查询。

（14）制作订房明细表及预订总览表。

二、客房的种类

酒店每个房间面积大小以及其建造的成本大致相同，但房内设备及布置则根据酒店的不同等级存在很大区别。因此，做好客房预订工作的先决条件是对酒店所有种类客房产品的内在区别进行辨别。

（一）床的种类

1．基本类型（一般分为六类）

（1）单人简易折叠床（Rollaway Bed） 酒店常用这种床作为加床，其规格为30英寸×72英寸（注：1英寸=2.54厘米）。

（2）单人床（Single-size Bed） 规格为36英寸×75英寸。

（3）单人标准床（Twin-size Bed） 规格为39英寸×75英寸。

（4）双人床（Double-size Bed） 规格为54英寸×75英寸。

（5）大号豪华双人床（Queen-size Bed） 规格为60英寸×80英寸。

（6）特大号豪华双人床（King-size Bed） 规格为78英寸×80英寸。

2．特殊类型（一般分为五类）

（1）好莱坞床（Hollywood Bed） 两张单人床由一块床头板连接起来，既可独立作为单人床使用，又可合并作为双人床使用。因此，也称作单双两便床。

（2）沙发床（Sofa Bed） 一种有固定靠背和扶手的沙发，其座位可以打开成标准的单人床或双人床。

（3）无靠背沙发床（Studio Bed） 这种床没有床头板，其规格一般为36英寸×75英寸，白天可以当作沙发使用。

（4）隐壁床（Murphy Bed） 这是一种可以翻起折入墙壁的标准床，白天可以当作沙发使用，夜间可作为床使用。

（5）水床（Water Bed） 这是一种带有充水床垫的床，内充乙烯基物质，并附有电热装置。

（二）客房类型

1．基本类型（一般分为七种类型）

（1）单人房（Single Room）。

（2）双人房（Double Room）。

（3）三人房（Triple Room）。

（4）普通套房（Junior Suite）。

（5）豪华套房（Deluxe Suite）。

（6）复式套房（Duplex Suite）。

（7）总统套房（Presidential Suite）。

2．按客房的位置分类（一般分为五种类型）

（1）内景房（Inside Room）。

（2）外景房（Outside Room）。

（3）相邻房（Adjoining Room）。

（4）相通房（Connecting Room）。

（5）角房（Corner Room）。

3．按客房的盥洗条件分类（一般分为六种类型）

（1）单人房、无浴室（Single Room Without Bath）。

（2）单人房、只有淋浴（Single Room Only With Shower）。

（3）单人房、有浴室（Single Room With Bath）。

（4）双人房、无浴室（Double Room Without Bath）。

（5）双人房、只有淋浴（Double Room Only With Shower）。

（6）双人房、有浴室（Double Room With Bath）。

4．其他分类

（1）单人房、单人床（Single Room，Single Bed）。

（2）单人房、双人床（Single Room，Double Bed）。

（3）单人房、沙发床（Single Room，Sofa Bed）。

（4）双人房、一张双人床（Double Room，Double Bed）。

（5）双人房、两张单人床（Double Room，Twin Beds）。

（6）双人房、两张双人床（Double Room，Double- Double Bed）。

（7）双人房、一张大号豪华双人床、一张双人床（Double Room，Queen- double Bed，Double Bed）。

（8）三人房、三张单人床（Triple Room，Three Single Beds）。

（9）三人房、一张单人床、一张双人床（Triple Room，Single- Double Bed，Double Bed）。

（三）房价种类

1．按价格性质划分

（1）标准价（Tariff） 标准价通常就是酒店明码标明的现行价格，不含折扣、优惠，也称门市价、柜台价。

（2）优惠价（Commercial Rate）或合同价（Contract Rate） 酒店与输送客源的单位，如旅行社等，根据所签订的协议和客人流量、信用程度等条件商定的促销价格。

（3）免费价（Complimentary或Free） 在互利互惠以求建立良好的合作关系的原则下，酒店会给非常重要的，或相同或相关行业（如旅行社、其他酒店、航空公司等）的，与企业发展密切相关的人士予以部分或全部免费，以鼓励他们为本酒店做出更多贡献或显示酒店对其的尊重。免费应由相应的部门经理提出申请，由总经理和财务部经理签字后方可生效。在酒店前厅电脑管理系统中，免费房定义为零房价（英文简称为“COMP”或“F”）。

2. 按客源类型划分

（1）门市价（Rack Rate） 门市价是指酒店经当地物价部门核准，印在房价表（Tariff）及房价牌上，在柜台向客人公开推销客房所采用的价格。

（2）散客价（Free Individual Tourist Rate，FIT Rate） 不打折的散客价格往往与酒店门市价相同。酒店常在此种价格的基础上推出享有其他优惠服务的商务散客价格吸引客源。

（3）团队价（Group Rate） 酒店根据市场供求状况与团体客人源单位通过签订合同确定给团体客人（指达到一定人数，由特定单位订房，由一张总账单统一结算费用或挂账的客人）提供的优惠价叫团体价。团体客人数量大，占房多，故团体价通常低于门市价。

（4）系列团体价（Series Group Rate） 同一系列（旅游路线）名称下的数个或更多团体称系列团，系列团带给酒店的客源比普通团（即散团）更多、更稳定，故系列团体价通常低于散团价格。

（5）折扣价（Discount Rate） 酒店根据市场供求状况按照国内外通行的惯例，临时确定给客人的优惠价。酒店应该给下列特殊客人打一定的折扣：翻译、导游、领队、高级军事人员、外交人员、航空公司职员、贵宾（VIP）。

（6）长住客人价（Long Staying Guest Rate） 酒店为吸引客人一次入住较长时间，对长住客提供的优惠价格。

（7）酒店为吸引客人重返酒店，对回头客（Repeated Guest，指第二次入住同一酒店的客人）、常客（Regular Guest，Frequent Guest，指一定时期内第三次或更多次入住同一酒店的客人）提供的优惠价格。

在对上述客人执行折扣时，首先应验明身份，其次应根据淡旺季的区别确定折扣。酒店对长住客人的折扣，可参照同等天数的旅游团或会议团来进行。酒店对常客的折扣，可以按照一定时期内住店的次数（累计）进行，也可按一定时期内客人住店的累计时间天数进行。

（8）家庭价（Family- Plan Rate） 专门针对携带小孩的家庭客人所提供的一种折让价格。

（9）小包价（Package Plan Rate） 酒店为吸引批量客房预订（如团体、会议等客人），向其主办单位提出的包括房租、餐费、会议室租用费等费用的综合报价方式，以方便主办单位的预算和结算，有时也出现在对散客的报价中。

（10）网络价（Net Rate） 酒店与不同的网络订房中心通过签订合同或协议确定的在网上对客人的公开房价，通常低于门市价，高于散团房价。此房价中通常包括了给网络订房中心的佣金（Commission）。

（11）优惠卡价（Preferential Card Rate） 酒店根据客人的需要，制作并以一定的价格向客人发售各种优惠卡。各种常见的优惠卡有：贵宾卡、会员卡、常客卡、积分卡等。常见的优惠有：房价打折、免费或低价洗衣、用餐、酒水、康乐等。

3. 按销售时间、日期及季节特点划分

（1）淡季价（Low Season Rate、Slack Season Rate） 当本地气候变化不利于旅游而出现客人减少时，酒店提供低于门市价一定比例的价格。

（2）旺季价（High Season Rate、Top Season Rate、Peak Season Rate） 当本地气候有利于客人出游、客源增加时，酒店依照物价部门的规定幅度所制定的、在门市价基础上上浮一定比例的价格。

（3）平季价（Shoulder Season Rate） 介于淡季价和旺季价之间的价格。

4．按时间段划分

（1）日租价（One Day Rate） 当日入住至次日中午12:00前退房，计收一天房租。

（2）白天租用价（Day Rate） 这种计价方式主要针对退房离店超过了规定时间（中午12:00或下午6:00）的客人。超过中午12:00加收半天房租，超过下午6:00加收1天房租。

（3）钟点房价（Hour Rate） 按小时段计算客房租金的一种促销价格。通常在酒店中钟点房2小时起租。

（4）时间差价（The Time Difference Rate） 酒店根据当地客源状况的基本规律，在门市价的基础上，在预计客人较少的时间，给客人较大的折扣；而在预计客人较多的时间，给客人较小的折扣，这种做法称作时间差价。

5．加床价（Extra Bed Rate）

根据客人的要求额外增加床具（折叠式简易床）而推出的一种价格。

6．其他订房价格知识

（1）房间差价 酒店把位置、面积、设备相同的客房按楼层、位置、朝向的不同而制定出不同的价格。实行房间差价能减少客人的换房要求，便于酒店灵活地推销客房并且这样做对客人也较为公平。

（2）房间升级 客人所定的低档房租完时，酒店把高一档次的客房给客人而只收客人原订房档次的房费。实行房间升级的前提是酒店有房间差价的做法。

（3）服务费 涉外酒店经有关部门批准向客人收取的服务费用，其金额根据客人消费额的一定百分比收取。

（4）城建税 由县以上人民政府批准，向每位住店客人按人数或按房费的一定百分比收取，并上交当地政府用于改进市政建设的税种。酒店在标价时，应把门市价与服务费、城建税分开标价以显示哪些是房费，哪些是酒店代收要上交政府的费用；而借贷旅游团或会议团客人，可以以一个含服务费、城建税的价格标价以便于结算。

（5）单人占用双人房价格 当一位客人占用了一间双人房时，通常应该把该房房价打一定折扣，不另外安排他人入住。

三、客房预订销售的渠道

现在进行客房预订的渠道也是多样的，旅客可以直接向酒店订房，或由中介机构代理订房。例如，通过旅行社、航空公司、公司旅游部、酒店代理商或独立的订房组织预订客房，也可以通过连锁酒店预订中心预先商谈订房事宜（图3-1）。

一般而言，客房预订的渠道可分为两大类：直接渠道和间接渠道。

（一）客房预订销售的直接渠道

客房预订的直接渠道是指客人或客户不经任何中间环节直接向酒店订房。客人通过直接渠道订房，酒店所消耗的成本相对较低，而且能对订房过程进行直接有效的管理与控制。

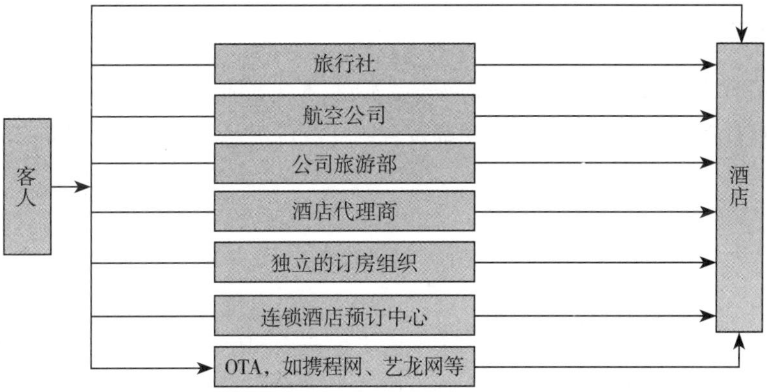

图3-1　客人订房途径

直接渠道订房大致有以下三种情况：

（1）客人本人或委托他人或委托接待单位直接向酒店预订客房。

（2）旅游团体或会议的组织者直接向酒店预订所需要的客房。

（3）旅游中间商作为酒店的直接客户向酒店批量预订房间。

（二）客房预订销售的间接渠道

酒店总是希望将自己的产品和服务直接销售给客人，但是由于人力、资金、时间等条件的限制，酒店很难进行规模化的、有效的销售活动。因此，酒店也会选择利用中间商与客源市场的联系及其影响力，利用其专业特长、经营规模等方面的优势，通过间接的销售渠道，将酒店的产品和服务更广泛、更快速地销售给客人。

客房预订的间接渠道大致有以下几类：

（1）通过旅行社订房　旅行社是酒店业务关系最密切的客源输送单位。旅行社与酒店通过签订订房合同，保证酒店有一定数量的稳定客源。同时，酒店视其提供的客源量和客人在店消费额，给予旅行社一定百分比的优惠折扣。

（2）通过航空公司订房　越来越多的航空公司加入到酒店订房体系中，他们不仅能预订航班、出售机票，还能预订酒店房间，为乘机的客人、机组人员和本公司职员外出订房起到一个中介商的作用。

（3）通过公司旅游部订房　许多大公司都有自己的旅游部，在公司职员外出旅游、履行公务、参加会议等情况下为职员预订房间。对酒店来说，除了这些大公司外，本地一些外事部门和企事业单位也都是酒店重要的客源输出部门。

（4）通过酒店代理商订房　酒店代理商是酒店在一些国家或地方城市的雇员，他们专门在当地为酒店处理订房事务，在订房业务上与当地的大客户保持密切的联系，代表酒店向客户提供有效的销售服务，是酒店重要的客源渠道。

（5）通过订房组织订房　独立的订房组织是针对酒店集团竞争而联合起来的机构，在组织关系上与各酒店间无从属关系，也不使用某一酒店的名称和商标，在预订业务上，为各酒店推荐客源，形成与酒店集团形式不同的又一订房渠道。

（6）通过连锁酒店订房　连锁酒店预订中心为所属成员酒店推荐、输送客源和预订房间，是各成员酒店重要的订房途径。

四、客房预订销售的方式

预订部门日常收到客人订房的要求很多，散客通过电话、信函、传真等方式直接向预订部门订房，旅行社等团体则通过市场营销部按合约规定订房。客房预订销售的方式大致可以分为六种。

（一）面谈订房

面谈订房是指客人或客户亲自到酒店，与预订服务人员面对面地洽谈有关的订房事宜。这种订房方式有利于酒店推销客房产品。通过面谈，酒店有机会更详细地了解客人的需求，并能当面回答客人提出的问题。必要时，还可向客人展示房间供其选择，便于与客人建立良好的彼此沟通和信任的关系。需要注意的是，预订服务人员在与客人面谈订房工作时，应避免轻易向客人做出确认房号的承诺，以免由于其他原因不能向客人提供该房号而失信于客人。

（二）电话订房

电话订房是应用最广泛、最有效的一种订房方式。使用电话订房不仅迅速、简单，而且预订服务人员和客人之间能进行直接沟通，具体了解客人的需求，迅速传递双方信息，当场恢复和确认客人的订房要求。在处理电话预订时，应注意：

（1）与客人通电话时要注意使用礼貌用语，语音、语调运用要适当、婉转，语言表达要规范、精确。

（2）对于酒店客房预订状况的掌握要十分准确，以便于及时查找、确认。

（3）预订单要放置在便于取用的地方。

（4）绝对不能让客人在电话中久等，如不能立即答复，应请对方留下电话号码，确定再次通话的时间。

（5）婉拒客人的订房要求时，应征询客人是否可以列入候选名单。

（6）必须及时做好完整的记录，通话结束前，应重复客人的订房要求，避免发生差错。

（7）确认客人订房后，在时间允许的情况下，应向客人寄送订房确认书。

由于电话的清晰度以及受话人的听力水平等因素的影响，电话预订容易出错，故应事先健全手里电话预订的程序及其相关标准（表3-1），以确保预订的有效性。

表3-1　受理电话预订的程序与标准

程序	标准
1. 接电话	铃响三声以内
2. 问候客人	（1）问候语：早上好，中午好，晚上好 （2）报部门：预订部
3. 聆听客人预订要求	（1）确定客人预订日期 （2）查看计算机及客房预订显示架
4. 询问客人姓名	（1）询问客人姓名及英文拼写 （2）复述确认
5. 推销客房	（1）介绍房间种类和房价，从高价房到低价房 （2）询问客人公司的名称 （3）查询计算机，确认是否属于合同单位，便于确定优惠价

续表

程序	标准
6. 询问付款方式	（1）询问客人的付款方式，在预订单上注明 （2）公司或者旅行社承担费用者，要求在客人抵达前电传书面信函做付款担保
7. 询问客人抵达情况	（1）询问抵达航班及时间 （2）向客人说明，无明确抵达时间和航班，酒店将保留房间到入住当天的18:00 （3）如果客人预订的抵达时间超过18:00，要求客人告知信用卡号码担保预订
8. 询问特殊要求	（1）询问客人有无特殊要求，如是否需要接机服务等 （2）对有特殊要求者，详细记录并复述
9. 询问预订代理人情况	（1）询问预订代理人的姓名、单位、电话号码 （2）对上述情况做好记录
10. 复述预订内容	（1）日期、航班 （2）房间种类、房价 （3）客人姓名 （4）特殊要求 （5）付款方式 （6）代理人情况
11. 完成预订	致谢

（三）信函订房

信函订房的方式比较适合于提前较长时间预订的客户和以接待独家或会议客人为主的酒店。通过信函，客人可以具体详尽地提出订房要求。而且，信函还可以作为一种预订协议，对酒店和客人起到约束作用。信函订房工作要注意：

（1）预订信函应以一定的格式记载。

（2）回复客人的订房要求应及时，内容要明确、有条理。同时，还要注意信封信纸的质量。

（3）准确记录客户的姓名、身份、地址与日期，以便日后进一步联系客户。

（四）传真订房

传真订房方式比较适用于大中型酒店。这种方式的特点是操作方便，信息传递迅速、准确、可靠，有书面信息留底，所以传真是当今酒店与客人进行订房联系的最理想的通信手段。传真订房需要注意：

（1）接收和发出传真后，应及时打上时间印记。

（2）受理预订和确认订房要迅速，回复客人传真时语言应简明扼要。

（3）接收的客人的传真订房资料要保存留档，以备日后查对。

（五）网络订房

随着现代电子信息技术的迅猛发展，网络预订方式迅速兴起，并被许多大中型现代酒店及客户广泛使用。这种预订方式具有信息传递快、可靠性强等特点。它已经成为酒店业21世纪发展趋势的重要组成部分。

网络订房有以下两种方式：

（1）通过酒店连锁集团公司的订房系统（CRS）向其所属的酒店订房　随着我国酒店业连锁化、集团化进程的加快，不少酒店纷纷加入了国际或国内酒店集团的连锁经营。大型的酒店连锁集团公司都拥有中央预订系统，即CRS（Central Reservation System）。随着互联网的推广使用，越来越多的宾客开始采用这种方便、快捷、先进而又廉价的方式进行客房预订。酒店业越来越注重其网站主页的设计，以此增强吸引力。例如，巴斯集团的“HOLIDEX2000”预订系统每晚都要出租40多万间客房，每年要接到2 000多万个预订电话，这个预订系统使假日酒店、假日运通酒店、假日花园酒店、假日度假酒店、假日选择酒店、假日套房酒店和克朗尼广场酒店集团收益颇丰。再如，洲际酒店的“Global Ⅱ”预订系统为在世界各地的55个国家的150个连锁酒店提供客房预订服务，约占这些酒店预订业务的30%～80%。“Global Ⅱ”预订系统与380 000个旅行社进行了联网。国际旅游集团的“Reservahost”预订系统每天为98个酒店提供200个预订服务，其中包括主人酒店、红地毯酒店、苏格兰酒店、护照酒店以及市民酒店。根据酒店所处的位置，通过中心预订系统，酒店的最高出租率可以达到85%。

（2）通过酒店自设的网址，直接向酒店订房　一些大型酒店已经自设网站，实行全方位的在线订房。虽然，这一做法较传统的订房方式经济、迅速，但对大多数中、小型酒店来说一时还难以承受。因此，尚未得到广泛的普及和应用。电脑终端储存的预订信息可随时提取和打印，极大方便了订房管理工作。

网络订房工作的管理要求如下：

① 酒店须定时向航空公司，旅行社等客源渠道通报本酒店各类客房的出租利用情况、可预订房间数量、房价标准及变化情况。

② 此项通报工作由酒店市场营销部根据不同季节和市场情况所决定的销售方案向有固定联系的大客户进行传递，要做到准确及时，配额合理，符合签约原则，讲求商业信誉。

③ 避免错报、漏报现象的发生。

（六）口头订房

口头订房通常是客人由于时间紧或其他原因临时向酒店提出订房，或委托当地亲友向酒店提出订房，酒店很难当场了解客人的信用状况。因此，要向客人明确说明所定房间只保留到某一时间点，逾期将自动取消。

在以上各种订房方式中，目前，使用较普遍的是网络、电话和传真。在客房预订销售中，一般来说，无论客人以何种方式订房，酒店方面都应以同样的方式给予客人答复。客人对酒店的客房预订服务及工作程序的满意程度，对酒店的经营效益是至关重要的。因为在预订阶段，顾客选择哪家酒店住宿，有一系列的影响因素。例如，酒店的销售艺术，以往住宿客人的感受与满意度，酒店的地理位置与媒体广告效果以及酒店预订的方便程度等，都会影响客人的购买情绪。所以，为了满足每位预订者的要求，争取最理想的住房率和最佳的经济效益，前厅预订部门必须建立一整套预订管理制度与规范化的服务程序，以保证为客人提供优质的预订服务。

五、前厅预订部与市场营销部的关系

（一）前厅预订部与市场营销部的区别

前厅部是酒店客房的销售中心，加之客房是酒店最为重要的产品之一，因而，前厅部被称为酒店主要的利润中心。这种理解和做法也许对那些纯粹以接待商务散客为对象的商务型酒店是正确的，而对那些接待各种团队的酒店来说，许多促销工作却是需要由市场营销部来做的。所以，上述单纯突出前厅部工作的说法是不够全面的。前厅预订销售与营销部销售的区别有以下几个方面：

第一，前厅部人员不可能像营销人员那样走出酒店进行市场营销工作。

第二，前厅部人员只是对客房进行实际的销售，而酒店其他产品的销售、酒店形象宣传的统一策划与实施，则由市场营销部组织更为合理。

第三，对于各种各样的团队来说，其销售和服务都与散客有许多不同。因此，到目前为止销售部比较成功的做法是“专人跟办”，而对于这一要求，前厅部是没有能力做到的。

第四，客观地说，前厅部只是有能力进行预订和对散客接待时进行一些直接的面对面的销售，而销售部则可以承担酒店整体产品营销和团队接待中“专人跟办”的任务。

第五，对于那些对酒店整体利益十分有利，而对客房收益可能有消极影响的活动或项目，前厅部则可能会更多地从本部门利益出发而拒绝接待，从而给整体利益带来损失。而销售部必须从酒店整体考虑，做出对整个酒店有利的选择。

（二）前厅预订部与市场营销部的分工合作

基于上述这些情况，许多酒店开始将整个酒店总体产品的销售任务划归专门的“市场营销部”负责，以便于从市场营销角度统筹酒店整体产品的调查、研究、策划、调整和工作协调，从而保证酒店的整体利益和长远利益。前厅预订部门则主要负责散客预订工作，遇到团体或会议预订时则转给市场营销部处理。具体分工与合作表现在以下几个方面：

第一，酒店整体形象的塑造、宣传和市场促销工作，由市场营销部负责。

第二，客房和酒店其他产品的配套销售政策，由市场营销部制定，其他相关部门配合执行。

第三，酒店的整体销售任务指标是由酒店总经理下达给市场营销部，而不是下达给哪个具体部门，但各部门所完成的促销任务和做出的贡献应在酒店分项产品的销售额中得到体现。

第四，前厅预订部门负责完成酒店按总体销售计划分配的直接销售的部分。

第五，前厅预订部门遇到团体预订和非住房类活动预订，直接转给市场销售部统筹处理。

第六，酒店所有产品的可出售状况，由各部门通过计算机系统将有关信息及时传输给市场营销部，由其统一安排销售。

（三）前厅预订部与市场营销部分工合作的意义

这样调整的好处是显而易见的，主要体现在以下几个方面：

第一，酒店在面对市场时，能以一个统一的形象出现，能运用统一的政策来处理问题。

第二，由于市场营销部能最全面及时地掌握市场信息，因此，可以统筹、安排、优化酒店的效益结构。

第三，避免了过去部门所有制条件下强调部门利益、以部门利益损害酒店整体利益现象的发生。

第四，强化了各部门自身的服务质量和成本控制方面的职能要求，避免了所谓“全员销售”所产生的无序竞争状态。

第五，使重要的团队客户可以得到符合自己特殊要求的跟踪式一条龙服务，有利于保证总体服务质量。

第六，从总体上增强了酒店在市场上的竞争实力。

通过部门功能分工的调整，前厅预订部门的促销功能主要集中在客房预订工作上。

整个前厅部的客房促销工作通过三个方面来体现：一是在预订工作中促销；二是在接待过程中促销；三是通过以上两项工作展示自己良好的服务态度、高超的服务技能和工作效率，以达到间接促销的目的。

酒店的产品销售已从部门负责阶段，开始进入整体的市场营销阶段。这一变化是酒店业经营进入成熟阶段的具体表现。这一变化具体体现在前厅预订部门和市场营销部关系的变化上，整个酒店的营销中心由前厅部转移到了市场营销部。

前厅预订部和市场营销部关系的调整，也是酒店经营观念的一种重要变化和调整，是更加有利于提高酒店整体经营效益的一种模式。

任务2 客房预订的种类和工作流程

一、客房预订的种类

（一）临时类预订

临时类预订（Provisional Reservation）是指客人的订房日期与抵店日期非常接近，甚至是抵店当天的订房。按照国际惯例，酒店对预先订房的客人，会为其保留房间直至预订入住的当日下午6时为止。如果客人在下午6时以后还未抵店，即视为自动放弃订房；如果客人要求在晚些时间抵店，则必须事先通知酒店，要求酒店同意其延迟抵达。另外，由于临时订房已十分接近客人入住日期，故酒店一般不要求其交纳订金。

（二）确认类预订

确认类预订（Confirmed Reservation）是指客人提前较长时间向酒店提出订房，且订房要求已被酒店接受，酒店以口头或书面的形式予以确认，答应为客人保留客房至某一事先声明的时间。

确认订房的方式有两种：一种是口头确认，一般是在电话中直接向客人确认订房；一种是书面确认，即酒店把订房确认书邮寄或传真给客人。订房确认书是向订房客人答复订房已被接受的信函，它起到一个契约的作用，标志着双方同意的商业行为已经发生。

确认类预订要求酒店在限定时间之前，为客人保留客房（一般为入住当天的下午6点之前）。如果客人过时不来店，酒店有权将客房出租给其他客人。确认订房对于散客来说一般是提前一周至一个月，而团体则提前一至三个月。

（三）等待类预订

等待类预订（Waiting Reservation）是指在客房已订满的情况下，仍接受一定数量的等待类订房，如果有人取消预订，或有人提前离店，酒店就会通知等待类订房的客人来店。

对未接到酒店通知到店的客人，可介绍其到附近的酒店去住宿，但不必为其支付房费、交通费和其他费用。

以上三种订房方式一般情况下都不要求客人交纳订金，都可以归属于非保证类预订方式。

（四）保证类预订

保证类预订（Guaranteed Reservation）是客人通过向酒店预付订金来保证自己的订房要求。酒店要求凡是用此方法预订的客人必须事先交纳订金，或通过使用信用卡、订立合同等方式保证酒店的客房收入。对订房客人来说，酒店可为其保留房间，直到酒店规定的退房时间为止。这种方式既能保护双方的利益，同时又能约束双方的行为。因而，对酒店和客人都是有利的。

通常情况下，保证类预订客房保留的时间应从客人预订的入住时间起，一直至酒店规定的退房时间为止。如果客人逾期不到店，事先又不向酒店声明取消订房，就要从预付订金中支付一定费用，以补偿酒店的损失。如果客人在规定期限内抵达，但酒店无法提供房间时，则酒店负全部责任，一般的处理方法是为客人提供相应的客房替代，并为其支付第一夜房费，或免费送客人到别的酒店住宿，并且让客人免费打电话把住宿地点通知其家人或者工作单位。

保证类预订的支付方式有以下几种：

（1）信用卡（Credit Card）担保　银行或信用卡公司已经建立了一套信用卡支付系统，即参加信用卡的公司、企业以及个人均可以被担保为所预订的客房付款，即使预订客房的客人未到，客房未被使用也必须付款，除非在规定的有效时间内取消该项预订。酒店根据客人使用的信用卡进行收费结账，信用卡公司则根据持卡人的存款账单支付项目来支付预订客房房租。

（2）现金支付　现金支付（或者部分预先付款）要求客人在下榻酒店以前，就要向酒店交一定的住店费用。预订金额可以是一夜房租加服务费，或者是客人整个下榻期间的全部费用。每家酒店都建立了针对是否退还预订了客房却未抵店的客人的预订金的规定。在接纳客人现金预订时，如遇到退还或扣除客人的预订费用时必须向客人解释清楚。

（3）旅游代理商入住凭证（Hotel Voucher）　这种预订方式在欧美国家相当普遍，但现在散客通过这种途径预订的越来越少，特别是一些小型旅行社更是如此。这主要是因为散客更乐于使用信用卡或支付预付款来预订客房，而大、中型旅游代理商与酒店联号，或是与一些主要大城市的大型酒店签订合同以保证客房的预订。在这种情况下，酒店保证为持有旅游代理商入住凭证的客人提供客房，但旅游代理商必须在客人离店或者预订后不到店时负责向酒店结账并支付费用。

（4）企事业单位预订　企事业单位的保证预订过程，主要指该公司统一在客人抵店至离店的一段时间内负责支付所产生的费用。当然，有关支付的细目和签单授权人在这些企事业单位与酒店签订合同时，在合同条款中已经得到详细的规定。

（5）内部预订　内部预订也是一种保证类预订。这种预订方式主要针对酒店内部的员工，即由酒店员工代客人订房，享受较优惠的订房价格，并在一定程度上保证客人到达。实际上是酒店管理层为了提高员工促销客房的积极性而推出的一种用以吸引回头客源或者新客源的推销方式。

二、客房预订工作流程

为了保证酒店预订工作的正常进行，必须建立完整、详尽、合理的工作流程。预订工作程序一般分为明确订房要求、接受或者婉拒预订、确认预订、订房资料存档、订房数据分析、预订变更或取消、客人抵店前的工作七个步骤（图3-2）。

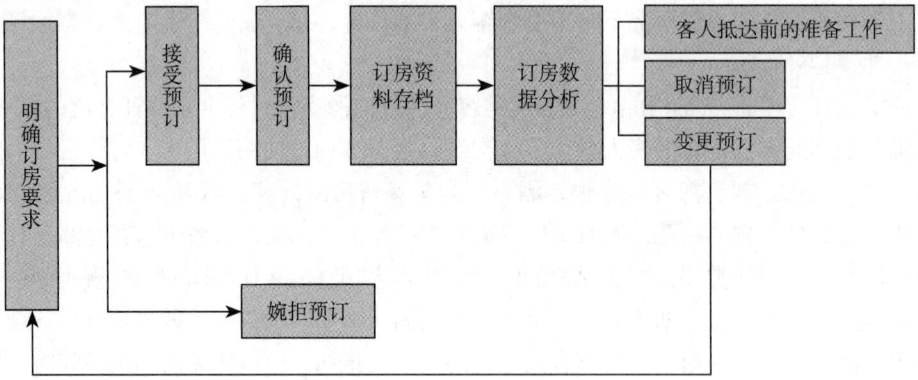

图3-2　客房预订流程图

（一）明确预订要求

酒店在预订工作中一般将客人分为散客和团体两大类。

团体预订主要用于那些与酒店签订合同的客户，他们可以直接与酒店的市场营销部商议订房。订房的详细内容由市场营销部与前厅预订部门协调安排。

散客向酒店申请预订时，要填写预订申请表，使酒店了解住店客人的情况。

预订申请表包括以下各项内容：

（1）客人姓名、地址、电话号码；

（2）客人所属团体、单位；

（3）预订客房数及类型；

（4）预计抵店日期、时间及离店日期；

（5）预订类别；

（6）付款方式；

（7）交通方式；

（8）特殊要求；

（9）订房人姓名、电话号码；

（10）订房要求的来源；

（11）订房员姓名及制表日期。

（二）接受或婉拒预订

收到客人的预订要求后，订房员应迅速决定是否接受这个预订。

首先，通过计算机终端机，了解酒店可接受订房日期的状况，决定能否接受客人的要求。如果在客人要求的日期内有空房，就可以接受这个预订。

其次，订房员应向预订房间的客人复述其预订的具体要求，以免发生差错。同时，向客人说明酒店有关最迟到店的时间规定、不同付款方式对保证获得住房的约束，以及取消预订的手续要求等。

如果在客人要求的日期内，酒店无接待能力，不能满足客人需要，最好用建议的方式代替直述拒绝的原因。建议内容如下：

（1）建议客人重新选择来店日期；

（2）建议客人改变住房类型；

（3）建议客人改变对房价的要求；

（4）征询客人意见，是否愿意接受作为等待类订房；

（5）征询客人意见，是否愿意接受为他代订其他酒店的客房。

通常，酒店预订部在婉拒客人订房要求后，为了更好地树立酒店形象，应为客人寄送如下一份预订致歉书（表3-2）。

表3-2　预订致歉书

________小姐/女士/先生： 　　非常遗憾地向您解释，本酒店________年________月________日的客房已经订满，我们无法接受您的预订要求，对此我们深表歉意。 　　我们感谢您对本酒店的关照，并衷心希望有机会能在今后为您服务，如您需要我们协助预订其他酒店的房间，我们将非常愿意为您提供帮助。 预订部 ______年______月______日

（三）确定预订

根据国际惯例，不管订房人是以口头或打电话的方式预订，还是以书面形式预订，只要客人订房与来店之间有充足的时间，酒店都应向客人寄送书面订房确认书（表3-3）。

书面订房确认书的作用表现在以下几个方面：

首先，客人可以通过书面确认书验明是否与他提出的预订要求相吻合；酒店则可以通过它查对客人的信用关系、家庭或工作单位地址。

其次，预订确认书是酒店与客人之间履行权利和义务的协议书，其中有关事项，例如付款方式、保留客房截止时间、房价等都对双方行为具有约束效力。

最后，预订确认书也是酒店的对客服务指南书，如其中明确告知客人，酒店有关最迟到店时间和取消预订应注意的事项，以及客人从机场、车站、港口抵达酒店的行走路线等。

（四）订房资料存档

1．填写订房单

同意接受客人订房后，要马上填写订房单，它是订房工作的第一手资料。散客填写的订房单内容包括：客人的姓名、预订房数、房间类型、抵离店日期、付款方式、同行人情况（人数、使用交通工具等）、订房人的姓名及联系电话号码、填表人的姓名和填报日期。团体预订的订房单内容包括：团体名称、预订房数、房间类型、抵离店日期、付款方式、特殊要求、订房人姓名及联系电话、订餐情况（用餐人数、时间、种类和标准）、制表人姓名和填制日期。预订单的填写要求字迹清楚、内容完整、有凭有据，以便日后检查。

表3–3 订房确认书

订房确认书

RESERVATION CONFIRMATION

到达日期　　　　　　　　　　班机号　　　　　　　　　　离店日期
ARRIVAL DATE______________ FLIGHT NO.______________ DEPARTURE DATE__________

房间种类 TYPE OF ACCOMMODATION	人数 NO. OF PERSONS	房价 RATE

备注
REMARKS________________________________

请将订房确认书交与接待部
Please present this confirmation to the reception desk

公司　　　　　　　　　　　　　　致
COMPANY__________________________ ATTN.__________________________

地址　　　　　　　　　　　　　　电话号码
ADDRESS__________________________ TEL.NO.__________________________

注意：预订客房将保留至下午6点，迟于6点到达的宾客，请预先告知。若有任何变动，请直接与本酒店联络。
NOTE：Your room will be held until 6:00 p. m. Unless later arrival time is specified. Should there be any changes, please contact the hotel directly for adjustment.

确认者　　　　　　　　　　　　　日期
CONFIRMED　　　　　　　　　　　DATE

订房办公室
BOOKING OFFICE

2．输入及存储预订信息

按照时间顺序和字母顺序，订房员将原始订房单的内容输入计算机，以便预订部门管理人员对订房情况进行统计、存档和制表。

3．存档工作

预订部的档案工作非常重要，它包括订房资料档案和客史档案资料卡。订房资料档案是各种订房记录存储的基础，包括订房单、确认书、预订金收据、预订变更单、预订取消单等。客史档案资料卡是按英文姓氏字母顺序排列的，它记录客人的身份、护照情况、入店和在店停留时间及信用情况等。前台可以根据该资料跟踪，向客人寄送邮件，与客人保持联系，邀请客人再次光临。

（五）订房数据分析

订房数据分析是预订工作的一项重要内容。通过分析，及时掌握酒店客房的预订情况及可出租状况，为相关服务部门提供准确的数据，以便做好准备工作，为客人提供准确周到的服务。同时，订房分析的数据也是管理层在酒店经营管理中的重要参考数据。

（六）预订变更或取消

从客人的订房要求被酒店确认到客人抵店以前这段时间里，仍然有可能出现客人来店来函要求取消预订或更改预订的情况。因此，酒店应特别重视客房的预订变更工作。预订变更工作的管理要求如下：

1．填写预订更改或预订取消单

（1）不能在原始的订房申请表上涂改，必须重新填写预订更改或取消单。

（2）根据宾客的姓名，抽出原订房表，以备记录填写客人预订的有关要求。在填写订房更改表时，应把变更的内容写在备注栏内。

（3）如客人通过电话提出更改或取消预订的要求时，预订员除了填写记录变更内容外，还应记录来电人的姓名、地址和电话号码。

预订更改或预订取消单如表3–4和表3–5所示。

表3–4　变更预订的处理程序与标准

程序	标准
1．接到客人更改预订的信息	（1）询问要求，更改预订客人的姓名及原始到达日期和离店日期 （2）询问客人需要更改的日期
2．确认更改预订	（1）在确认新的日期前，先要查询客房出租情况 （2）在有空房的情况下，可以为客人确认更改预订，并填写预订单 （3）需要记录更改预订的代理人姓名及联系电话
3．存档	（1）将原始预订单找出 （2）将更改的预订单放置上面钉在一起 （3）按日期、客人姓名存档
4．为确认预订的处理	（1）如果客人需要更改日期，而酒店客房已经订满，应及时向客人解释 （2）告知客人预订暂放在等候名单里 （3）酒店有空房时，及时与客人联系
5．更改预订完成	（1）感谢客人及时通知 （2）感谢客人的理解与支持（未确认时）

表3–5　取消预订的处理程序与标准

程序	标准
1．接到预订信息	询问要求取消预订客人的姓名、到达日期和离店日期 询问客人需要更改的日期
2．确认取消预订	（1）记录取消预订代理人的姓名及联系电话 （2）提供取消预订号
3．处理取消预订	（1）感谢预订人将取消要求及时通知酒店 （2）询问客人是否要做下一个阶段的预订 （3）将取消预订的信息输入计算机
4．存档	（1）查询原始预订单 （2）将取消预订单放置在原始预订单上，钉在一起 （3）按日期将取消单放置在档案夹最后一页

2. 修改原始预订总表

（1）取出客人的订房资料，根据更改或取消记录，修改客房预订总表，并更改计算机内容。

（2）如果更改预订，则按接收一个新的预订工作程序办理。

（3）如果取消预订，则把客人的订房资料归入取消预订资料档案，使用预订取消编码以证明预订已被取消，并在预订取消记录表上和原始预订表上注明编码。

（4）如果更改与取消的内容涉及一些原有的安排（如接送、订金等特殊安排），则应按要求的程序及时向有关部门发放更改或取消通知单。

（5）如果时间允许，应重新给客人发一份预订确认书，以表示前一份确认书已经失效。

（七）客人抵店前的工作

1. 订房核对

由于客人抵店前经常出现取消预订或更改预订的情况。因此，需要预订部做好客人抵店前的核对工作，以确保订房准确无误。

订房核对工作一般分三次进行。

（1）提前一周或数周，将酒店主要客情，如重点宾客（VIP）、大型团队、会议接待、客满等信息通知各个部门。其方法可采取分发各类预报表，例如，“十天客情预测表”（表3-6）、“重点宾客（VIP）呈报表”（表3-7）、“重点宾客（VIP）接待规格呈报表”（表3-8）等，也可召开由运转总经理主持的协调会。

表3-6 十天客情预测表

日期	星期	预抵散客	团队	离店	团队离店	住宿	团队住宿	故障房	已满房间数	预计出租房数	预计出租单位	预计出租率	预计空房间数	已用房间数	可用房间数

表3-7 重点宾客（VIP）呈报表

房号	姓名	身份	接待单位	抵店日期	离店日期	客房种类		房租		备注
						T	S	T	S	
小计										

送：总经理室、大堂经理、公关销售部、餐饮部、客房部、保安部、前厅部、大厅、总机、客房用膳部

表3-8　重点宾客（VIP）接待规格呈报表

<table>
<tr><td>团队名称
贵宾情况</td><td colspan="5"></td></tr>
<tr><td>情　况
简　介</td><td colspan="5"></td></tr>
<tr><td>审批内容</td><td colspan="5">1. 房费：A.全面 B.赠送会客室一间 C.房费按______折收取 D.按______元收费
2. 用膳：在______餐厅用餐，标准______元/人（含/不含饮料）
3. 房内要求：A.鲜花 B.小盆景 C.水果 D.果盘 E.葡萄酒及酒杯 F.欢迎信 G.名片 H.礼卡 I.酒店宣传手册
4. 迎送规格：A.由______总经理迎送 B.由______部总经理迎送 C.锣鼓迎送 D.欢迎队伍
5. 其他</td></tr>
<tr><td>呈报部门</td><td></td><td>经办人</td><td></td><td>部门经理</td><td></td></tr>
<tr><td>总经理批署</td><td colspan="5"></td></tr>
</table>

（2）宾客抵店前夕，将客情及具体的接待安排以书面形式通知相关部门，做好准备工作。酒店在这方面常使用的表格有："次日抵店宾客一览表"（表3-9）、"鲜花、水果篮通知单"（表3-10）以及"特殊要求通知单"等。

表3-9　次日抵店宾客一览表

___年___月___日

预订号	序号	客人姓名	房间数	房间类别	抵达时间航班	预期离店日期	备注
1							
2							

表3-10　鲜花、水果篮通知单

___年___月___日

姓名________________________________ 房号________________

送达日期____________________________ 时间________________

具体要求____

付款客人姓名________________________ 序号________________

备注____

（3）客人抵店的当天，前厅接待员应根据客人预订的具体要求提前排房，并将有关接待细节（变更或补充）通知相关部门，共同完成客人抵店前的各项准备工作。

2. 向其他部门提供有关信息单

预订部门的工作除了为客人定好房间外，每天还要把第二天将要入住客人的信息制表以通知其他部门，使他们做好准备工作，以便为客人提供准确周到的服务。

（1）客人预期抵达名单（Expected Arrival List） 这份名单应记录第二天预计抵店客人的详细情况，是其他部门进行工作安排的依据。如餐饮部的厨房，根据客人预期抵达名单可以对客人的进餐数量进行分析，从而决定采购量和人员安排。特别是举办一些大型宴会、团体会议时，这些信息就更为重要了。

（2）飞机航班分析表（Flight Analysis List） 此表通报客人预计抵达的时间、航班等，酒店可据此调度车辆，安排人员接送客人。

（3）团队资料表（Group Coordination Sheet） 团队资料表是专为团队安排而做的，它详细记录团队入住时的各种活动安排和特别要求，用以方便其他部门安排工作。

（4）VIP通知单 VIP通知单是为前台接待部门及其他部门做好接待工作而准备的，它记录接待重要客人的标准和特殊服务的要求等项内容。

三、超额预订

超额预订是指在酒店订房已满的情况下，再适当增加一些订房的数量，以弥补因少数客人订不到房间、临时取消和提前离店等情况造成客房闲置的损失。

超额预订通常出现在旅游旺季和节假日。超额预订是一种有风险的行为。超额预订的数量是没有固定公式可以计算的，主要根据以往酒店经营的经验、对市场的预测以及对客情的正确分析来决定。

（一）承诺超额预订的依据

酒店承诺超额预订时应考虑几种客人的情况，即订房不到者、临时取消订房者、提前离店者和要求续住者：

（二）控制超额订房幅度的方法

如果超额比例过大，很可能会出现客人到店而无房的情况，所以妥善地控制超额订房比例很重要，但是有很大难度。一般情况下5%的超额订房是可行的，更大的比例需要通过长期的工作经验积累以及订房资料的分析得出。控制适当的超额订房比例的主要方法如下：

（1）统计分析过去历年同期订房不到客人的平均百分比，据此估计现在的超额订房比例。

（2）统计分析过去历年同期临时取消订房客人的平均百分比，据此估计现在的超额订房比例。

（3）统计分析过去历年同期平均提前抵离店和延期抵离店的客房数，据此估计现在的超额订房比例。如果酒店资料不充分，可以把提前抵、离店的数字合集为0（其实两数据不相等，但相互会抵消一部分），同样也可以把延期（指延期一天以上）抵店的客房数和延期离店的客房数之差当作0。也就是说，数据不充分的酒店不考虑或不使用本方法。

（4）掌握好团队订房和散客订房的比例。通常情况下，现有订房中团队订房多，超额订房比例应小一些，散客订房较多，超额订房比例可大一些，但是并不绝对。

（5）掌握好淡、平、旺季的差别。旺季客房供不应求，客人订房后取消的可能性小一些，故超额订房比例应当小一些。平季和淡季时的客人订房后取消或更改的可能性相对比旺季大一些（因为别的酒店尚未客满，客人很容易改住别处）。故平季和淡季的超额订房比例就可以高一些，因为一个月中客人取消或变更预订的可能性是比较大的。

（6）掌握好预订的提前量。当客房已经订满，酒店还想超额订房，要看预订提前量有多少。如果明天订满，超额订房就要慎重，因为离客人抵店只有一天时间，客人取消或变更预订的可能性相对较小。如果要订满一个月后的客房，超额订房比例就可以高一些。因为，一个月中客人取消或变更预订的可能性是比较大的。

（7）考虑现有订房中各种订房所占的比例。如果现有订房都是保证类的，通常不能实行超额订房。保证类的订房较多，超额订房比例应小一些；确认类的订房比例较高，超额订房比例应大一些；一般类订房的比例较高，超额订房的比例应更大一些。

（8）统计分析各主要订房单位过去历年同期实到人数占订房人数的比例（即到达率），用来估计今后该订房单位实际的到达率。

（9）统计分析酒店保留的机动房在过去历年同期的平均使用率，作为现在机动房可能的使用率（有些酒店不留机动房，不必考虑这一方法）。

（10）了解酒店附近同级酒店此时是否已客满。如已客满或接近客满，就应该减少超额预订房比例或不进行超额订房；反之，则应提高超额订房比例。

（11）调查分析本酒店在市场上的信誉度。信誉度好的酒店，因到达率较高，超额订房应该少些；反之则应该多一些。

综合以上方法，分析历年同期的订房动态，制定出最适合的超额订房比例。

（三）实行超额订房造成已预订的客人到店无房时的措施

绝大多数酒店在一年大部分时间不会客满，但在旺季、周末、节假日可能出现因客满而客人无房的现象。对此，酒店应做好充分的准备，以防服务质量下降。

（1）酒店内挖潜力。如同一团队内部加床减少占房数、套房改标准间、会议室等空地加床、利用酒店员工用房、打折出租轻微损坏的客房等办法均可采用。

（2）与部分客人商量劝其退房并提供方便。

（3）仅某类客房超额预订时，可采用房间升级的办法解决。

（4）对一般类订房不予留房。

（5）对确认类订房，如客人迟于下午6:00或双方约定时间到达的则不留房；早于下午6:00或双方约定时间到达，酒店可让客人先占用一般类订房客人的客房。如无一般类订房的空房可用，则由酒店负责把客人安排到附近等级相同的酒店，并承担两酒店之间的交通费和第一夜的房费差价，次日应尽早接回客人（如果客人愿意的话）。酒店还应提供一两次免费（指合理时间和地点）长途电话或传真，让客人把改住其他酒店的消息告诉单位或亲友，并向客人道歉，为客人提供尽可能完美的服务（如通知总机、问讯处客人已改住某某酒店，使这些人员处理邮件、电话或问询时可以转至客人现住酒店或正确答复客人）。

（6）对保证类订房，如果客到无房，应先占用确认类或一般类预订的客房。如果由于接待员的失误而未占用上述两类房而造成无房时，酒店除了向按期到达的确认类订房客人提供服务以外，还应承担入住附近同级酒店的第一夜房费而不是房费差价。前厅部经理或订房处主管应出面向客人道歉，并尽量赠送礼物给客人，还应把客人预付的订金还给客人，力求客人做有利于酒店的宣传。

总之，对于超额订房要敢于进行并科学地管理，以求达到最大的经济效益，并在意外情况出现时把损失降到最低限度。

四、散客预订方式

（一）电话预订的程序及标准

1. 接听电话，回答客人询问

（1）电话振铃三声以内接起，讲“您好，预订部”。

（2）对客人提出的问题耐心回答，抓住机会向客人推销：

① 仔细聆听客人的订房要求，迅速查询电脑是否有客人需要的房间类别，确认后回答对方；

② 如不能满足客人的要求，可建议客人调高等级，选择折中方法，尽可能满足客人需求；

③ 客人的需求确实不能满足时，征询客人是否愿意接受作为等待类订房处理。

2. 填写订房申请表

根据订房申请表的各项内容逐一登记，填完后向客人复述一遍，核对无误后注明订房日期、预订号并签名。

（1）对客人的特殊预订要求在备注栏内记录清楚；

（2）如客人有“接机”服务的要求，应告知相应费用，并请客人发传真确认，然后，将该资料和信息交相关部门处理。

3. 向客人致谢

（1）告诉客人已经办理好预订，并告诉客人其预订号和自己的姓名；

（2）感谢客人来电，并欢迎其光临本酒店。

4. 处理预订资料

（1）及时将预订信息按要求输入计算机，备注栏信息应尽可能详细、全面；

（2）将预订申请表按照要求放入预订资料架上：

① 存放之前应将该表交预订组领班审查；

② 当月内预订按日期放入相应资料柜；

③ 次月以上的预订申请表按散客和团队分类保存。

（二）直接订房的程序及标准

1. 迎接客人

（1）当客人走近预订处时，接待员应目视客人，微笑并向客人致意。

（2）如果当时接待员正在忙碌，按以下方式处理：

① 接待员正在接听电话，应向客人点头微笑，示意客人稍候；

② 接待员正在接待其他客人时，应点头微笑并示意来宾稍候；

③ 接待员应尽快结束手头工作，接待客人，并再次向客人表示歉意；

④ 如手头工作一时不能完成，应先接待客人或示意其他员工尽快接待。

（3）请客人在休息处就座，送上咖啡或热茶，并在休息处的适当位置陪坐。

（4）就座时与客人保持一定距离、一定角度，以能与客人交谈又相互感觉轻松自如为宜，姿势应该是双腿合拢，双手放在膝盖上。

2. 介绍客房

（1）根据客人的需求，主动向客人推荐较高档次的客房。

① 客人咨询房间种类时，应推荐该种类中最好的房间；

② 客人未明确房间种类时，应推荐符合其身份的最好房间。

（2）在计算机上查找客人需要的房间类别。

3. 填写订房申请表

（1）请客人自己填写订房申请表。一般由客人自己填写，特殊情况除外。

（2）检查已经填写好的订房申请表，并逐项向客人复述，确认后签字。

4. 送别客人

（1）告诉客人预订号和自己的姓名，向客人讲解抵店后的登记手续。

（2）对客人的选择表示感谢。送客时要主动与客人握手，为客人打开大门，向客人礼貌道别。

5. 整理资料

（1）及时将预订信息按要求输入计算机，备注栏信息尽可能详细、全面。

（2）将预订申请表按照要求放入预订资料架上：

① 存放之前应将该表交预订组领班审查；

② 当月内预订按日期放入相应资料柜；

③ 次月及以上的预订申请表按散客和团队分类保存。

五、散客预订确认的程序及标准

（一）填写预订确认单

根据客人预订情况填写预订确认单，详细注明客人预订的房间数及种类、价格、抵离日期、付款方式及预订号。

（1）一般在收到传真的当天或第二天以电话或传真确认，急件则在收到传真等函件后马上确认。

（2）客人同意电话确认时，则在预订申请表上注明客人姓名、确认员姓名和日期，并加“已确认”的标志。

（二）发送预订确认书

按客人通信地址用传真等形式发送预订确认书。通信地址有误时，先电话联系客人，确定地址后再发。

（三）资料归类存档

将确认书、传真报告单、客人订房函件、订房申请表放在一起，存放在指定地点。

（1）近期头三个月的预订资料以日期为顺序分别放入三个资料柜里；

（2）同一天抵达的预订资料按客人的姓名字母顺序排列存放。

（四）对散客进行再次确认

（1）客人进店前一周必须对预订再次电话确认，确保预订准确无误。

（2）每日早晨将一周后的预订资料取出，用电话与客人联系有无变化。

（3）每日早上将次日的预订资料取出，通过电话与本地的订房单位联系，了解客人行程状况。

（4）联系完客人以后，再在订房申请表上注明日期及“已确认”的字样并签名。

六、散客预订更改与取消预订的程序及标准

（一）核对预订资料

从档案架上取出客人的订房资料，与其预订更改或取消的材料进行核对。

（1）如果客人是以电话提出更改或取消的要求，先请客人稍候，同时迅速找到相关资料，记录来电的内容和通知人的姓名、地址及电话号码。

（2）如果是函件，应仔细阅读函件内容，关键地方不清楚时应与客人电话核对或请其再发一份函件。

（二）填写相应单据

根据客人要求填写预订更改单或预订取消单。

（1）重新填写，不得在原始单据上修改。

（2）将客人关于预订更改或取消的通知书与所填写的相应表格连同原始订房申请表统一存放。

（三）修改计算机信息

根据更改单或取消单内容在计算机上修改原始信息，修改完后在更改单或取消单“录入员”栏处签名。

（四）资料处理

将统一存放的预订资料放入指定地方。

（1）若是预订变更，处理完成后放入相应的订房资料柜。

（2）若是预订取消，在计算机上取消后，在原始订房申请上盖“取消”章，放入取消资料柜中。

（五）处理善后事宜

（1）如更改或取消涉及原有的接机、订金等特殊项目，应立即通知相关部门做相应更改。

（2）对次日及之后的更改或取消，应重给客人发一份预订确认书，以表示前份确认书失效。

① 确认书发出后连同传真报告单一起保存；

② 无法发传真通知的，应发函件或打电话确认，然后将函件底稿放进资料柜，并在更改单或取消单上签名。

七、各类VIP预订的程序及标准

此项工作通常有预订组领班承担。

（一）VIP客人分类

1．A类接待对象

（1）著名的政治家、重要领导人、著名艺术家、著名演员、运动员及能提高酒店知名度，给酒店带来客源的重要客人；

（2）上级领导机关的主要领导人。

2．B类接待对象

（1）总经理邀请的普通客人；

（2）其他著名酒店的总经理工作考察。

3．C类接待对象

（1）总经理邀请的普通客人；

（2）同行业或其他著名酒店的总经理的普通聚餐；

（3）酒店需要感谢或表示慰问的客人。

（二）审阅VIP信息

预订组领班接到订房值班员传来B类以上VIP预订信息后，严格审定VIP级别、特殊要求等所有信息。

（1）B类以上VIP应立即请示部门经理，同意后才能办理；

（2）VIP预订中涉及的特殊要求应向各服务点了解能否完成，如有困难应先请示部门经理，然后才与客人商量解决办法；准备告诉客人接受预订。

（三）填写订房申请表

（1）由预订组领班帮助客人填写订房申请表。

（2）填写完毕后向客人逐项复述核对，及时修改不规范之处，并请客人确认，然后在该表右上角加盖VIP章、标明VIP级别。

（四）送别客人

（1）告诉客人预订号和自己的姓名，向客人讲解抵店后的登记手续。

（2）对客人的选择表示感谢，送客时要主动与客人握手，为客人打开大门，向客人礼貌道别。

（五）处理预订资料

（1）立即将预订信息输入计算机，并在该表“录入员”栏处签名。

（2）将申请表和相关资料存入VIP资料柜中。

① A类以上VIP的申请表和资料在处理完毕后应送部门经理审核；

② 每周五将本周B类以上VIP的申请表和相关资料送部门经理审核。

（六）确认预订

（1）客人直接预订的一般是立即确认，然后在抵达前一周再次进行确认。

（2）客人函电预订的，在填单后与客人传真确认一次，无误后，在抵达前一周再确认一次。

（3）每次确认的底单应与订房申请表统一存放。

八、团队预订

团队预订所涉及的工作面较广，且要与各种不同的人物进行接触、交往，如会议主办单位、旅行社、航空公司及旅游代理商等。团队的预订通常是在组织者选定酒店后，与酒店的销售部进行联系并最终签订合同，但具体的预订工作则由前厅部或订房部来处理。团体订房的订房单内容包括：团队名称、预订房数、客房类型、抵离店日期、付款方式、特殊要求、订房人姓名及联系电话、订餐情况（用餐人数、时间、种类和标准）、制表人姓名和填制日期。

不同客源的团队，预订程序有所区别。

（一）会议团

成功地接待会议团的关键是酒店工作人员与会议组织者双方要建立起紧密的工作关系或工作联系。假若一开始双方都有很好的协作精神及密切的沟通渠道，那么许多潜在的问题就可以避免。

举办大会议通常要包下数家酒店来安排他们全部的会议代表。在这种情况下，客房的需求必须通过会议主办单位来协商解决。首先，必须了解哪一家酒店是会议指挥部的办公场所，因为重要的会议活动往往在这家酒店举行，这家酒店要准备不同规格的会议室。通常在会议开始的前几天，会议主办单位会派出会务组进驻酒店，安排和协调有关项目。每天会务组将客房预订变更情况或预订情况传递给订房部；同时，酒店应将各种预订要求或取消预订的情况及时通知会务组。通过这种信息交流，订房部能够有效控制会议预订用房，以便最大限度地将闲置客房出租。

（二）旅游团

旅游团的旅游活动内容包括酒店下榻、地面交通、参观游览活动等。对于旅游团，酒店应留意其组团社或旅游代理商的可信度及以往表现。例如，该组团社过去的预订取消率、预订不到率、延期住宿率、提前离店率、实际到店率等情况。团队预订的注意事项如下：

（1）了解会议主办者或旅游代理商以往的取消预订、预订未到人数以及实际抵店人数等预订历史情况。

（2）确保有关酒店的一切方针都向会议主办者解释清楚（由销售部负责）。

（3）介绍酒店的高层管理者，以便会议主办者知道由谁负责酒店的领导和管理工作。

（4）截止抵店日期，预订客房仍然没有被使用的，酒店将解除或终止预订，并将客房预订给他人。

（5）旅游团通常应提前提供领队、陪同及团员名单，以便酒店根据团队具体情况（如性别差异等）安排客房。

（6）旺季时，酒店通常规定团队应交纳预付款，应通过合同明确规定旅游代理商的款项数额、交纳时间以及交纳方式等。

（三）团队预订的程序及标准

1. 了解房间状况

（1）仔细征询对方将要预订的房间数量和类别；

（2）根据对方需求在计算机上查询是否有其所要的房间。

① 无法满足客人需求时，应马上告诉客人，并共同寻求解决办法；

② 如果是函电预订，应在当天将不能接受预订的信息告诉客人，以便对方及早另做安排；

③ 如果所订旅行团队房超过每日标准团队房间数，而计算机内实际空房数又能满足对方要求时，值班员应请示预订组领班，待预订组领班同意后再回复客人。

2. 填写订房申请表或签订订房合同

（1）请对方自己填写订房申请表或订房合同。除非客人提出由值班员填表或客人函电订房，一般情况下请客人自行填写，递单时双手持申请表上端和笔下端送给客人。

（2）逐项检查订房登记表或订房合同。

① 认真核对表上已填写的各项内容；

② 根据情况在“备注”栏和需补充之处填上相关内容，填写后向客人复述一遍，确认无误后双方签字认可。

3. 送别客人

（1）告诉客人预订号和自己的姓名及团队抵达后的登记手续；

（2）对客人的选择表示感谢，送客时要主动与客人握手，为客人打开大门，向客人礼貌道别。

4. 处理预订

（1）及时将预订信息按要求输入计算机，输入后在申请表“录入员”栏处签名；

（2）将申请表或订房合同交预订组领班审查，待其签字后按日期顺序放入团队资料架中。

5. 确认预订

（1）客人直接预订的一般是立即确认，然后在团队抵达前的一周再次进行确认；

（2）客人函电预订的，在填单后与客人传真确认一次，确认无误后在团队抵达前一周再一次确认；

（3）每次确认的底单应与团队申请表统一存放；

（4）预订变更与散客预订变更的管理方法相同。

任务3 客史档案管理

客史档案是对来酒店一次以上的全部或部分客人，按其姓名的首字母顺序排列的资料，是在接待过程中形成的具有参考利用价值的一种专业档案。全面、准确的客史档案能促使酒店正确进行决策，做好客源市场预测，提高管理水平和服务质量，使酒店在激烈的市场竞争中立于不败之地。客史档案由订房员、接待员或销售部制作。

一、建立客史档案的意义

建立客史档案对于提高酒店服务质量，改善酒店经营管理水平具有重要意义。

（一）有利于为客人提供“个性化”服务，增强人情味

服务的标准化、规范化，是保障酒店服务质量的基础，而“个性化”服务则是服务质量的灵魂，是服务的最高境界。建立客史档案有利于酒店了解客人，掌握客人的需求特点，从而为客人提供针对性的、更加富有人情味的服务，以提高客人的满意度。

（二）有利于开展促销活动，争取回头客

客史档案的建立，有助于酒店平时做好促销工作。例如，通过客史档案，了解客人的出生年月、通信地址，与客人保持联系，向客人邮寄酒店的宣传资料、生日贺卡等。采取积极的多种形式的促销活动，可以争取更多的回头客。

（三）有助于提高酒店经营决策的科学性

任何一家酒店，都应该有自己的目标市场，通过最大限度地满足目标市场的需要来赢得客人，获取利润，提高经济效益。客史档案的建立有助于酒店了解目标客源市场、客人的需求以及如何才能满足客人的需求，从而提高酒店经营决策的科学性。

二、客史档案的建立

完整的客史档案应包括以下几个方面：

（一）常规档案

常规档案包括客人的姓名、性别、年龄、出生年月、婚姻状况以及通信地址、电话号码、公司名称以及头衔等，收集和保存这些资料有助于了解目标市场的基本情况。

（二）预订档案

预订档案包括客人的订房方式、介绍人，订房的季节、月份、日期以及订房的类别等，掌握这些资料有助于酒店选择销售渠道，做好促销工作。

（三）消费档案

消费档案包括房价类别、客人租用的房间、支付的房价、餐费以及在商品、娱乐等其他项目上的消费，客人的信用卡账号，喜欢何种房间类型和哪些设备等，从而了解客人的消费水平、支付能力以及消费倾向、信用情况等。

（四）习俗、爱好档案

这是客史档案中最重要的内容，包括客人旅行的目的、爱好、生活习惯，宗教信仰和禁忌，住店期间要求的额外服务。了解这些资料有助于为客人提供有针对性的“个性化”服务。

（五）反馈意见档案

反馈意见档案包括客人在住店期间的意见、建议、表扬和赞誉，投诉及处理结果。

根据以上内容，可以设计客史档案卡，如表3-11所示。

表3-11　客史档案卡（参考式样）

姓名		性别		国籍	
出生年月		出生地点		身份证号	
护照签发日期		签发地点		护照号码	
职业		头衔		工作单位	
单位地址				电话号码	
家庭住址				电话号码	
其他					

住店序号	住宿期间	房号	房租	累计消费	习俗爱好特殊要求	表扬、投诉及处理	预订信息（渠道、方式、介绍人）	信用及账号	备注

客史档案的建立必须得到酒店管理人员的重视和支持，并将其纳入有关部门和人员的岗位职责之中，使之经常化、制度化、规范化。

客史档案的有关资料主要来自客人的“预订单”“住宿登记表”“账单”“投诉及处理结果记录”“宾客意见书”及其他平时观察和收集的有关资料。由此可见，客史档案的建立不仅依靠前厅部员工的努力，而且还有赖于酒店其他有关部门和接待人员的大力支持和密切配合。

传统的客户档案卡的建立是通过手工完成的，速度慢、工作量大，管理困难，调用不方便。用计算机建立和管理客史档案卡，不仅输入速度快、容量大，而且调用方便，从而可以极大地提高客史档案的使用率。

三、客史档案的管理

客史档案的管理主要涉及四个方面的内容：分类存档、运行管理、定期清理和细节管理。

（一）分类存档

客史档案通常在客人离店后，由接待处输入存档，由预订处分类保管。为了避免客史档案的散失，使其便于管理和使用，应分类存放客史档案。

客史档案可以按国外客人、国内客人、港澳台客人分为三大类，也可做更详细的分类。每一类可用英文字母或汉语拼音等方法逐项排列。

经过归类整理和存放的客史档案是客史档案有效运行的基础和保证。

（二）运行管理

建立客史档案的目的之一，是了解客人的需求信息，所以客史档案建立后不能封闭和置闲起来，应在接待服务中发挥它的作用。

当客人重新预订酒店客房时，预订员可直接调用其以往客史，打印客史档案卡，与订房资料一起存放在其订房资料中，并按时传递给总台接待员。接待员根据客史档案卡提供的需求信息做好接待服务工作。客人离店后，将客人的客史档案再次输入新的内容，重新存放。

在客史档案的运行中，要防止丢失或错用，还要注意收集新的信息资料，使客史档案的内容不断地得到补充。

（三）定期清理

为了充分发挥客史档案的作用，酒店每年应系统地将客史档案进行一到两次的检查和整理，检查存放顺序有无错误，并整理和删除过期档案。

对于过期档案的处理，各酒店的规定不尽相同。值得借鉴的是，在删除客人档案前，可给客人寄一张“优惠住房卡”，以唤起客人对酒店的美好回忆，做最后一次促销努力。

（四）细节管理

在客史档案的具体管理业务中，应注意以下一些细节管理问题：

（1）首张客史档案卡打印满后，应打印续页，注意两张卡片应装订在一起；

（2）可采用着色档案卡，以便通过不同的色彩来鉴别客人身份。但着色应与酒店使用的其他卡条色彩示意相同；

（3）过期档案必须彻底删除，以保护客人的私隐。

【项目练习】

一、讨论

1. 了解客房预订的主要渠道和客房预订的方式有哪些，并讨论分析各个渠道和方式的优缺点。

2. 讨论分析建立客史档案的重要性。

3. 假设现在你作为一名某酒店的前厅部预订员，接到一位客人的电话，想要预订房间，客人将于7月4日抵店，7月10日离店，酒店的标准间为每晚120元，标准套房为每晚260元，豪华套房为每晚300元。请设计一段电话预约的对话。

二、案例分析

某天，广州某酒店前厅部的客房预订员小李接到一位美国客人从北京打来的长途电话，想预订两间每天收费在150元左右的标准双人客房，5天后开始住店。

小李马上翻阅了一下订房记录表，回答客人说由于5天后酒店要接待一个大型国际会议的多名代表，标准间客房已经全部订满。小李讲到这里并没有挂断电话，而是继续用关心的口吻说："您是否可以推迟两天来，要不然请您直接打电话与广州××酒店联系询问如何？"

美国客人说："广州对于我们来说是人生地疏，我只知道你们酒店，还是希望你能想想办法。"

小李想了一想，觉得不应该让客人对自己酒店失望，于是用商量的口气说："感谢您对我们酒店的信任，我们非常希望能够接待像您这样尊贵的客人，请不要着急，我很乐意为您效劳。我建议您和您的朋友准时前来广州，先在我们酒店内的豪华套房住两天，每套每天收费300元，在套房内可以眺望广州的优美景色，室内有红木家具和古玩摆饰，提供的服务也是上乘的，相信您会满意的。"

小李讲到这里故意停顿了一下，以便等待客人的回话，对方沉默了一段时间，似乎在犹豫不决，于是小李又开口继续说道："我想您并不会单纯计较房价的高低，而是在考虑这种套房是否物有所值，请问您什么时候和朋友乘坐哪趟班机前来广州？我们可以派车到机场去接您，到店后我一定陪您和您的朋友一行亲眼去参观一下套房，再决定不迟。"

美国客人听到小李这番话后，倒有些感到盛情难却了。最后，他终于答应先预订两天豪华套房，然后挂断了电话。

思考题

在本案例中，小李巧妙地使客人接受了本没有打算预订的豪华套房，你认为小李成功的根本原因是什么？

【项目实训】

一、实训要求

1．实训目标

通过对客房预订项目的实训，使学生了解受理客房预订业务的基本知识，掌握利用有效对话获取订房信息及施行客房推销的步骤和方法。

2．实训课时

2课时。

3．实训方法

教师先讲解示范，然后学生按程序操作，学生观察并相互点评，教师指导纠正。

二、实训内容与步骤

1．正常预订程序

当客人用电话或亲自接触前堂部工作人员要求订房时，应礼貌地询问客人的订房日期，查询订房系统里该日期里是否有房可售，然后通过询问获得并记录订房者各项信息，可按以下流程操作：

（1）询问订房日期；

（2）询问订房者姓名（或姓氏）；

（3）询问到达日期及离开日期，在此应与客人讲明暂住几个晚上，以免误会；

（4）询问客人所需房类及数量；

（5）询问客人乘坐的交通工具、火车及飞机班次、到达时间；

（6）询问订房者的姓名及其电话号码；

（7）向客人要求预付定金，通常是一晚之房租（包括服务账及政府税）以便落实预订；

（8）询问客人有否需要酒店之订房证明书，若然需要，可将订房确认表邮寄或发给客人；

（9）备注一些特别事项，如有关折扣、餐饮、车辆接送及旅游安排等；

（10）复述客人订房信息并应告知客人要注意的事项：

① 没有预付定金的预订，且又没有到达时间资料的，如遇订房紧张时，会在下午6点后自动取消订房；

② 没有预付定金的预订，但留有火车或飞机班次时间的，如客人在该班次抵达后2小时尚未能前来登记，则酒店有权将预订自动取消；

③ 所有定金不会退还。

2．预订日期已满程序

（1）如遇满额，应表示抱歉并提议其他有空房的日期，也许客人可以通过更改行程来配合。

（2）等待名单（WAITINGLIST） 如客人行程不能改变，应提议为客人做一个等待名单的预订，向客人解释由于所订日已满额，但可将资料记录下，若在所订日有其他预订取消，便可取代这个预订。若客人同意等待名单提议，应如同以上的正常预订程序把资料录入订房系统，但须在等待名单之小方格上打钩。

（3）无法接受客人预订　若因日期不合，不能为客人完成订房，也应提供其他酒店的电话号码，协助客人尝试预订别的酒店，并礼貌地感谢客人来电（或前来）希望日后有机会再为其服务。

三、实训考核

表3–12　客房预订考核标准

程序	操作要求	配分	得分
接听电话	礼貌问候，自报部门规范	5	
询问客人预订要求	询问客人的预订日期及房型要求，查看房态	10	
受理预订	询问客人姓名，冠姓称呼	10	
	推销客房	10	
	确认预订客房的类型、价格、数量、抵离时间等	20	
	询问有无特殊要求	10	
复述预订内容	复述预订内容	10	
	告之预订客房最晚保留时间	10	
完成预订	向客人致谢	5	
	填写散客预订单	10	

项目四

接待服务

■ 知识目标

❶ 掌握入住登记的程序和入住登记表的填写
❷ 了解退房结账过程中可能碰到的各种问题以及相应的解决办法
❸ 了解散客退房、团队退房和会议退房应注意的事项
❹ 掌握不同方式的结账处理
❺ 掌握几种房态和时时核对房态的重要性
❻ 掌握商务服务的主要工作内容
❼ 掌握住店客人贵重物品保管服务的程序和标准

■ 技能目标

❶ 在理解程序的基础上依据客人的不同情况灵活处理各种入住类别
❷ 会做现金、信用卡、支票、挂账等各种退房处理
❸ 能处理退房结账过程中发生的各种问题
❹ 熟练地为客人提供各种商务服务
❺ 会使用贵重物品保管箱

【案例导入】

美国一家酒店的老门童要退休了，当时的美国总统亲自表示挽留，在老门童退休后又派人送花篮表示感谢。老门童和总统并不沾亲带故，是什么原因使得总统这样做呢？这是因为这家酒店经常接待美国参、众两院的会议，多年的经验使得老门童能大声喊出每个人的名字，准确无误地为客人点好合口味的菜式，引导着他们的座驾停在熟悉的泊位等。所有这些给人们留下了难忘而美好的回忆。有的酒店总台会给入住的宾客（尤其是外宾）提供一张本店的名片，以备外地客人外出回酒店之用；有的酒店在总台摆设薄荷糖果盘，供抵店、离店之际经过总台的客人随意拿取以祛除口腔异味之用。

案例分析 前厅是酒店的一张名片，是酒店的对外营业“窗口”，是联系宾客的“桥梁与纽带”，是客人与酒店接触的主要场所，也是留给客人第一印象和最后印象的所在地。为了打造一个店，各大酒店竭尽所能，塑造前厅这张“脸”，在客人心目中树立良好的第一印象。

任务1 入住登记与离店服务

前厅接待是对客服务全过程的关键阶段，也是客人入住酒店时的必要阶段，是客人同酒店建立正式的合法关系的重要环节。一般前厅接待部都被安放在酒店最显眼及客人汇集的焦点部位，客人在抵达酒店后，接到的第一个最为正规的服务就是前厅的接待服务。

前厅接待工作是酒店对客人直接服务的重要环节之一。从询问和查找客人预订记录，查、验房态以确定是否可以接纳客人入住，到为客人办理入住登记手续、分配房间以及相关特殊情况处理等，包括一系列工作环节，这些环节是影响客人对酒店服务质量评价的重要因素之一。

对于客人来说，接待服务工作质量的高低，直接影响客人在酒店停留时间的长短及客人的回头率。前厅接待人员的仪容仪表、礼仪礼貌、服务态度、技巧和服务效率等，都会成为影响客人对酒店印象的基本因素，而这个第一印象又会成为客人在酒店停留期间感受其他部门服务工作的基本心理背景，甚至会成为对整个酒店的总体评价，会对酒店的经济效益产生重要的影响。

对于酒店来说，前厅接待工作最为核心的就是出租客房，客房出租率的高低，直接影响酒店的经济效益。前厅接待人员的工作技巧和能力，不仅体现在提供令客人满意的服务上，还要通过及时准确地掌握客人预期抵店和实际抵店的情况，处理好提前离店和延长住店、临时取消预订与提前到达等特殊情况，避免排重房现象的发生，尽量提高客房出租率，为酒店增加效益。

一、总台接待准备工作

在帮助客人办理入住登记手续或分配客房之前，接待员必须掌握接待工作所需的信息资料。这些信息资料主要包括：房态报告、预抵店客人名单、客史档案、有特殊要求的预抵店客人名单、预抵店重要客人名单、黑名单和其他准备工作。

以上信息须在客人抵店的前一天晚上就应准备好。在计算机联网的酒店里，这些信息资料不断地在更新，接待员可通过计算机网络轻易获取。

（一）房态报告

在客人到店前，接待员必须获得较为具体的房态报告（Room Status Report），并根据此报告排房，以避免给客人造成不便。

（二）预抵店客人名单

预抵店客人名单（Expected Arrivals List）为接待员提供即将到店客人的一些基本信息，如客人姓名、客房需求、房租、离店日期、特殊要求等。

在核对房态报告和预抵店客人名单时，作为接待处的管理人员，应清楚以下两件事情：酒店是否有足够的房间去接待预抵店客人，酒店还剩余多少可以出租的房间去接待无订房而直接抵店的散客（Walk-in Guest），然后采取相应的措施。

（三）宾客历史档案

宾客历史档案（Guest History Record）简称“客史档案”。高星级酒店均有宾客历史档案。在计算机的帮助下，接待员很容易查到客人在酒店的消费记录，只要客人曾经在该酒店住宿过，根据宾客的历史档案情况，即可采取适当措施，确保客人住得开心。

（四）有特殊要求的预抵店客人名单

有些客人在订房时，可能会提出一些服务要求，接待员必须事先通知有关部门做好准备，恭候客人的到来。如预抵店客人要求为婴儿配备婴儿床，接待员（主管）则应为客人预先安排房间，然后让客房部准备婴儿床并将其放到指定的房间。

（五）预抵店重要客人名单

酒店必须对重要客人加以足够的重视。重要客人可分为：

（1）贵宾（Very Important Person，VIP） 主要包括政府方面、文化界、酒店方面的知名人士。

（2）公司客户（Commercially Important Person，CIP） 主要指大公司、大企业的高级行政人员、旅行社和旅游公司职员、新闻媒体工作者等。

（3）需特别关照的客人（Special Attention Guest，SPATT） 主要指长住客人（Long-stay Guest）以及需要特别照顾的老、弱、病、残客人等。

酒店常常为重要客人提供特别的服务，如事先预留客房，免费享受接机/接车服务、在客房办理登记手续及安排专人迎接等。由于以上客人较为重要，酒店常把预抵店重要客人名单印发至前厅各部门及酒店相关对客服务部门，让他们在接待服务过程中多加留意。

（六）黑名单

黑名单（Black List），即不受酒店欢迎的人员名单，主要来自以下几个方面：公安部门的通缉犯，当地酒店协会会员酒店有不良记录人员，酒店大堂副理处有不良记录人员，财务部门通报的走单（逃账）客人和信用卡黑名单。

（七）接待礼仪

酒店接待礼仪包括以下几方面：

（1）岗前按规定着装，服装挺括、整洁、皮鞋光亮；左胸前佩戴胸牌；头发梳理整齐，男员工发不过衣领，不留胡须，女员工头发不得过肩；提前10分钟到岗熟悉工作状态，了解各项相关工作进程。

（2）认真与上一班次同事进行交接班，交流工作意见。

（3）准备好一切工作用品。检查设施设备的工作状态是否正常。

（4）在岗时站立服务，站姿端正，保持自然亲切的微笑，任何时间不得随意离岗。

（5）大堂总台各种工作用品完好、有效、整齐、清洁、有序，周围环境整洁，盆景鲜艳、美观。

（八）其他准备工作

在客人到店前，在接待员除应获得以上信息资料外，还应做好以下工作：准备好入住登记所需要的表格、用具、钥匙等，查看客人是否有提前到达的邮件等。

二、住宿登记的目的

住宿登记的主要目的有以下几个方面：

（1）住宿登记是公安部门和警方的要求。出于国家及公众安全的需要，各国警方及公共安全部门都要求酒店在有客人住宿时，履行住宿登记手续。

（2）住宿登记可以有效地保障酒店的利益，防止客人逃账。

（3）住宿登记是酒店取得客源市场信息的重要渠道。住宿登记表中有关客人的国籍、性别、年龄以及停留事由（商务、旅行、会议等）和房价等都是酒店客源市场的重要信息。

（4）住宿登记是酒店为客人提供服务的依据。客人的姓名、房间号码、家庭住址、出生日期、民族等都是酒店为客人提供优质服务的依据。

（5）住宿登记可以保障酒店及客人生命、财产的安全。通过住宿登记，查验客人的有关身份证件，可以有效地防止或减少酒店不安全事故的发生。

三、入住登记流程

（一）识别客人有无预订

在为客人办理住宿登记时，接待员应首先识别客人有无预订。

（1）对于已经订房的客人，接待员应核对当日抵店客人名单，从计算机中查出客人姓名，调出订房资料，复述订房要求。

（2）对于持有订房凭证（Voucher）的客人，接待员应注意检查下列八个方面的内容：客人姓名、酒店名称、居住天数、房间类型、用餐安排、抵店日期、离店日期和发放订房凭证的印章。接待员应向客人解释订房凭证所列的内容，解答客人的疑问。

（3）对于已经支付订金的客人，接待员应再次向客人确认所收到的金额数。

（4）对于未经预订，直接抵店（Walk-in）的客人，接待员应首先了解其用房要求，设法使此类客人留宿酒店，这对增加客房销售有重大意义。

（二）填写住宿登记表，查验证件

在传统的入住登记过程中，花费时间最多的步骤就是请客人填写入住登记表。为了在保证质量的前提下，尽可能地为客人缩短办理入住登记手续的时间，现在很多酒店都规定由接待员按照客人的证件来填写登记表，请客人签名确认。

对于已经办理预订手续的散客或常客，由于酒店已掌握较为完整的客人资料。因此，准备工作可以做得更充分、更具体，可以提前准备好登记表、欢迎卡及钥匙。经查验证件后，只需请客人在登记表上签字确认即可。对于已办理预订手续的贵宾，可以享受在房内办理登记手续的特殊待遇。

入住登记应该起到两方面的作用：一方面它是客人与酒店双方确认住房信息的协议；另一方面，它是对客人身份的确认，既提高了酒店对客服务的效率，也遵守了国家公安机关对于保障社会治安的要求。

（三）分配房间和定房价

分配房间与办理住宿登记手续同时进行，在分配房间时，要根据旅客的不同特点、要求和客房的具体情况安排房间。

（1）对VIP客人，一般要安排较好的或豪华的房间。

（2）对一般客人，特别是散客，由于他们住酒店的目的各异，要有针对性地做好分房工作。例如：商务客人对房价的高低不太敏感，可以安排价格较高，但比较安静的房间；而对度假客人则可安排房价较低的房间。

（3）对于团体客人，应尽量安排在同一层楼，客人所住的房间标准也要相同，这样既方便客人活动，又利于管理。

（4）对年老、伤残或带小孩的客人，一般安排在低层楼面，离服务台或工作间较近的房间，以便照顾。

（5）对于新婚或全家住店的客人，一般安排在楼层边角有大床的房间，或双连房间，使他们感到服务的周到和热情。

（6）在分配客人房间时，要当面向客人讲清房间特点、房价以及外加服务费等。

（7）根据客人是否持有贵宾卡来确定优惠价。

（8）根据客人是否合约挂账公司确定合约价。

（9）根据团体客或旅行社合约折扣确定合约价。

（10）根据总经理或董事签名确定折扣价。

（11）一般散客按现行房价确定房价。

（12）在经营淡季，可以集中几个楼层的房间，以节约劳动力，降低能耗，同时也便于对客房进行集中维护与保养。

（13）不要把敌对国家的客人安排在同一楼层或相近的房间；另外，对于风俗习惯、宗教信仰等明显不一致的客人，也应尽量分楼层安排他们的房间。

（四）确认保证金方式

接待员可以从登记表付款方式一栏中了解客人选择的付款方式，从而决定客人住店期间的信用限额。客人常用的付款方式一般有现金支付、信用卡支付、转账支付以及支票支付等。

（1）根据酒店规定和不同房类收取相应的现金作为担保。

（2）根据客人意愿接受信用卡预授权刷卡作为担保。

（3）根据客人是否属合约挂账公司进行挂账签单形式担保。

（4）根据客人意愿抵押存放有效证件和贵重物品。

（5）根据客人的重要性和酒店总经理、董事的关系，请总经理、董事签名担保。

（五）完成入住登记手续

（1）分房、定房价、确立担保形式后把客房钥匙分给宾客。

（2）招呼行李员带客人进房，并向客人致谢或祝愿其享受旅程。

（3）填写客房状况控制表，输入登记资料于计算机系统中。

（4）建立客人有关资料档案史。

四、散客接待服务程序

散客分为有预订散客（VIP）和无预订散客，入住登记的程序不同，其相关要求如表4-1所示。

表4-1　散客入住登记的程序与要求

程序	要求
1．欢迎客人	（1）客人进入大堂区域，接待员在没有为其他客人提供服务的情况下，主动向客人问好，表示欢迎。 （2）如果接待员正在为其他客人提供服务，则要通过礼貌的语言和目光表示已注意到客人的到来，不能让客人感觉被冷落。 （3）如只有一人当班，并无法同时接待两位以上客人时，需要服务过程中每隔一段时间，向在总台的其他客人表示歉意，并尽快处理散客接待工作。 （4）当询问到客人是有预订散客时，将客人提供的信息与预订单上的内容认真核对，对于已付订金的客人，应向客人重申确认已收到的订金数额，并进一步了解客人实际情况与预订是否有变更。当接待无预订散客时，主动了解客人所需房间类型及入住天数，并采取从高至低的房价向客人推介客房。 （5）如果当客人到达时间较早，未能及时提供已清洁的客房给客人时，应向客人做好解释，建议客人先办理好入住手续，向客人提供存放行李服务，方便客人游玩及用餐。
2．为客人办理入住手续	（1）确定房间后，与客人确认房价和离店日期，请客人出示有效证件及进行证件扫描。 （2）请客人在登记卡上填写所需内容，核对一切有关文件，并请客人在登记卡签字。 （3）询问客人以何种方式结算，与客人确认房间的价格及退房时间，请客人在入住单上签名。 对于有预订的贵宾或常客，酒店已经掌握较完整的资料，准备工作可以做得更充分具体，提前准备登记表、欢迎卡、钥匙卡，并装入信封，查验身份证件后，只需在登记表上签名确认即可；对于贵宾提供专人引领，先入房间，在房内办理登记手续的特殊礼遇。
3．收取押金，提供其他帮助	（1）若客人以现金结账，视信用情况决定是否预先收取押金；收取押金时应先将客人的资料输入计算机，然后带客人至收银处交押金，或直接收取客人的押金；若客人以信用卡结账，按规定核对并影印客人信用卡，预刷信用卡的授权，把信用卡的卡号输入计算机中，并与登记表订在一起放入客人档案中。 （2）入住登记完毕后，询问客人是否需要行李员帮助。 （3）接到收银员已收客人押金的通知后，将准备好的房间钥匙和房卡交给客人，告知客人所住房间类别、具体位置，向客人解释房卡的用途（房卡是住客的凭证，凭卡可在使用酒店服务设施时签单记入房账）。若有两位以上客人，房卡应该人手一份。
4．信息储存	（1）接待客人完毕后，立即将所有有关信息输入计算机，包括客人姓名的正确书写、地址、付款方式、国籍、护照号码、离店日期等，检查信息的正确性，并输入客人的档案中，登记卡要放进客人入住档案中，以便随时查询。 （2）请行李员引领客人进房，同时将入住房号通知房务中心。 （3）入住单第一联自存，第二联交收银，第三联交总机。

五、团队接待服务程序

团队客人人数较多，团队接待与其他客人接待有所不同，其相关程序与要求如表4-2所示。

表4-2 团队入住登记的程序与要求

程序	要求
1. 准备工作	（1）根据团队接待任务通知单中用房、用餐及其他要求，在抵店前进行预排房并确认。 （2）提前准备团队钥匙卡、欢迎卡、餐券、宣传品等，并装入信封内；控制已预排好的客房。 （3）团队用餐安排提前通知餐饮部或有关餐厅；逐项落实有关车辆、行李员、与团队领队和陪同联系接洽等事宜。 （4）当班人员应清楚每个团队领队的名字、联系电话、单位和特殊事项，并做好和房务中心、销售部的沟通。
2. 迎候客人	（1）团队客人抵店时，大堂副理及销售部的联络员一同礼貌地把团队客人引领到团队接待处，并向客人表示欢迎和问候，根据客人信息查找该团预订单。 （2）根据预订单信息与团队领队和导游核对人数、房间数、是否订餐等，内容无误后，团队领队及接待人员要在"团队人员住宿登记表"上签字确认。特殊情况需要增减房间时，礼貌征询领队，并请其签字，然后通知房务中心和收银处做好相应变更。礼貌征询领队团队的活动安排，以便为客人提供服务。 （3）团队联络员告知团队领队及客人有关事宜，其中包括早、中、晚用餐地点及酒店其他设施，是否安排叫醒服务及离店要求等有关事项。
3. 填单、验证、分房	（1）请领队提供入住客人名单，查验团队签证或个人身份证件，对所有团员有效证件进行登记、扫描，境外人员需要一一填写境外人员临时登记表，境内人员需要填写团队资料登记表。 （2）询问客人以何种方式结算，房间是否开外线、杂项收费方式（如果领队确认是入房账结算，需请领队协助提供可入房账客人的名单，并在入住单上注明其签名模式方便客人消费），待确认以上内容后请领队在入住单上签名确认，如团队是挂账的可免去每人填单，由领队统一签单。 （3）接到收银员已收客人押金的通知后，将准备好的钥匙和房卡交给领队，并告诉领队房间的具体位置，由领队将预订房间分配给客人，若客人以现金结账，酒店预先收取客人的押金。 （4）"VIP"团入住时，可先发房间钥匙给客人，让客人先进房，留下领队及陪同办理入住登记即可。
4. 信息存储与传递	（1）接待客人完毕后，将入住团队的信息输入计算机，包括离店时间、客人数和房数等，并将该团领队的姓名及房号通知房务中心（开陪同房前一定要先通知楼层，旅行社陪同按合同规定只提供床位，费用以床位计算，通常一间房可以安排两至三个陪同床位，在安排床位时要注意技巧，一般安排同类旅行社陪同一起，或司机与司机、地陪与地陪一起）。 （2）总台接待人员将准确的房号、名单送到行李部，请行李员引领客人进房，同时将入住房号通知房务中心。 （3）将团队接待单或相关服务要求送往有关部门，同时制作团队主账单及个人消费分账单，送收银处。

六、VIP接待服务程序

VIP（Very Important Person）是酒店的贵宾，是对酒店影响较大的客人，这类客人通常包括同行业的高层管理者和职位较高或社会影响较大的政界、文化界、体育界的名人。有的酒店将这类客人又进行划分，分为V1、V2等。VIP接待服务程序相比一般入住客人的接待，要求更加规范和严格，通常由酒店成立专门的接待组，确定接待规格与接待程序。VIP入住登记程序与要求见表4–3。

表4–3 VIP入住登记的程序与要求

程序	要求
1．VIP客人抵达前的准备工作	（1）提前一天预分次日抵达的VIP客房，并请大堂副理批准后报送客房部、餐饮部及其他相关部门。分房时注意，客房必须是清洁过的空房，千万不能预分第二天才离店的客房。如果客房紧张，分房顺序为：VIP1级、VIP2级，依次类推。 （2）夜班总台员工必须准备好所有第二天将抵达的VIP客人抵达通知单，以及“入住登记表”和“入住欢迎卡”。 （3）第二天早上，由大堂副理负责核对所有VIP客人抵达通知单，以及“入住登记表”“欢迎卡”，确保所有内容正确无误。 （4）总台领班根据所分配的房号，制作房卡（钥匙）。
2．VIP抵达前大堂副理的准备工作	（1）根据预订要求，确认VIP客房的布置规格，填写VIP客房特别布置申请表，报请客房部经理审批。 （2）审阅当天VIP客人预订单，确认所有客房的房型、抵离日期、房价、抵达时间以及其他特殊要求是否落实无误。 （3）所有VIP房必须在客人抵达至少1小时前，按照VIP房检查单，仔细检查一遍。 （4）查房主要检查以下几个方面：卫生状况；小酒吧是否按规定的数量放置；电视机的节目频道是否与电视指南相符；VIP布置规格是否落实；房内的物品摆设是否齐全；位置是否正确；电话号码及线路是否正确；所有的灯具、床头控制器及电力供应是否正常。 （5）根据需要，对VIP 1级客人分配礼宾员，准备专用电梯迎接VIP客人进房。 （6）任何临时的更改，都必须及时通知相关部门。
3．VIP客人抵达时的迎接与入住登记	（1）大堂副理根据VIP接待规格要求，在客人抵达前20分钟通知有关接待人员前来大厅等候，并告知接待人员客人具体抵达时间。 （2）若VIP客人由酒店派专车迎接，酒店代表接到客人后应立即通知大堂副理客人抵店的时间。 （3）大堂副理须保证门口车道畅通无阻，大厅门童、行李员根据接待规格的要求都已经做好准备待命。 （4）所有接待人员在客人到达前10分钟都必须到达大厅准备欢迎。 （5）根据酒店需要，提前5分钟准备专用电梯，由大堂副理负责指定迎宾员开电梯。 （6）客人抵达酒店时，由保安开车门并用酒店标准语言欢迎客人光临本酒店。 （7）大堂副理代表酒店欢迎客人，并把客人介绍给主要负责接待的总经理或副总经理，必要时通知有关部门经理和员工列队欢迎。 （8）负责接待的常务总经理、副总经理、大堂副理陪同客人直接进房。 （9）客房部经理率当班管理人员及优秀服务员在楼层迎接。 （10）客房部经理或大堂副理向客人简单介绍酒店的服务设施和客房设施，并负责办理客人入住登记。 （11）总经理、副总经理、客房部经理、大堂副理与客人暂别，并祝愿客人入住愉快。 （12）大堂副理负责保证VIP客人行李正确无误地送至客房。 （13）在贵宾入住5分钟内，根据客人人数送上欢迎茶和小毛巾。 （14）销售部准备名人题词、签名簿，供VIP客人留言。 （15）总台、总机、房务中心要熟悉VIP客人的房号、姓名、职务，当接到客人打来的电话时，应立即称呼客人的姓氏、职位，为客人提供服务。
4．信息储存	（1）复核有关VIP客人资料的正确性，并准确输入计算机。 （2）在计算机中注明VIP客人以提示其他部门或人员注意。 （3）为VIP客人建立档案，并注明身份，作为日后订房和查询的参考资料。

续表

程序	要求
5. VIP退房	（1）确定VIP客人退房时间后，大堂副理必须通知总台收银处提前20分钟准备好客人的所有账单资料。 （2）所有客人入住时的账单都必须由大堂副理亲自审阅，以防有任何差错，如有问题应提前解决。 （3）大堂副理通知总经理、副总经理、客房部经理、销售部经理及其他有关部门经理在大厅欢送客人。 （4）大堂副理通知礼宾员收取VIP客人行李的时间。 （5）大堂副理负责安排好VIP客人的交通工具。 （6）当客人到达总台收银处时，由大堂副理协助客人办理退房手续。 （7）退房结束，总经理、副总经理、销售经理、大堂副理等为客人送行并告别，必要时通知有关部门经理列队欢送。

七、住宿条件变化的处理

客人入住后，常常会发生调换房间的情况。调换房间有时是按客人的要求进行，有时则是酒店单方面的要求。客人要求调换房间通常有以下几种情况：

（1）房间在其价格、大小、种类、噪声、舒适程度以及所处的楼层、朝向等方面不合客人的心意。

（2）住宿过程中人数发生变化。

（3）客房设施设备出现故障。

客人提出调换房间要求时，工作人员首先要通过计算机检索了解有无空房，能否满足客人的要求。如能满足客人的要求，则请服务员和行李员带客人进新房间，并立即填写“换房通知单（一式多份）”。同时，将各联“换房通知单”由行李员分送客房、问讯处、贵重物品保管员、收银员、预订员、电话总机等有关部门和人员。

另一种情况是酒店单方面要求客人换房，这往往是由于出现超额预订或房间设施设备发生故障等造成的，属于酒店的过错。因此，在这种情况下，有关人员应对客人表示道歉，并耐心做好解释工作，求得客人的谅解与合作。必要时，可请客人搬到规格较高的房间。

八、入住接待中常见问题的处理及对策

（一）客人登记时有些项目不愿填写

（1）耐心地向客人解释填写住宿登记表的必要性。

（2）若客人怕麻烦或填写有困难，可以代其填写，最后请客人签字确认即可。

（3）若客人有顾虑，怕住店期间被打扰，而不愿他人知道其姓名、房号或其他情况时，酒店应将客人的这一要求输入计算机或记录下来，通知有关接待人员，保证客人不被打扰。

（二）旅游旺季，住店客人要求延住

（1）向客人解释酒店困难，求得客人的谅解，为其联系其他酒店。

（2）如果客人不肯离开，前厅人员应立即通知预订部，为即将到店的客人另寻房间。如实在无房，只好为即将来店的客人联系其他酒店。总之，处理这类问题的原则是：宁可让即将到店的客人住进别的酒店，也不能赶走已住店的客人。

（三）重复开房

开重房是酒店前厅工作中最具有危害性的问题，不仅极易招致客人的投诉，且对住客的隐私、财产安全等都会造成很大的威胁。这不仅会影响酒店的声誉，如果客人的隐私一旦被发现或者财务损失，酒店还要承担相应的经济或法律责任，这类事故的教训深刻，发人深思。因此，酒店管理者要认真总结“开重房”的原因，采取积极有效的预防和补救服务措施。

1. 造成重复开房的原因

通常开重房有以下几种原因：

① 拿房后未锁房，未入计算机系统，之后又将此房开给另一位客人；

② 预订出去的房间开给另一个客人，未在当天预订本、计算机和房卡上做更改，之后又开给预订客人；

③ 两台计算机同时拿房；

④ 在计算机中录入已开房间时输错房号，将未开出去的房间入机，而开出去的房间未入机，之后将本已开出的房间开给其他客人；

⑤ 换房后计算机未做更改，未开转房单。

2. 如何避免重复开房

要有效地避免开重房，应注意以下几点：

①拿房立即锁房，不管拿一间房还是多间房，一定要在入住登记单上写明房号、价钱和退房日期；

② 预订出去的房间开给另一位客人，应及时在当天预订本、计算机和房卡上做更改；

③ 两台计算机同时拿房时，同事之间一定要先沟通；

④ 拿房后一定要认真仔细地检查计算机和入住登记单；

⑤ 换房后要及时更改计算机信息，并且开转房单，通知收银总机服务中心和当班同事。

另外，同班之间要充分沟通。不管当班时间内谁接待客人，工作完成后，一定要相互沟通，详细说明接待情况和未办事项，以便为下一次接待工作打好基础。开完房后要有检查的习惯，及时发现问题，及时补漏。如果出现重复开房的情况，应向双方客人道歉，立即找出一间相近楼层同类型的客房，签发新的房卡和钥匙，并更改房态。同时，收回原来的房卡和钥匙。最后，要注意提醒总台收银处做好建账工作。

（四）客人暂时不能进房

在接到客房部关于客房已检查完毕的通知前，接待员不能把客房安排给抵店的客人，因为客人对客房的第一印象是十分重要的。接待员可为客人提供寄存行李服务，或请客人去茶座、酒吧稍候，向他们提供免费的饮料。同时，与客房部联系，请派服务员加紧打扫。当客房打扫、检查完毕后，再引领客人进房。

（五）酒店提供的客房类型、价格与客人要求的不符

接待员在接待订房客人时，应复述其订房要求，以获得客人的确认，避免误解。房卡上填写的房价应与登记表上的一致，并且要向客人口头报价。如果无法向订房客人提供所确认的客房，则应向客人提供一间价格高于原客房的房间，按原先商定的价格出售，并向客人说明情况，请客人谅解。

（六）客人等候时间过久，以致引起抱怨

事实上，客人办理入住登记手续并不像写在纸上的程序那样一成不变。在客人抵店的繁忙

时刻，会有许多客人急切地等候办理入住登记手续，在办理过程中，他们会提出很多问题和要求，大厅内有可能会出现忙乱的现象，接待员必须保持镇静，避免慌乱。

（1）客人抵店前，接待员应熟悉订房资料，做好各项准备工作。

（2）根据客情，合理安排人力，客流高峰到来时，保证有足够人手。

（3）在繁忙时刻到来前，用指示栏把前台分为两部分，一部分专门接待订房客人，另一部分则接待未经预订、直接抵店的客人。

（4）保持镇静，做好正确、整洁的记录。

（七）预订失约的处理

对于未办理保证类预订的客人，如果是由于航班延误、交通、身体患病等客观因素或无法抗拒的原因而延迟入住时，接待员应根据房态情况，热情地接待客人，而不能以“预订已被取消”“现在无房”等简单、生硬的言语回绝客人。由于酒店原因未能满足已办理预订客人的要求时，接待员应首先向客人致歉，安排客人在大堂或咖啡厅休息，然后再采取积极的补救措施，或由大堂副理亲自进行妥善处理。

九、退房结账

（一）退房结账的方式

客人常用的退房结账方式有：现金支付、信用卡支付、传单结账、转账支票、支票支付和他人代付等。通常情况下，客人退房结账时多会以入住时的押金支付方式来结算。当然，也有改用其他支付方式的，例如，退回现金改用信用卡支付，或者不能用信用卡结算改用现金或支票支付等。

1．现金支付

如果客人用现金结账，客人入住时则要交纳一定数额的预付金。预付金额度应超过住宿期间的总房租数，具体超过多少，由酒店自定，一般为一天的房租，结账时多退少补。大型酒店，预付金由前厅收银员收取，中小型酒店由接待员收取。

2．信用卡支付

除了用现金结账外，商务客人多会使用信用卡来结算他们的住店费用。这样一方面方便安全，另一方面，当刷卡金额和次数较多时，还能赢得信用卡公司的积分和激励。

如果客人用信用卡结账，接待员应首先辨明客人所持的信用卡，是否属于中国人民银行规定的可以在我国使用且本酒店接受的信用卡；其次核实住客是否为持卡人；然后检查信用卡的有效期及信用卡的完好程度；接着使用信用卡压印机，将客人的信用卡资料影印到适当的签购单上；最后将信用卡交还给客人，将已印刷好的信用卡签购单与制作的账单交前厅收款处。

如果客人入住时用信用卡做了预授权，在退房时如果仍用该卡来结账，则接待员只要在POS机上输入预授权号码，在预授金额上下范围内做离线交易，然后请客人签名即可。若客人改用现金或者换张信用卡支付，则接待员在收取现金或直接刷另一张信用卡结账后，还需对已做预授权的那张信用卡做预授权撤销。

3．传单结账

客人向与酒店有订房合同的旅行社购买酒店的客房，房租交付给旅行社，旅行社给客人签发传单，客人凭此传单入住指定的酒店，无须再向酒店支付房租，房租由旅行社与酒店按订房合同解决。如果客人持旅行社传单结账，接待员须告诉客人房租之外的费用，如洗衣费、长途电话费等必须由客人自行支付，因此客人仍然要交纳一定的押金。

4. 转账支票

前台一般不接受转账支票做入住时的担保，除非是与酒店有长期良好合作关系、签有协议的单位或是有酒店部门经理的担保。一般，在本地享有较高美誉度的公司或企业才可用转账支票支付。

转账支票是用于同城公司之间支付的支票。使用转账支票要注意以下事项：支票是不可以涂改的，而且必须格式正确，字迹规范，否则银行有权不予受理。

另外，还要注意的是：

（1）切记用黑色签字笔填写（应使用碳素墨水或墨汁）。

（2）建议先打草稿然后再誊抄上去。

（3）在转账支票的背面，由财务人员在被背书人一栏内填写酒店开户行的全称，盖上受款账户的印鉴、用途，填写日期，再填一张转账进账单就可以了。（注意：收进支票的背面下方空白处用铅笔注出交付支票的经办人姓名、身份证号码、联系电话和单位地址。）

（4）支票的提示付款期限为自出票日起10天。

（5）用支票夹存放支票，以防褶皱被银行拒绝受理。

5. 挂账

挂账签单是当今商家增收创利，拉客源的一种营销手段。在酒店实务中，旅行社团队和公司客户是挂账比较多的客户。如果客人提出挂账要求，前厅部人员要经过财务部门同意后才可以挂账。

“挂账”一词来源于会计术语，会计人员习惯使用。挂账就是把付款单位同意支付的客人发生在酒店的部分或全部消费记在账上，然后定期根据双方事先签订的协议进行统一结算的支付方式。

“签单”是外来单位及个人在酒店发生消费时不必付现，由消费方授权的指定签单人员进行签字确认后，挂在账上，事后再统一进行结算。签字确认后的单据和金额是双方最终结算的依据，属于消费协议的一种形式。

酒店内部应建立允许挂账消费的审批程序，并制定落实内部担保人和责任人的风险防范措施。

（二）退房结账程序

1. 散客退房结账程序

散客退房结账程序如下：

（1）问候客人是否办理退房，是否需要叫车并通知行李房。

（2）确认是哪几间房退房，并收回房卡和押金单。

（3）通知客房部查房并迅速从对应房号的账袋中取出所有资料。

（4）询问客人是否用原来押金方式结账，并问客人今天是否用过小酒吧。如果没有，根据客人要求出账单；如果有，请客人报出用了哪些小酒吧物品，并核对计算机记录或填写小酒吧单并将消费金额输入计算机。如果客人不清楚消费情况，请客房部查房报来，核对计算机内记录或录入。

（5）请客人核对账单后，在账单上签名。

（6）结账处理。

（7）双手递给客人结账凭证（账单、信用卡消费单、顾客联、发票等），并祝客人旅途愉快。

（8）在计算机内做平账处理，确认已改变的房态，将所有客人资料、单据装订后放入指定位置。

2. 团队退房结账程序

团队退房结账程序如下：

（1）前台早班一到，查看团队接待单上团队离店时间，拿出团队资料袋，准备做团队处理（两确认：确认团队房中是否有杂费需要客人自己来前台付清，若有，确认具体是哪几间房，并确认团费已付或有挂账凭证）；

（2）在约定的团队离店前5分钟通知客房部准备查房，结清所有杂费（如联系不上客人，可找领队帮助解决），并收回房卡；

（3）待客房部确认查房无误后，向领队或地陪道别（如查房异常，可找领队帮助解决）；

（4）计算机内做账目处理，确认已改变的房态；

（5）将团队所有资料、单据装订后放指定位置。

任务2 客房状况控制

客房是酒店综合服务产品的核心部分，客房产品状况如何，及房态（Room Status）控制得成功与否，对客房产品的销售会产生直接的影响。准确掌握客房状态，是做好客房销售工作以及提高接待服务水平的前提。

一、正常情况下的客房状态

（1）OD（Occupied Dirty） 未清洁的住客房。

（2）OC（Occupied Clean） 已清洁的住客房。

（3）VC（Vacant Clean） 已经完成清扫整理工作，可随时入住的客房。

（4）VD（Vacant Dirty） 未清洁的空房。

（5）OOO（Out of Order） 因房间设施设备出现故障，正在或等待维修、改造的房间。

（6）BR（Blocked Room） 保留房 一种内部掌握的客房，是酒店为接待一些会议、团队或重要客人而提前预留的房间。为此，接待员或预订员应在计算机记录中做特殊标志，表明此房间已在某个时间为某位客人保留，以防止将客房给其他客人入住。为客人保留房间时，应熟悉预订资料，搞清需保留客房的原因及客人的情况，并填写保留房记录。

二、非正常情况下的客房状态

（1）S/O（Sleep Out）外宿房　如果客人住店期间在外过夜，前厅接待员应在计算机（或房架卡）上对该房做外宿未归标记。同时，将此信息通知大堂副理或值班经理。

（2）LB（Light Luggage）少行李房　为了防止发生逃账等意外情况，客房部应将此种客房状况通知前厅。

（3）DND（Do Not Disturb）请勿打扰房　如果客房的“请勿打扰”灯亮着，或者门把手上挂有“请勿打扰”牌，服务员就不能进房为客人提供服务。请勿打扰房通常属于住客房，但也有可能是走客房或空房，所以有必要对此种客房加以关注，到了酒店规定的时间，前厅或客房部应打电话与住客联系，以弄清情况，进房打扫或检查。

（4）DL（Double Locked）双锁房　有时，住客为了不受干扰，在房内把门双锁，服务人员用普通钥匙无法开启房门。对双锁房要加强观察，因为可能是客人的错误操作，在离开房间时无意中把门双锁了，也可能是因为客人生病甚至死亡。此外，当酒店发现客房内设备严重受损，客房内有暴露的贵重物品，或发生刑事案件时，酒店管理部门也会做出双锁客房的决定。

三、客房状态的显示方式

客房状态显示是指将酒店每一间客房所处的状态、类型、住客状态等，随时、全面、准确地显示出来的一项基础管理工作。客房状态通常有以下两种显示方式：

（一）客房状态显示架

在没有使用计算机管理的酒店，客房状态显示架是显示客房现状最有效的工具，它可以持续地显示酒店的全部客房及住客情况。客房状态架呈45度角，安装在前厅接待部内侧的工作台上，以便接待员直接查看现实的房态。客房状况显示架按楼层由低到高、房号由小到大的顺序排列。客房状况显示架的槽口是用于存放反映客房现状及住客情况的客房状况长条，每一个槽口代表一个房间，用不同颜色的长条插入槽中，代表不同的房态，如红色代表住客房，黄色代表走客房。接待员将表示客房不同状态的卡条放入客房状态显示架槽口内或取出，据此控制和了解客房状况及住客情况。

（二）计算机控制系统

使用计算机管理系统，客房的各种状态分别由客房部、前厅接待部等予以转换和控制，以达到掌握和控制房态的目的。例如，客房部每天通过计算机系统提供的楼层住客状况表来完成卫生清扫的组织安排；“走客房”清扫完毕，楼层主管或领班经检查并确认可以重新出租后，通过电话通知或利用客房部计算机终端输入计算机控制系统，使客房由“走客房”改为可供入住的“空房”；客房出租时，前厅接待员则将客人资料及客房出租等信息输入计算机，使“空房”转换为“住客房”；客人结账退房后，收银员将客人已结账的信息输入计算机，使客房由“住客房”变为“走客房”等，使各种房态都可以通过计算机输出、显示，变更、自动转换来反映客房状态，达到控制客房状态的目的，从而为客房预订和销售提供前提条件。

四、客房状态的控制

对于传统的采用客房状态显示架等手工方法显示和控制房态的酒店，房态的控制是一项比较复杂和困难的事，而且容易出现差错。这种酒店主要采用变换客房状态卡条，按时正确填写和交换、核对控制表格，加强多方面的信息沟通等方法来控制房态，而对于大多数已经使用计算机管理的酒店，控制房态则相对比较容易，其房态的变更和转换过程是实时和自动的，通过计算机屏幕直观显示，一目了然。

房态的控制主要采取两种方法：一是设计制作并准确填写房态控制的各种表；二是加强房态信息的沟通。

（一）房态控制的表格

控制房态的表格主要有以下几种：

1．客房状态表

接待员每天在规定时间内，依据客房状况显示架或计算机系统显示的各种房态及预订资料进行统计，定时填写客房状态表。

2．客房状态调整表

这种表格反映客房状况的变化和调整情况，有助于接待部掌握临时取消预订、未预订抵店、延期离店和提前离店的客人情况，以做好客房销售工作。

3．客房状态差异表

这种表格是用于记录前厅显示的客房状况与客房部查房结果不一致的表格，此表是在接待员核对了客房部送来的检查报告后填写的。客房部的服务人员每天至少两次（早晚各一次）检查客房自然状况，客房部将检查结果汇总后，以楼层报告或房态表的形式送交前厅。接待员将其与计算机上所显示的房态表进行核对，如果发现不同之处，便逐一记录在“客房状态差异表”上。前厅将差异表的副本送交客房部，客房部及前厅部主管在各自亲自检查差异表上的每一间客房状况后，再次互通信息，及时采取措施纠正错误。

（二）加强房态信息的沟通

1．加强信息沟通可便于控制房态

为了准确控制房态，前厅部管理人员必须做好部门间及部门内部的信息沟通工作。

（1）销售部与前厅部的接待处、预订处之间的信息沟通　销售部应将团队客人、长住客人等订房情况及时通知预订处。预订处、接待处也应将散客的订房情况和住房情况及时通知销售部。销售部与前厅部的管理人员应经常一起研究客房销售的预测、政策、价格等事宜；旺季来临时，还应就团体客人、散客的组成比例达成初步协议，最大限度地提高客房使用率。

（2）接待处与预订处之间的信息沟通　前厅部的接待处与预订处之间的信息沟通对于正确显示和控制房态具有同样重要的意义。接待处应每天填写客房状况调整表，将实际到店客房数、临时取消客房数、虽预订但未抵店的客人用房数、换房数等信息通知预订处。预订处据此更新预订汇总表等预订资料。

2．信息沟通对客房现状显示系统的重要性

（1）前厅接待处与客房部之间的信息沟通　前厅接待处应将客人的入住、换房、离店等信息及时通知客房部；客房部则应将客房的实际状况通知前厅接待处，以便核对和控制房态。另外，双方还应该就部门沟通中存在的问题，客人对客房的特殊要求、客房维修、保养计划安排等事宜进行及时沟通，以准确控制房态。

（2）前厅接待处与收银处之间的信息沟通　客人入住后，接待员应及时建立客人的账单，并交收银处。客人住店期间，如住房或房价有了变化，也应利用客房、房价变更通知单将信息通知收银处。而客人离店后，收银处则应立即将客人的离店信息通知接待处或客房部，由客房部及时安排走客房的卫生清扫，尽快使客房进入待出租的状态中。

（三）客房状况的转换与核对

1．入住

客人在办理完入住登记手续后，接待员应立即制作客房状况条，将“空房”改为“住客房”，或将资料输入计算机，完成计算机系统的房态变更。

2．换房

换房有两种可能：一种是由住客提出；另一种是酒店自身提出要求。换房应注意以下几个方面：

（1）问清（或解释）换房原因。

（2）填写客房、房租变更单，送达相关部门或岗位。

（3）更改住房卡或客房状况卡条相关内容。

（4）填写住房状况调整表。

（5）将换房原因记入客史档案。

（6）在协助客人换房搬运行李时，要有两个以上的服务员在场，并事先征得客人同意。

3．退房

为客人办理结账或退房手续后，应立即通知客房服务中心，同时改变客房状态。采用计算机管理系统的酒店，此项工作可实现房态由“已结账房”到“待清扫房”的自动转换。

4．清理客房

客房服务员清理完走客房，并经领班查房合格后，应通知房务中心将“走客房”改为“空房”。

5．维修、封闭客房

客房设备故障需要维修时，房务中心应将房态改为“维修房”；酒店在淡季流量下降、计划维护设备、组织人员培训等情况下，应封闭客房和楼层。接待员应在接到准确的指令后，在计算机或客房状况架中及时进行调整。

6．核对房态

由于前台的工作量较大，而且客房状态经常处于变换之中，虽然酒店可以通过计算机进行查询，掌握客房的现实状态，但是由于工作可能出现差错，造成前台接待处的房态与客服中心实际房态不符。因此，必须进行房态的核对。

任务3 贵重物品保管

不少高级酒店都设有为客人服务的保管箱和贵重物品寄存处，代客人免费保管物品。这看似是酒店服务环节中的一件小事情，但它涉及客人的切身利益，对酒店来说责任重大。免费保管并不等于免去责任。国家有关规定指出，客人在寄存贵重物品时，应特别明示。客人已经明示的一些贵重物品，酒店就应该采取特别防范措施，加以保护。没有明示的，一旦丢失，只能按一般物品给予赔偿。所以，酒店应在寄存行李物品的提示牌上注明："如有贵重物品寄存，请予以声明……"文字说明。以上情况事例说明，从客人入住酒店起，酒店就与客人之间形成了一种民事法律关系。既然酒店的规则、价格、应注意事项都是明示的，并且客人已经接受，那么双方都应遵守这些规则。否则，一旦诉诸法律时，将显得十分被动，这些应引起各酒店管理者的高度重视。

一、贵重物品保管的相关规定

（一）保险箱钥匙遗失的处理

若客人遗失了保险箱的钥匙，酒店一般都有明文规定要求客人做出经济赔偿，例如在寄存单正面上标明，或在寄存处的墙上用布告显示有关赔偿规定，以减少处理过程中有可能出现的麻烦。若客人将保险箱钥匙遗失，又要存取物品时，必须征得客人赔偿的同意后，在客人、当班收银员及酒店保安人员在场情况下，由酒店工程部有关人员将该保险箱的锁做破坏性钻开，并做好记录，以备核查。

（二）客人贵重物品丢失的处理

尽管酒店为保障客人的财产安全，设立了贵重物品保险箱，并由专人负责，但也不能确保客人的贵重物品万无一失。一旦发生贵重物品失窃事件，酒店应遵循国际酒店协会于1981年11月2日在尼泊尔加德满都通过的《国际酒店法》的有关规定："如果客人及时得到报告，酒店对贵重物品的赔偿应有合理的限度。"这就说明，一方面酒店对客人的贵重物品在一定条件下负有赔偿责任，但另一方面，这种赔偿应有"合理的限度"。因此，酒店可规定对客人贵重物品的最高赔偿限额，并将这一限额告知客人（如在贵重物品保管单说明事项中），这样做双方都可理解和接受，以免出现不必要的纠纷。

二、准备工作

贵重物品保险箱、贵重物品保管寄存单、记事本，如表4-4。

表4-4 贵重物品保管寄存单

（正面）

<table>
<tr><td colspan="3">工作时间：07:30—23:00
安全保险箱服务
Service Hour 07:30—23:00
Safety Deposit Box Service</td><td colspan="2">箱号
Box No.</td></tr>
<tr><td>房号
Room No.</td><td>姓名
Name</td><td>签名样式
Specimen Signed</td><td>日期
Date</td><td>经手人
Approved By</td></tr>
<tr><td></td><td></td><td></td><td></td><td></td></tr>
<tr><td></td><td></td><td></td><td></td><td></td></tr>
</table>

续表

签名 Counter	日期/时间 Date/Time	签名 Counter	日期/时间 Date/Time	

阅读反面说明 Please see conditions on reverse

（反面）

条例：

1．保险箱只是供给本酒店客人免费试用。
2．如遗失此钥匙，必须更换新锁，您必须赔偿价款的半数金额。
3．如您退房离店时未能将此钥匙交到前台收款处，本酒店有权自行开启并移出保存物品，不负任何责任。
4．我同意取走所有存放物品，并与酒店无关。

Conditions:

1．Safe Deposit Boxes are furnished without change to hotel guests only.
2．If this key lost，we will not only replace a new key but a new lock，you will be charged half the cost.
3．The hotel management reserves the right to open the box and remove contents，without liability，if key is not surrendered when guest departs from hotel.
4．I hereby acknowledge that all property stored in the safe box has been safely withdrawn therefore and liability of said hotel therefore is replaced.

客人签名
Guest Signature

房号　　日期
Room No.　　Date

三、贵重物品保管的实际操作

（一）贵重物品保管服务程序与标准

1．主动迎候客人

（1）客人前来保管贵重物品，主动迎接问好。

（2）向客人介绍保管方法和注意事项。

2．为客人建立保险箱

（1）请客人出示房卡或钥匙牌，以证明其为住店客人，只有住店客人方可免费使用贵重物品保险箱。

（2）递给客人一张空白保险箱登记卡，请客人在登记卡上逐项填写，包括房间号码、印刷体的英文姓名（或中文）、家庭住址、使用人签字、日期和时间。

3．存入

（1）检查登记卡，保证无漏填项目后，递给客人一把保险箱钥匙，并将钥匙号码填在登记卡的右上角，同时签上自己的姓名。

（2）用由问讯处员工掌管的保险箱母钥匙和交给客人保管的子钥匙一起帮客人锁上保险箱，并向客人讲清楚要保存好子钥匙，如遇钥匙丢失，应付相应的赔偿费用（赔偿金额可根据酒店的有关规定执行)。

4. 登记

(1)客人存放物品完毕后，总台服务人员在保险箱登记本上逐项登记，包括日期、保险箱号、客人房间号、客人姓名、开箱时间和员工签字。

(2)在客人填好的登记卡上，把客人姓氏的第一个字母填写在登记卡的右上角。

5. 存档

(1)按照客人姓氏的第一个英文字母顺序存档。

(2)如果是两个或两个以上客人共用一个保险箱，只需其中一人来填写登记卡，并用其姓氏的第一个字母存档，其他客人则只需在登记卡上签字。若其他人存取物品，则须讲明这张卡片登记者的姓名，以此为据查询此卡。

6. 客人结束使用保险箱

(1)按照客人姓氏的第一个字母和保险箱号码找出客人的登记卡，请客人在此卡背后“结束使用保险箱”处签字认可。

(2)核对客人前后签字笔迹是否相符。如相符，方可开箱。

(3)客人从保险箱内取完物品后，工作人员再次检查保险箱，确保客人的物品已全部取走，然后锁上保险箱，将保险箱子钥匙放回存放柜中。

(4)总台服务人员在客人取消的登记卡背后右下角签字，注明日期、时间，并在登记卡中间的空余栏目中画上“Z”，取消其使用空间。

(5)在停用保险箱登记本上逐项登记，包括日期、房间号、保险箱号、时间及工作人员签名。

(6)将登记卡存档。

(7)每周一上交财务部门复查。

7. 输入文字处理机并打印报表

(1)打开文字处理机和打印机，进入保险箱管理系统。

(2)输入当日使用者的保险箱号码。

(3)输入使用者姓名、房间号码和开始日期。

(4)输入当日取消者号码，在计算机系统中使其处于空箱状态。

(5)进入打印系统，打出报表。

(6)将文字处理机和打印机关闭。

8. 核查钥匙

(1)每日核查客用保险箱子钥匙。

(2)每日早班工作人员根据当日空余保险号码报表核查存放柜中的子钥匙，要求二者相符。

9. 输入酒店计算机系统

凡用酒店客用保险箱的客人，每日早班工作人员将在其计算机系统客人的信息注明“使用保险箱”等相关字样，以便客人离店前由结账人员提醒客人退还保险箱钥匙。

(二)要点提示

(1)定期检查每个保险箱是否处于良好的工作状态。

（2）坚持请客人亲自前来存取，不可委托他人代办。
（3）必须认真、严格、准确核对客人的签名。
（4）不得检查或好奇地欣赏客人存入或取出的物品。
（5）当班人员要安全地保管好总钥匙，并做好交接记录。
（6）客人退箱后的记录卡必须按规定安全地存放一定时间（至少半年），以备查。

任务4 商务楼层对客服务

在现代社会中，人们出差旅行已经变得越来越普遍了，而公务出差的人群中又大多与商务活动有关。酒店为客人提供商务服务，也正是为了满足客人商务活动的需要。如果说住宿与饮食是人们外出旅行的基本生活需要，那么商务服务则是商务客人的基本需要。随着商务活动的日趋频繁，酒店也越来越重视商务服务项目的设立和质量。如许多高档酒店专门开设“商务楼层”或“行政楼层”，为那些从事商务活动的客人提供越来越专门化的服务，包括特殊预订、入住办理、个人侍从、专门的商务活动场所、特别配备的商务活动设备、商务早餐、下午茶、会客室等。由此可见，商务服务在现代酒店中有着特殊的地位。

一、商务服务概述

商务活动对服务的要求水准较高，且商务客人的消费档次也较高，这对酒店的商务服务提出了更高的要求。传统的酒店将商务服务简单地理解为设置商务中心，提供打字、复印、订票等简单的服务活动，对现代酒店而言，其商务服务与传统酒店服务已不可同日而语。

（一）商务服务工作的地位与作用

就现代酒店而言，专门化商务服务项目的有无及其服务水平的高低，已经成为衡量一个现代高档酒店的重要维度，也正是由于专门化商务服务要求的特殊性，专门化商务服务成为衡量现代酒店服务质量和酒店形象的标尺。可以说，随着现代社会经济的发展、现代高层次商务活动的兴起，酒店业的商务服务已经大大超越了传统商务中心的服务范围并变得日趋专门化、系统化和个性化。

值得特别注意的是，现代商务服务与传统商务服务相比，已经有了很大的变化与发展，如果传统的商务服务只为客人提供电话、电报、电传、传真、打字等一般性商务服务的话，那么现代商务服务已经在上述传统项目基础上进一步发展成为专门针对商务客人的全面、系统的服务，这是现代酒店商务服务一个最引人注目的变化和发展。

商务服务项目的设立，是现代酒店发展的一个标志，是服务专门化水平提升的标志，它体现了客人至上的服务理念。商务服务项目的设立还要看酒店的具体情况，也不能一概而论，一般而言，高档次、高星级酒店适宜设立，而中低档酒店则要谨慎考虑，应视酒店的客源群体是否有此需要来决定。因为商务服务的专门化，需要配备较高素质的服务人员和一定数量的设备设施，并且具有一定的管理难度。

（二）商务服务工作的范围

商务服务可以分为两类：即一般的商务服务和特殊的商务服务。一般的商务服务是针对一般客人的商务基本需要，相对而言，服务的范围较窄；而对具有较高商务要求的客人而言，则应提供较为全面、专业化程度更高的现代商务服务。

1. 一般商务服务的工作范围

（1）为客人提供长途电话服务。

（2）为客人提供传真服务。

（3）为客人提供网络接入服务。

（4）为客人提供文件打印服务。

（5）为客人提供文件复印服务。

（6）为客人提供会议服务。

（7）为客人提供简要的文件翻译服务。

（8）为客人提供适当的资料服务等。

2. 现代商务服务工作范围

（1）为商务客人办理专门房间预订。

（2）专设的商务前台为客人办理快捷的入住手续。

（3）在商务楼层的房间内配备专门的商务活动设备。

（4）为客人提供特殊的订餐和送餐服务。

（5）受客人委托帮助客人办理事务。

（6）在酒店的常规服务项目上为商务客人提供附加服务。

（7）为客人安排商务活动的场所和提供附加服务。

（8）为客人快速办理离店手续和实行特殊付款政策。

（9）按客人的特殊要求提供专门的服务。

（10）建立商务客人特别的客户档案。

（三）商务服务工作的内容

1. 一般商务服务工作的主要内容

（1）为客人转接电话、电话留言和拨打长途电话。

（2）按照客人要求正确发送电传、电报和传真。

（3）按照客人要求为客人打印文件。

（4）按照客人要求为客人复印资料。

（5）按照客人要求安排会议室，并布置有关设施和设备。

2. 现代商务服务工作的主要内容

（1）对在档客人实行无担保确认型预订。

（2）代客人提前办理入住手续，保证客人以最快速度入住。

（3）在商务套房配备传真机、国内国际直拨长途电话机和商务酒吧等。
（4）除提供常规客房送餐服务外，提供代客订餐与送餐服务。
（5）接受客人委托，帮助客人办理有关私人事务或其他事务。
（6）在酒店常规服务项目上（如洗衣、接送、保安等）提供附加服务。
（7）代理客人助理或秘书的职能，为客人安排会议场所、提供会议服务等。
（8）用最快捷的方法为客人办理离店手续，并执行特定付款政策。
（9）为客人提供随叫随到的临时侍从服务，并提供专门化、个性化服务。
（10）建立特别的客户档案，为提高对客服务速度和个性化服务做好准备。

（四）商务活动的特点与商务服务工作的规范

1. 商务活动的主要特点

（1）商务活动对时间要求严格。
（2）商务活动的内容要求严格保密。
（3）商务活动的安排要求细致、讲究。
（4）商务活动的消费水平高。
（5）商务客人的经济实力一般较雄厚。
（6）商务客人的附加需求较多。

2. 商务服务工作的规范

（1）商务服务必须能够满足客人的时间性要求，即在各个服务环节上必须快捷。
（2）涉及客人商务活动的任何内容，服务人员不得向任何人泄露。
（3）对客人没有说明而又不会影响服务的事情，服务人员不得多问。
（4）在客人进行商务活动期间，服务人员应尽可能回避商务活动现场。

（5）对客人交办的文件复印、打印、传真、电传等文字资料的原稿，必须当面交还客人，并不得自留备份；对于复印、打印中已经作废的文字稿，应立即销毁；有责任及时、有力、有效地制止其他人查看客人的文字材料。

（6）对客人要求的商务活动安排，必须以书面形式将详细方案交客人确认，以保证符合客人要求，对具体落实情况要由专人跟办，确保万无一失。

（7）由于商务活动的特殊性，服务人员在为客人安排商务活动时，应提供酒店高档次的服务项目供客人选择。

（8）一般在取得客人经济担保之后，对客人的付款实行信用制度。

（9）特别侍从服务应尽力满足商务客人的需求，使酒店的商务服务成为客人商务活动的真正助手。

（10）通过对客服务中的细致观察和了解，尽快掌握客人的生活习惯和爱好，从而在最短的时间内实现对客的个性化服务。

二、商务服务管理

（一）商务楼层管理

“商务楼层”（Executive Floor）是高星级酒店（通常为四星级以上）为了接待高档商务客

人等高消费群体，向他们提供优质服务而专门设立的楼层。商务楼层被誉为“店中店”，通常隶属于前厅部。住在商务楼层的客人，不必在总台办理住宿登记手续。客人的住宿登记、结账等手续直接在商务楼层由专人负责办理。

另外，在商务楼层通常还设有客人休息室、会客室、咖啡厅、报刊资料室、商务中心等。因此，商务楼层集酒店的前厅登记、结账、餐饮、商务中心于一体，为商务客人提供更为温馨的环境和便利的服务，让客人享受更加优质的服务。

1. 商务楼层员工的素质要求

为了向商务客人提供更加优质的服务，无论是管理人员还是服务人员，都必须具备很高的素质。

（1）气质高雅，有良好的外部形象。

（2）工作耐心细致，诚实可靠，礼貌待人。

（3）知识面宽，有扎实的文化功底和专业素质，接待人员最好有大专以上学历，管理人员应有本科以上学历。

（4）熟练掌握商务楼层各项服务程序和工作标准。

（5）英语口语表达流利，英文书写能力达到高级水平。

（6）具备多年酒店前厅、餐饮部门的服务或管理工作经验，掌握接待、账务、餐饮、商务中心等服务技巧。

（7）有较强的合作精神和协调能力，能够与各业务部门协调配合。

（8）善于与客人交往，掌握处理客人投诉的技巧。

2. 商务楼层日常工作流程

（1）7:00。商务楼层接待员到前厅签到，并到信箱拿取有关邮件；与夜班交接。

（2）7:00至7:30。打出房间状况报表，包括当日到店客人名单、在店客人名单。在客人名单上将当日预计离店客人用彩笔标出，以便对当日离店客人做好相应服务。商务楼层当班人员按职责分工完成以下工作：

① A组负责接待、收银、商务中心等工作。

② B组负责早餐、送鲜花、水果等工作。

（3）准备鲜花、水果。检查前一天夜班准备的总经理欢迎卡、商务楼层欢迎卡，根据当日到店客人名单逐一核对。鲜花、水果及两张欢迎卡要在客人到店之前送入预分好的房间内（此项工作要由专人负责）。

（4）7:00至10:00。早餐后开当日例会，由主管传达酒店信息及酒店近期重要活动。

（5）为到店客人办理入住手续及呈送欢迎茶，为离店客人办理结账并与客人道别。

（6）询问客人是否需要熨衣、商务秘书、确认机票等服务，随时为客人提供主动帮助，并告知哪些服务是免费的。A组、B组员工要根据当时的情况互相帮助，相互配合。

（7）10:00至15:00。GSO（客户服务专员）查房，并将鲜花、水果、欢迎卡送入每个预计到店的客人房间。

（8）13:30。中班报到并打报表（内容同早班），检查房间卫生及维修工作。15:30与早班交接班。B组服务员负责服务下午茶和鸡尾酒。中班还要做第二天的准备工作，如打印第二天的欢迎卡、申领水果和酒水等。

（9）夜班时前厅、客房部将代理商务楼层服务工作。

3．商务楼层客人入住服务程序

（1）当客人走出电梯后，接待员微笑地迎接客人，并自我介绍，陪同客人的大堂副经理或销售经理将回到本岗位。

（2）在商务楼层接待台前请客人坐下。

（3）替客人填写登记卡，请客人签名确认，注意检查客人护照信息、付款方式、离店日期与时间、机票确认、收“到店客人行李卡”。

（4）在客人办理入住登记过程中呈送欢迎茶。此时，应称呼客人姓名，并自我介绍，同时将热毛巾和茶水送到客人面前。如果客人是回头客，应欢迎客人再次光临。要求整个过程不超过5分钟。

（5）在送客人进房间之前应介绍商务楼层设施与服务，包括早餐时间、下午茶时间、鸡尾酒时间、图书报刊赠阅、会议服务、免费熨衣服服务、委托代办服务、擦鞋服务等。

（6）在客人左前一步引领客人进房，与客人交谈，看是否能给客人更多的帮助。

（7）向客人示范如何使用钥匙卡，连同欢迎卡一同给客人；介绍房间设施，并祝客人居住愉快。

（8）通知前厅行李员根据行李卡号和房间号在10分钟之内将行李送到客人房间。

（9）在早餐、下午茶、鸡尾酒服务时间，接待员应主动邀请新入住的客人参加。

（二）酒店订票管理

为客人代订火车票、飞机票时，应注意以下问题：

（1）很多城市有两个火车站，比如杭州有城站火车站和杭州南站火车站，上海有上海站和上海南站。订火车票时千万要注意这个问题，在征得客人同意后方可办理。

（2）订飞机票时，要注意询问客人对机型和航空公司的要求，对一些特殊机票、特价票需要征询客人意见。请客人出示有效证件，保证购票时提供准确的姓名、证件号和联系方式。办理订票手续时，一定要填写票务委托书，并请客人核对后签名。

（3）由于订飞机票不是酒店的强项（目前网络和代理点都能订票并送票上门），因此为客人办理订票业务时应要求应请客人现付，不能挂账，以免客人有要求退票的情况。给客人办理电子客票时，一定要反复核对客人的姓名、身份证号、乘机日期和航班号，千万不能出错，最后一定要请客人再核对一遍。另外，还要询问客人是否购买保险，保险可同时办理。

【项目练习】

一、讨论

1．可能出现的各种入住情况：

（1）客人入住登记时发现前台还有更便宜的房间时，该怎么应对？

（2）客人说订了房，但前台员工却找不到以客人姓名订房的预订单和预订信息，请问这种情况你怎么处理？

（3）一位客人上午11:00登记入住，但房间还没有做好卫生，你该怎么办？

（4）如果客人进入房间后，打电话说他不喜欢这个房间，要求换房，你该怎么办？

（5）在客流高峰期，客人等候办理入住手续的时间过久，从而引起抱怨，你该怎么做？

2．可能出现的各种退房情况：

（1）客人已经结账，但查房结果迟迟未报，你该怎么处理？

（2）查房发现客房内少了某样东西，如衣架、裤架或者浴袍等客房用品，或者客房内的东西有破损，需要客人赔偿时，你该怎么处理？

（3）客人退房比规定的时间晚了1个小时或更长时间却没有事先通知前台，也不愿为此多付半天的房费，遇到这种情况你该怎么处理？

3．你发现房卖重了，而此时客人正在去房间的路上，这时你该怎么做？几人一组，按此场景进行应对训练。

4．教师设置场景进行如下训练：

（1）订票程序。

（2）会议室预订过程。

（3）向客人提供扫描服务。

5．某住店客人拿来一件价值很高的珠宝，要求酒店提供贵重物品保管服务，请模拟该场景进行保管贵重物品服务。

二、案例分析

在酒店经营的旺季，往往出现入住的客人还未办理退房，而有等待入住的客人抵店的情况。

一日，某酒店总台接待员小张接待了一位刚从外地来的预订客人，在办理入住的时候，小张发现该客人所预订的房间尚未退房。而已入住客人本该当天退房，现在已经是11:40。于是，小张立即安排抵店的客人在大堂休息等候，并及时拨打了该房间的电话。电话被接起，小张从容不迫，客气地问道："××先生，您好！我是总台的服务员，请问您打算什么时候离店，以便我们及时给您安排好行李员和出租车。"此刻，正在房间里收拾行李的客人立即明白了其中的意思，笑道："我马上下楼，麻烦你们帮忙叫一辆的士吧。"

思考题

该总台接待员小张的提醒是否恰当？为什么？

【项目实训】

一、实训要求

1．实训目标

通过实训，使学生掌握团队入住接待的步骤与标准。

2．实训课时

2课时。

3．实训方法

教师先讲解示范，然后学生按程序操作，并相互点评，教师指导纠正。

二、实训内容与步骤

1. 实训准备

（1）准备好接待所需物品；

（2）教学文件。

2. 实训实施

（1）团队客人抵店前的准备工作

① 检查并整理团队订房资料；

② 根据团队客人订房要求，安排房间。同时，尽量安排在同一楼层，并制作用房分配表；

③ 制作团队房卡；

④ 制作钥匙信封；

⑤ 准备钥匙。

（2）迎接客人进店

① 礼貌地把团队客人引领到指定的休息区；

② 向客人致欢迎词。

（3）办理住店手续

① 向领队介绍酒店及该团用餐地点和餐厅位置；

② 再次与领队或陪同确认该团队的名称、人数、房间号及叫早时间；

③ 协助领队或陪同分发钥匙，同时填写团队到店确认书并注明用房数量、人数、用餐时间、出行时间、叫早时间及特殊要求，并请领队签字；

④ 收验团体签证及住房名单；

⑤ 预收现付团款；

⑥ 分发房卡、钥匙；

⑦ 请行李员将客人引领到房间，并祝客人住店愉快；

⑧ 将团队进店信息报给客房中心等相关部门。

（4）信息储存

① 将团队进店信息及客人姓名输入计算机；

② 将团队登记单与预订资料一并交前厅收银处签收。

3. 实训结束

三、实训考核

接待服务考核标准

程序	操作要求	配分	得分
准备工作	工作台整洁、无尘	1	
	相关标志牌光亮、洁净，位置正确	1	
	计算机、电话、计算器等用具齐全，摆放有序	1	
	房卡、客用钥匙、笔、信封等齐全，摆放有序	1	
	团队订房资料、入住登记表等相关表格齐全，摆放整齐	1	

续表

程序	操作要求	配分	得分
仪容仪表	发式大方、美观，女不留披肩长发，男发不过耳，梳理整齐	2	
	面部整洁，女士淡妆，男士不留胡须，口腔清洁、无异味	2	
	不留长指甲、修剪整齐、清洁，不涂有色指甲	2	
	着装整洁、无破损，穿戴统一工装，鞋袜整齐	2	
	面带微笑、亲切和蔼，自然大方	2	
言谈举止	行走、站立姿势规范，举止行为规范有礼	2	
	使用规范的礼貌用语	3	
	尽量使用普通话，发音准确、语音清晰、语速适中	2	
	能够使用英语同客人会话	3	
抵店迎接	礼貌地将团队客人引领到指定的休息区	5	
	向客人致欢迎词	5	
	礼貌问候领队，确认团队号并通知销售部和客房中心	5	
核实资料	协助销售人员与领队核对订房数及人数有无更改，与客房中心核实房间是否清扫完毕	10	
登记分房	将分房名单和钥匙交给领队，让其安排房间	5	
	礼貌地向领队获取团体签证，如是零星签证，每位客人都要填写住宿登记表，并请地陪和全陪分别进行登记	10	
	询问领队有关叫早、行李服务及离店、用餐时间，并发给领队早餐券	10	
	通知行李员将客人引领到房间，并祝客人住店愉快	5	
相关服务	将领队发给前台的名单复印后注明收行李送礼宾部	5	
	将团队客人第二天叫早的时间和房号通知总机	10	
信息储存	将团队有关表格装订、输入计算机，并转交收银处	5	
总计		100	

项目五

问讯服务

■ 知识目标

❶ 了解问讯服务工作的范围和内容
❷ 了解查询服务应注意的事项
❸ 了解留言服务方式和应注意的问题
❹ 了解邮件服务和客用钥匙管理

■ 技能目标

❶ 掌握处理问讯事宜技巧
❷ 熟练掌握处理留言程序
❸ 正确、高效率的处理邮件

【案例导入】

一个星期天，北京某宾馆服务台问讯处，一位来华的英国乔治先生在问讯台前踌躇，似有为难之事。问讯员小胡见状，便主动询问乔治先生是否需要帮助。乔治先生说："我想去游览八达岭长城，想乘坐旅行社的专车前去，因为他们配有讲英语的导游，对我观光游览能有很大的帮助。"小胡问："乔治先生，您昨天预订旅行车票了吗？"乔治回答："没有，因为昨天不想去，今天我又冒出想去的念头。"小胡知道，宾馆规定，去长城游览的客人必须提前一天登记，这样，旅行社的车第二天才会到宾馆来接客人，而昨天没有一个客人登记，这样旅行社的车肯定不会来了。小胡想了想对乔治先生说："请您稍等，我打电话跟旅行社联系，若还没发车，就请旅行社开车到宾馆来接您。"小胡马上打电话给旅行社，旅行社告诉他，去八达岭的车刚开走，让他直接与导游联系，并告诉小胡导游的手机号。于是，小胡又马上跟导游联系，导游同意小胡的请求，并说将马上开车到宾馆接乔治先生。小胡放下电话，对乔治先生说："乔治先生，再过10分钟，旅行车就来接您，请您稍等。"乔治先生很是感动，连声说："谢谢！"

案例分析 （1）问讯员小胡对乔治先生的接待是积极主动、热情礼貌的。见到前台问讯处踌躇的乔治先生，小胡主动询问："乔治先生，您有什么事需要我帮助吗？"当得知乔治先生的情况后，小胡对乔治先生说："请您稍等，我马上给您联系。"体现了小胡真正视客人为上帝。

（2）小胡既遵守了宾馆的规定，又在不违反原则的情况下，为乔治先生提供超常规服务，体现了小胡善于动脑，思维敏捷，办事效率高，同时也让乔治先生很快实现了游览八达岭长城的愿望。

（3）前厅部的工作决定了酒店在客人心目中的"第一印象"和"最后印象"，这些印象（工作人员的工作态度、责任感、言谈举止、礼貌礼节），决定着客人对酒店的总体评价，这些评价又影响着客人对酒店的选择。对客人询问问题的回答及帮助，更会给客人留下非常独特的印象和感受。因此，问讯工作质量的好坏、效率的高低，对酒店的整体形象、业务的开展、订房率的高低的影响是非常大的。

任务1 问讯与查询服务

酒店的客人来自全国乃至世界各地，在一个陌生的城市、陌生的酒店，客人必然有很多情况需要了解，很多问题需要询问。酒店要使客人满意，使客人感到方便，就必须为客人提供问讯（查询）服务。问讯处业务是总台业务的一个有机组成部分，由于前台是客人接触最多的酒店公共场所，所以问讯处通常都设在总台。

问讯处的主要功能为宾客提供酒店相关的信息，它主要从事信息方面的工作。信息量的大小因酒店的不同而变化。大中型酒店一般都在总台设置问讯服务员，实行两班制，从早上7:00到晚上11:00。个别大型酒店问讯处，实行三班制，24小时都有问讯员为客人服务；而中小型酒店一般不设专职的问讯员，问讯工作由总台服务员承担。

问讯处的工作杂而细，其主要职责有：回答客人有关酒店服务的一切问题和酒店外的交通、旅游、购物、娱乐、社团活动等询问；代客对外联络（主要指机场、车站、码头、游览点等代办服务事项）；代客保管钥匙和贵重物品；处理客人信函、留言、电传、电报、传真、电子邮件等。

一、问讯服务

（一）问讯服务内容

提供问讯服务，应以满足客人的一切要求为宗旨，使客人感到方便满意。问讯服务工作的范围和内容包括:

（1）熟悉当天抵店客人情况，准备好先期到店的邮件。

（2）掌握酒店客房状态，与团队领队联系，尽快获得团队成员名单。

（3）问讯员按照工作程序与标准向客人提供钥匙并及时从收银处回收已退房钥匙。

（4）检查是否已将留言通知客人。

（5）把收到的邮件及包裹准确记录并分发给客人。

（6）给客人提供一些简单的用品，包括火柴、曲别针、价目表、信封、信纸和服务指南等。

（7）管理客用钥匙。

（8）完成客人交代的事情，并做好记录。

（二）问讯服务技能要求

问讯处是客人在住店期间最容易接触的部门，它从为客人提供周到而满意的服务作为职责；同时，问讯处又是一个体现待客个性化的工作岗位，所以处理的问题也是各不相同且非常繁杂。问讯和查询工作的管理要把握以下工作准则：

（1）对问讯员的职业要求是回答问题要准确、迅速，不能用“也许”“可能”“大概”等模棱两可的语言。

（2）不管是对待住客还是对待访客都要彬彬有礼，一视同仁。

（3）使用任何可能的方法，耐心仔细地帮客人查找问讯结果，对于自己把握不住的答案，应请教上司或同事。

（4）要有安全防范意识，不能泄露客人的房号、离馆日期等一切关于客人的资料，尤其是对有做资料保密的客人；严守酒店商业秘密。

（5）服务要主动、耐心、细致。

（6）注意客情，不要随便打扰客人，特别是清晨、深夜、午休等时间。

（7）了解一些应做否定回答的事项：

① 客人（特别是境外客人）询问我国政治、经济、外交、宗教等方面的一些问题，而这些问题都是未曾在媒体上公开过的。

② 客人询问一些小道新闻，这些新闻均未在媒体上公开。

③ 客人打听当地或外地的保密机构、场所、驻地，客人了解可能会产生安全隐患的情况。

④ 客人打听当地或外地的赌博、色情、黑市交易、地下市场、非法活动、非法越境等情况及场所。

⑤ 客人了解酒店内部的一些情况，如财务情况、人事人际关系、安全保卫制度、后台设施布局、内部员工通道等。

⑥ 客人打听某个员工的个人情况。

⑦ 客人查询客房利用情况、平均房价、已入住团队会议房价等。

⑧ 客人打听首长、VIP、知名人士等的房号和活动情况。

⑨ 客人了解一些他们不该知道的事情。

⑩ 客人打听某个客房住客的情况。

对上述问讯查询的否定回答是指用婉转礼貌的方式不予回答。对一些客人的不正常询问和查问还应引起警惕并向有关部门通报，以防不测事件的发生。

（三）问讯处信息资料准备

1. 关于酒店自身方面的信息

（1）酒店的星级、档次和规模。

（2）酒店所处的地理位置。

（3）本酒店的组织结构、各部门的职责范围和有关负责人的姓名及电话。

（4）本酒店服务设施及酒店特色。

（5）本酒店的服务项目、营业时间及收费标准。

（6）酒店各部门电话号码。

（7）酒店当日的活动安排，如宴会等。

（8）酒店疏散通道平面图及消防设施配置图。

2. 酒店所在地的信息

（1）酒店距离周边地区的远近及交通方法。

（2）酒店所在地医院的地址及急诊电话号码。

（3）当地各主要旅游观光景点、商场、购物中心的名称及特色。

（4）当地主要活动场所，如商业步行街、体育场所、交易会展馆等的地址。

（5）当地各酒店餐厅的经营特色、地址及电话。

（6）当地使、领馆的地址及电话号码等。

（7）当地的银行，特别是可兑换外币的银行的地址及营业时间。

（8）当地的著名工商机构名称、地点及营业时间。

（9）当地可供外宾参观的工厂、学校、幼儿园、村庄的地址及电话号码。

（10）当地体育场地址及附近的海滨浴场、游泳池的地址及开放时间、比赛项目及场次安排。

3. 有关交通方面的信息

（1）本地航班、火车车次的咨询电话。

（2）本地各主要旅游观光景点、商场、购物中心与酒店的距离。

（3）本地主要活动场所，如商业步行街、体育场所、交易会展馆等的抵达方法。

4. 有关客情方面的信息

这主要指客源地的风土人情、生活习惯及爱好、忌讳等。

（1）当地的主要风土人情及习俗。

（2）附近庙宇的地址及开放时间，一年内重要的宗教庆典及节日的内容和日期。

（3）当地著名花卉开花的旺盛时间，以及传统的花展日期。

（4）关于天气、时差方面的信息。

（5）当天的天气预报，以及全国各主要旅游城市的气象资料。

（6）世界各主要城市的时差计算方法等。

（四）问讯服务的程序和标准

在为客人提供问讯服务时，问讯员要按照一定的操作程序和标准，见表5-1。

表5-1 问讯服务操作的程序与标准

操作程序	操作标准
礼貌问候	（1）主动问候客人 （2）受理电话问讯时，须在电话铃响三声之内将电话接起
热情接待、准确回答	（1）仔细聆听客人问讯的问题 （2）请客人重复某些细节或含糊不清的地方 （3）复述客人的问题以便确认 （4）耐心细致地回答，做到百答不厌 （5）若不能立即解答客人的问题，须向客人表示歉意，请客人稍候 （6）迅速查阅有关资料后回答客人 （7）根据客人的问题，电话请示有关部门后回答。清晰报出所在部门，重复客人询问的内容，获得答案后告知客人 （8）必要时，可帮助客人写下来 （9）待客人听清后，再询问客人是否还有其他的问题，并表示愿意提供帮助
微笑道别	微笑与客人道别

二、查询服务

问讯处经常会接到打听住客情况的问讯，如客人是否在酒店入住，客人入住的房号，客人是否在房间，是否有合住及合住客人的姓名，住客出去前是否有给访客留言或授权书等。在回答访客查询时要注意住店客人的保密情况及是否有留下去向的信息。

如果有人访问住店客人，问讯员要问清来访者的姓名，打电话到被访者的房间，经住客允许方可让访客去找住店客人。如果客人不在房间，不能告诉访客要找客人的房号及电话号码，以保证客人的隐私权，可以先请客人在大厅内等候。如果客人在酒店内，问讯员可以通过电话或广播系统寻找客人。

因为可能有同名同姓的客人，为了避免出错，接受问讯时，要问清客人的全名，如果访客只知道住店客人的部分信息，也要尽力帮助访客查找相关住店客人。

（一）常见的查询情况及问讯员的处理方法

1. 客人是否入住本店

问讯员应如实回答。住客如要求对某些访客保密，则应按照住客的要求执行。问讯员通过计算机核查资料，可得出客人的当前状态：“将入住”（DUE IN）、“在店”（IN HOUSE）、“已退房”（OUT）、“取消订房”（CX）、“订房未抵”（NS）等。

如果酒店计算机资料不够详尽，则可通过以下人工方法查找住客资料：

（1）已入住客人名单；

（2）如果不在上述名单中，则快速地查找预抵客人名单，核实该客人是否即将到店；

（3）查当天已结账的客人名单，核实该客人是否已退房离开；

（4）查以后的订房单，看该客人以后是否会入住。

如果客人尚未抵店，则以“该客人暂未入住本店”回复客人；如果查明客人已退房，则向对方说明情况。已退房的客人，除非有特殊的交代，否则不应将其去向及地址告诉第三者（公安检察机关除外）。

2. 客人入住的房号

（1）一般情况下，为住客的人身财产安全着想，问讯员不可随便将住客的房号告诉第三者，如需要告诉，也应让住客通过电话亲自告知访客。可以通过计算机系统查出该住店客人所在房间号码，然后问讯员向客房内打电话，告诉住店客人来访客人的情况，得到住店客人允许的情况下，才能将房间号码告诉给来访客人。

（2）有时，住店客人会事先告诉前台的服务人员，什么样的客人来访可以将其房号告诉他。这种情况下，当来访客人抵达前台，查询住店客人的房间号码时，问讯员要先礼貌地询问来访客人的有关信息，例如姓名、工作单位、与住店客人的关系等，然后和住店客人事先留下来的允许告知房号的来访客人的信息进行对照，确认无误后，可以将住店客人的房间号码告诉来访客人。

3. 客人是否在房间

问讯员先确认被查询的客人是否为住客，如系住客则应核对房号，然后打电话给住客。如住客在房内，则应问清访客的姓名，征求住客意见，将电话转进客房；如客人已外出，则要征询访客意见，是否需要留言；如住客不在房内而在店内，问讯员可通过电话或广播代为访客寻找，并请客人在大堂等候。

4. 住客是否有留言给访客

有些住客在外出时可能会给访客留言或授权书，授权书是住客外出时允许特定访客进入其房间的证明书。问讯员应先核对证件，确认访客的身份，然后按酒店程序办理。

5. 打听房间的住客情况

问讯员应为住客保密，不可将住客的姓名、单位名称告诉给访方，除非是酒店内部员工由于工作需要的咨询。

6. 如果访客电话查询住客情况，应注意以下问题：

（1）铃响三声内接电话，问候；三声铃响后接听，要向客人表示歉意。

（2）为了避免出现传递错误，接电话时，问讯员必须问清客人姓名的每一个字，中文姓名要分清易混淆的姓和名，要特别注意普通话与方言的区别，以及华侨、外籍华人使用英文名字或汉语拼音时的姓氏情况。

（3）如查到了客人的房号，并且客人在房，则应先了解访客的姓名，然后征求住客意见，看其是否愿意接听电话。如住客同意，则将电话转接到其房间；如住客不同意接电话，则告诉访客其要找的人暂不在房间。

（4）如查到了客人的房号，但房间没人接听电话，则建议访客稍后再打电话进来，或建议其电话留言，切记不可将住客房号告诉访客。

（5）如查询团体客人的情况，则要问清团号、国籍、入住日期、从何处来（上一站）、到何处去（下一站）。其他做法与散客一致。

（6）如果是英文姓名查询，就应该更加仔细，并认真地区别易读错的字母。可以使用一些字母，使客人明白。

7. 询问尚未抵店或已离店客人时的处理方法

接到有关客人的问讯时，有时会发生从问讯处查不到客人姓名的情况，这时，问讯员不能草率地回答对方查无此人，而应询问对方该客人是否肯定入住本酒店，如果访客肯定，则应该按下列顺序查找：

（1）查当天抵店客人的订房表。

（2）当日预订抵店客人的名单。

（3）查当天结账客人的名单。

（4）从酒店保存的客史档案卡中查找，此客是否曾住店，或已离店。

（5）从以后的订房表中查找，看该客人是否将会入住。如果查明客人尚未到达，则请对方在客人预订到达的日期再来询问，如果查明客人已退房，则向对方说明情况。除已退房客人有委托外，一般不把住店客人离店后的去向和地址告诉来访者。

8. 住客要求保密或请勿打扰服务（DND）的处理

"房号保密"及"请勿打扰"服务，是酒店为避免客人在住店期间受不必要的干扰及保证住客安全而提供的一种服务。由于某种原因，有些客人在住店时会提出对其房号进行保密的要求。不论是接待员还是问讯员接到客人此类要求时，都应按下列要求去做：

（1）此项目要求由问讯处归口处理。如是接待员接到客人保密要求，最后都应交问讯处处理。

（2）接受客人"房号保密"及"请勿打扰"要求时，需核对清楚客人的姓名和房号。

（3）问清客人保密程度。如对接听电话的要求，是接听长途还是本地，或者来电一律不接听；如对来访客人的要求，是会见某一访客还是一律不见等。

（4）在交接班本上做好记录，记下客人姓名、房号、保密程度及时限。

（5）通知总机室及楼层台班做好该客人的保密工作。

（6）如有人来访要见保密的客人时，或来电查询该客人时，问讯员及总机均应以该客人没有入住或暂时没有入住为由予以拒绝。

（7）如客人要求更改保密程度或取消保密时，应即刻通知总机室，并做好记录工作。

（二）查询服务程序与标准

1. 准备可供客人查询的资料

（1）酒店各营业场所的服务信息。

（2）酒店所在城市的旅游景点及交通情况。
（3）酒店所在地主要机构名称。
（4）国际国内航班飞行情况。
（5）各大医院电话号码等。

2. 接受客人查询

（1）仔细聆听，尽可能了解全部信息。
（2）请客人重复某些细节或不明之处。
（3）重述客人问讯内容，并请客人确认。

3. 查询并通知客人

（1）若能立即回答客人，应及时给客人以满意的答复。
（2）若需进一步查询方能回答客人，应先请客人挂断电话稍候片刻。
（3）通过计算机迅速查找客人问讯内容。
（4）接通客人房间的电话。
（5）清晰地报出所在部门，重复客人问讯内容，待客人确认后，将答案告诉客人。
（6）待客人听清后，征询客人是否还有其他疑问，表示愿意提供帮助。
（7）未查到所查信息时应用敬语委婉解释，最后向客人致谢，感谢来电。

任务2 留言服务

留言服务是访客和其他人员通过酒店中介间接传递给住客的信息，是问讯处的一项主要服务，同时，也是酒店为顾客提供主动服务的一个范例。访客留言可以是口头和书面的两种形式。口头留言一般由访客口述留言内容，问讯服务员做记录，记录后要重复一遍让访客确认。留言可在留言单上记录，也可在工作日志上记录。书面留言是访客自己填写留言单作为传言载体。

一、留言服务的方式

酒店可由人工提供留言服务，也可计算机处理留言。为配合留言服务，有的酒店在客房电话机上还设置了留言灯。传递留言的方式有以下几种：

（一）留言单传递

把访客填写的留言单送房务中心，由房务中心送进客房，并放于显眼处。

（二）留言录音

把访客的留言传输给总机，总机话务员针对该留言制作录音，并设置该客房电话的留言提示。住客回房后，进门就能听到电话的留言提示。当客人按相应按键并接听电话，就能听到留言录音。采用这种方式要求电话系统应有录音、提示和播放功能。

（三）电话通知

访客的口头留言，可由总台问讯员或总机话务员或房务中心服务员在客人回房后，用电话把留言的内容告知住客。有的电话通讯系统有留言提示功能，但无录音功能，那么也要采用电话通知。客人一回房，电话提示有留言，住客便可通过总机了解留言内容。在上述电话传输留言时，要求服务员在陈述时应有文字底稿，不可用随口秀的方式传递留言。

（四）客房中心传递留言

客房中心就在楼层，传送信息比较方便。客房中心对住客情况和行动规律也比较了解，有其传递留言的优势。所以，客房中心也可作为传递留言的中介。客人留言都是统一在总台问讯处。问讯处服务员根据留言，及时传输给客房中心。客房中心制作留言单或在记事本上记录留言，或是直接去总台拿取留言单，再由客房中心视情况把留言单放入住客的房间里，或等客人回房后，电话通知传递留言。

总之，不论酒店按何种方法处理，留言一定要准确及时地通知到相关客人，否则就会导致客人的不满，甚至投诉。

二、留言服务的要求

留言服务的要求有以下几个方面：

（1）文字留言时应核对客人的姓名和房号与计算机记录是否相符。

（2）问清留言人的姓名、留言的内容（时间、地点等）、联系号码，必要时留下公司名或地址。

（3）记好后应向来电者复述一遍留言的内容，确保准确无误。将留言按格式输入计算机，检查拼写正确后再打印出来。

（4）如遇客人需留言给很多房间或团队房客，需征求客人的意见，先口头通知各房间，如果房间没人接电话，再将留言送上房间，为客人节省时间。

三、留言服务的分类

酒店的留言服务可分为三种情况：来访者（或来电）给住客留言、住客给来访者留言和酒店给住客留言。

（一）访客（或来电）给住客留言

当被探访的住客不在房间时，问讯员可征询访客意见，是否需要留言。如需要留言，则请访客填写留言单，或访客口述，问讯员记录，客人签名确认。

当住客外出，问讯员也应征询对方意见是否需要留言（假定酒店留言服务归口由问讯处处理）。如对方愿意，问讯员应填写留言单，并向对方复述确认。

访客给住客的留言单一般为一式三联。第一联放在问讯处留存，如问讯处设有钥匙架，则将其放到钥匙格内，以便客人回店取钥匙时交给他；第二联由行李员送入客房（住客在房时）或送至楼层台班处，由台班送进客房（客人不在房内）；第三联送给总机，由话务员打开该客房的电话机上的留言指示灯，客人一回到房间发现留言指示灯亮着，就可以打电话询问留言内容。

有些酒店客房电话机上的留言指示灯可以由问讯员控制，故留言单第三联可以略去。有些酒店配置了高级的计算机管理系统，给住客的留言可从房间的电视荧屏上显示，其格式类似留言单。

（二）住客给来访者留言

（1）住客暂时离开客房或酒店，如要将自己在何处告知来访者，可填写“住客留言单”，一般一式两联，问讯处和总机各存一份。

（2）如客人留下的去向在酒店内，可将电话转去相应的地方。这类留言具有较强的针对性，这是留给特定的来访者的。

（3）当留言超过有效时间，而又没有接到住客新的保留留言指示，计算机将在留言有效时间后自动取消有关客人去向的留言。有些酒店还规定每天晚上12点，计算机将把所有未取消的留言记录自动删除。

（4）如住客留言内容属允许某一访客在其外出时进入客房的，问讯员还应请住客填写授权书。授权书，要注明访客的姓名、性别及允许其进入客房的时间段，问讯员还应要求住客签名确认。接待该访客时，问讯员要确认其身份，并登记其身份证件。

（三）酒店给住客留言

酒店给住客留言，也称住客通知单。问讯员收到住客较为重要的邮件等，一般填写“住客通知单”，请客人前来签名领取。前台员工有时向客人催缴押金、征询客人是否续住等事情，通常通过电话口头通知或填写“住客通知单”的形式来书面通知。

任务3 邮件服务

邮件服务，分进店邮件服务和出店邮件服务两大类。

一、进店邮件服务

为了方便客人在住店期间信件的往来，酒店为客人提供了邮件处理的服务，一般这项服务由总台的问讯处来完成。在每天收进的邮件中，由于收件人的不同，可以分为客人的邮件、酒店的邮件、租用酒店场地单位的邮件、职工的邮件等。总台的问讯处留下客人的邮件，其他的邮件则由专人送交有关部门。

处理客人的邮件时，服务人员要仔细认真，避免出现差错，具体处理邮件的规则如下：

（1）做到认真、细心、耐心、及时、保密。如果由于酒店处理客人邮件不当，给客人造成了损失，酒店要全权负责。

（2）不得随意拆阅和丢掉任何的信件和包裹。

（3）熟悉酒店各部门主管的名字，不要将酒店邮件和客人邮件混淆。

（4）如果收信的时候发现信件已经被破坏，应该在信封上用铅笔注明，以方便在传递过程中让其他同事获悉。

（一）进店邮件的分类

进店邮件分为以下四类：

（1）酒店邮件，分发给酒店相关部门。

（2）员工邮件，通过人事或办公室转交。

（3）租用酒店场所的单位邮件，一般由酒店专门的部门处理，如物业部等；有的酒店也由问讯处处理。

（4）顾客邮件，包括住店客人邮件、已离店客人邮件、订了房但尚未抵店的客人邮件及姓名不详无法查找的客人邮件等几种邮件。

（二）住店客人邮件的处理

1．确认邮件

处理客人的进店邮件是酒店问讯处的一项重要职责。例如，酒店收到了住客的挂号信或特快专递，但没有递送给客人，酒店可能要对客人由此所受的损失或造成的不便负责。因此，建立高效的邮件处理系统是非常必要的。

（1）对于寄给住店客人的邮件，收到后要通过计算机进行核对；

（2）如是手工操作的酒店，应查对住客资料显示架，是否与住店客人的姓名和房号吻合；

（3）如邮件上只有姓名而无房号，则应从计算机或住客资料显示架中找出房号，并在邮件上注明房号；

（4）如果邮件上标有房号及姓名，但房号不正确，则应在邮件上注明正确的房号，并加括号以示区分，但原房号不能涂改，住客来签领时请住客确认。

2．分发邮件

确认好邮件的姓名与房号后，问讯员按照邮件的种类情况分发。

（1）挂号信、包裹单、汇款单、特快专递等，立即用电话通知客人前来签领；如客人不在房间，则填写“住客通知单”，并按留言程序进行分发，通知客人前来签取。客人签领时应出示有效证件。

（2）普通邮件则放入客人问讯架中（或钥匙架内），待客人来取钥匙时给客人；也可移交行李员，由行李员送给住客；如住客不在房内，则转交楼层台班，由其送入客房内。

（三）对于“查无此人”的邮件，根据不同情况进行处理

1．已离店客人邮件的处理

（1）对于已退房的客人，应在其邮件上注明客人离店日期。

（2）如客人退房时未做任何交代，又属普通邮件，有些酒店则在邮件中注明保留天数，过期后按寄件人的地址退回。

（3）客人的电报电传等也按原址退回，并标注客人已退房。

（4）如客人退房时留下了地址委托酒店转寄，酒店则应按要求给予办理。

2．订了房但尚未抵店的客人邮件

（1）对于订了房但尚未抵店的客人邮件，应在邮件上注明客人入住日期，然后将邮件放在

邮件架内，并在订房部的客人订房单备注栏内提示该客人有邮件，待客人入住时，将邮件交给客人。

（2）客人订房后又取消了订房，其邮件视情况做以下处理：

① 除订房客人有委托，并留下地址，酒店应按地址予以转寄外，其余情况一律把邮件退回寄件人。

② 客人的快件、电报等，应立即退还。

③ 如果客人订房后，只是推迟了抵店日期，仍要把给他的邮件放在待领架上，或与订房表一起存档，等客人入住登记时转交给客人。

3. 姓名不详无法查找的客人邮件

对于姓名不详的客人邮件，问讯员应耐心细致地通过多种渠道、多种方法查找，并要多次试分发给姓名相近似的客人，由行李员分发，并请住客确认。如属实在无法查找的客人急件，在急件上盖上“查无此人”印章，同时打上收件日期、时间后给予退回；如属普通邮件，则按酒店规定，保留一定期限，并在保留期内每天查对，若确定无人领取，则退回给寄件人，并做好邮件退回记录。

二、出店邮件服务

出店邮件服务，包括为住客代发平信、挂号信、特快专递，代售邮票、明信片等。将所有要寄出的邮件分类，每日在指定时间前送出统一办理邮寄，并做好记录。如果是平信，要求客人贴足邮票，待邮递员投递进店时让其捎走邮件。如有特快专递业务，则通知185服务专线前来收取。如果是挂号信、包裹，问讯员可请“金钥匙”等代为解决，费用可由客人用现金支付，或由酒店先垫付，将单据交到前厅收银处入账，待客人退房时一并收取。每班结束工作时，清点邮件数目和现款。

任务4 问讯员的岗位职责和问讯业务的相关表格

一、问讯员的岗位职责

问讯员的岗位职责有以下几点：

（1）服从前厅主管的工作安排。

（2）掌握酒店当天宴请和会议的安排，为客人提供店内活动和市内旅游、购物等问讯服务。

（3）掌握酒店宾馆的一切设施及本地区主要单位、酒店宾馆、戏院、游览胜地等情况。

（4）将客人问讯内容记录在案。

（5）严格按照服务程序做好代客留言工作并及时将留言送客人请客人签收。

（6）按标准程序接听电话，给客人留言并准确记录。

（7）严格按照服务程序和服务规范为客人提供邮件的接收分送服务，以及为住店客人提供邮件代发等服务。

（8）当班结束后，做好与下一班的交接工作。

二、问讯业务相关表格

问讯业务的相关表格主要有：访客留言单、住店客人留言单、住客通知单、邮件转寄单、住店邮件递送登记表、信件传送记录表（见表5-2、表5-3、表5-4、表5-5、表5-6和表5-7）。

表5-2　访客留言单

女士或先生（MS OR MR）________________房号（ROOM NO）________________
当您外出时（WHEN YOU WERE OUT）
来访客人姓名（VISTOR'S NAME）
来访客人电话（VISTOR'S TEL）
□有电话找您（TELEPHONED）　　□将再来电话（WILL CALL AGAIN）
□请回电话（PLEASE CALL BACK）
□来访时您不在（CAME TO SEE YOU）　　□将再来看您（WILL COME AGAIN）
留言（MESSAGE）____
____
____
____

经手人（CLERK）__________日期（DATE）__________时间（TIME）__________

表5-3　住店客人留言单

日期（DATE）________________
至（TO）________________房号（ROOM NO.）________________
由（FROM OF）________________
我将在（I WILL BE）　　□INSIDE HOTEL（酒店内）
在（AT）________________
□OUTSIDE HOTEL（酒店外）
在（AT）________________
电话（TEL.NO.）________________
我将于________________回店（I WILL BE BACK AT）________________
留言（MESSAGE）____
____
____

经手人（CLERK）________________客人签字（GUEST SIGNATURE）________________

表5-4　住客通知单

先生（MR）________________

女士（MS）________________　　　房号（ROOM NO.）________________

您的（电传、电报、邮件）在问讯处，请您在方便的时候与我们联系。

THERE IS AN INCOMING（TELEX，CABLE，MAIL）FOR YOU AT THE INFORMATION DESK，PLEASE CONTACT US AT YOUR CONVENIENCE.

经手人（CLERK）_________日期（DATE）_________时间（TIME）_________

表5-5　邮件转寄单

Please Print　　　日期 Date________________

姓名 Name________________　　　房号 Room No.________________

转寄地址

Forward To________________________________

截期

Until________________　　　超过以上日期请送到 After Above Date Forward to________________

在华办事处的详细地址

Agent In China________________　　　电话 Tel.________________

永久地址

Permanent Address________________________________

注意：邮件转寄服务仅在30天内有效

Note: Forwarding Address Good For Only 30 Days Except Any Further Information.

表5-6　在店邮件递送登记表

日期	时间	房号	姓名	种类	发自	经办人	收件人签字	收件时间	备注

表5-7　信件传送记录表

编号		团队名称	
送件人		房间号	
送达单位			
送到时间		收信时间	
信件类别		收信姓名	
备注			

【经典案例】

— 为住店客人保密 —

一天，有两位外宾来酒店总台，要求协助查找一位叫帕特森的美国客人是否在此下榻，并想尽快见到他。

总台接待员立即进行查询，果然有位叫帕特森的先生。接待员于是接通客人的房间电话，但长时间没有应答。接待员便和蔼地告诉来访客人，确有这位先生住宿本店，但此刻不在房间，也没有他的留言，请来访者在大堂休息等候或另行约定。

这两位来访者对接待员的答复不太满意，并一再说明他们与帕特森先生是相识多年的朋友，要求总台接待员告诉他的房间号码。总台接待员和颜悦色地向他们解释："为了住店客人的安全，本店立有规定，在未征得住店客人的同意时，不便将房号告诉他人。两位先生远道而来，正巧帕特森先生不在房间，建议您可以在总台给帕特森先生留个便条，或随时与酒店总台联系，我们乐意随时为您服务。"

来访客人听了接待员的这一席话，便写了一封信留下来。

晚上，帕特森先生回到酒店，总台接待员将来访者留下的信交给他，并说明为安全起见和不打扰他休息，总台并没有将房号告诉来访者，敬请先生谅解。帕特森先生当即表示予以理解，并表示这条规定有助于维护住店客人的利益，值得赞赏。

【案例分析】

"为住店客人保密"是酒店的原则，关键在于处理得当，这位接待员始终礼貌待客，耐心向来访者解释，并及时提出合理建议。由于解释中肯，态度和蔼，来访者提不出异议，倒对这家酒店的严格管理留下了深刻的印象。

【项目练习】

一、讨论

1. 一位客人打电话要询问一位入住本酒店的女士，总机根据计算机资料告诉来电者该女士并未入住，来电人仍然纠缠不休，还要转接电话进入客房，如果你遇到这个问题，你会怎么办？请分小组讨论，并进行现场情景模拟。

2. 一位新加坡客人入住酒店，当晚一位酒店的熟客打电话询问新加坡客人的入住房号，如果你遇到这个问题，你会怎么办？请分小组讨论，并进行现场情景模拟。

二、案例分析

某天下午，一位香港客人来到上海某家酒店总台问讯处，怒气冲冲地责问接待员："你们为什么拒绝转交我朋友给我的东西？"当班的一位实习生小黄连忙查阅值班记录，却没有发现上一班留有有关此事的记载。小黄便对客人说："对不起，先生，请您先把这件事的经过告诉我好吗？"客人便讲述了此事的原委。原来他几天前住过这家酒店，前两天去苏州办事，离店前预订了今天的房间，并告诉总台服务员，在他离店期间可能有朋友会将他的东西送来，希望酒店代为保管，服务员满口答应了，但这位服务员却未在值班簿上做相关记录。第二天，当客人的朋友送来东西时，另一位当班服务员见没有上一班的留言交代，又见客人朋友送来的是衬衫，便拒绝接收，要求客人的朋友亲手转交。当客人知道此事后，十分恼火，认为酒店言而无信，存心跟他过不去。于是，便有了一开始责问接待员小黄的场面。

小黄听了这位香港客人的陈述，对这件事很快就有了一个基本判断，马上对客人说："很抱歉，先生，此事的责任在我们酒店。当时值班服务员已经答应了您的要求，但他没有把此事在值班簿上记录留言，造成了与下一班工作的脱节。另外，下一班服务员虽然未得到上一班服务员的交代，但也应该根据实际情况，收下您朋友带来的东西，这是我们工作中的第二次过失。实在对不起，请原谅。"说到这里，小黄又把话题一转，问道："先生，您能否告诉我，您朋友送来让寄存的东西是什么吗？""唔，是衬衫。"客人回答。小黄听了马上以此为题缓解矛盾："先生，话又得说回来，那位服务员不肯收下您朋友的衬衫也不是没有一点道理的，因为衬衫一类物品容易被挤压而受损伤，为了对客人负责，我们一般是不转交的，而要求亲手交送。当然，既然已经答应您的事了，我们就应该收下，小心保存，再转交给您。不知眼下是否还需要我们转交，我们一定满足您的要求。""不必啦，我已经收到朋友送来的衬衫了。"客人见小黄说得也有点道理，况且态度这么好，心情舒畅多了，随之也就打消了向酒店领导投诉的念头。

思考题

1. 请用酒店留言服务的相关知识分析此案例。

2. 请分析小黄处理此问题的技巧。

【项目实训】

一、实训要求

1. 实训目标

通过实训，使学生掌握为客人提供问讯服务的程序，以及作为问讯员应该具备的素质和能力。

2. 实训课时

2课时。

3. 实训方法

（1）示范操作：教师先模拟做出示范；

（2）角色扮演：学生两人一组进行轮换角色的模拟，可准备若干问题，通过抽签形式确定所问的问题；

（3）案例分析：结合案例，小组讨论分析问题。

二、实训内容与步骤

1. 实训准备

（1）准备多媒体设备及教学用具等；

（2）教学文件：模拟范例（每个小组一份）；

（3）学生身着统一制服。

2. 实训实施

（1）做好准备工作，将客人可能问讯的相关资料备齐，例如近期天气状况预报、当日新闻、交通情况以及近期酒店的有关信息等。

（2）打开计算机，准备记录本、笔。

（3）客人到来时，主动与客人问候并通报身份。

（4）询问客人所要问讯的内容，复述一遍以得到确认，并做好记录。

（5）对于天气、交通、新闻等基本信息，要准确、及时地为客人提供。

（6）如果对于客人的问题不能解答，应向客人道歉，请其稍等，然后立即查询相关资料或上网查询，也可以打电话给相关部门进行咨询确认，得到答案后马上告知客人。

（7）回答问题要耐心，做到百问不厌，不能做模棱两可、含混不清的回答。对于实在不知或难以回答的问题，要先向客人表示歉意，然后解释原因，并为客人指出信息查询的其他渠道，获得客人的谅解。

（8）如果客人的问讯涉及保密的内容或国家法律法规明令禁止的内容，应礼貌地回绝客人。

（9）询问客人是否还有其他问题。

（10）与客人礼貌道别，并感谢客人。

3. 实训结束

三、实训考核

问讯服务考核标准

程序	操作要求	配分	得分
问讯服务程序	问讯服务准确，没有遗漏，资料准确度可信	25	
了解客人需求	迅速了解客人的问讯需求，及时与客人沟通，态度热情、细致、周到，能够做到百问不厌	20	
认真记录	准确记录客人的问讯内容，并将问讯结果和客人对回答的满意度准确记录	15	
资料查找	能借助各种渠道或资料，如网络、电话、服务手册指南等，为客人的问讯查找答案	20	
答复客人	回答准确、及时，语言简练，语音、语速适当	20	
总计		100	

项目六

商务中心与总机服务

■ 知识目标

❶ 掌握商务中心的服务项目和服务程序
❷ 掌握商务中心的工作环境要求
❸ 了解总机房的设备
❹ 掌握总机服务的基本要求
❺ 掌握总机服务项目与工作程序标准

■ 技能目标

❶ 达到熟练操作与运用的服务能力，学会处理商务中心服务中遇到的问题
❷ 达到熟练操作与运用的服务能力，学会处理总机服务中遇到的问题

【案例导入】

下午4:00，某酒店大堂副理小周处理完一件投诉回到大堂，总台告诉她，大堂吧有一位姓郭的客人一直在等她，小周立即迎了上去。郭先生非常生气地说，他前天入住该酒店时，在中心订了三张今天下午3:26回上海的火车票，商务中心昨日把火车票交给他，他未查验，直到今天下午去火车站时，才发现是昨天下午3:26的车票，他要求酒店赔偿损失。由于酒店本身并无票务人员，均是委托中旅票务中心代订的，如果确定是中旅票务中心出的差错，那么该损失就得由他们承担。大堂副理小周请郭先生先别着急，在大堂吧稍息片刻，她马上着手调查此事。她找到商务中心的小郑，恰好前天当班的也是小郑，小郑记得那天的情景，然而究竟订的是哪天的票，她记不大清楚了。小周立即要求小郑将订票的存根联找出来，谁知小郑找了半天却说找不到了。如果郭先生急着赶回上海，已没有时间再查下去，小周应如何处理？

案例分析 （1）与中旅票务中心联系，说明此事经过，要求中旅票务中心处理此事。目前，旅行社票务中心常常有求于酒店，双方合作关系较好时票务中心也许会承担相应责任。此法可行，但可能要耽搁客人一些时间。

（2）在无法查清责任的情况下，让商务中心的当事人承担损失，让小郑花钱买教训，避免同类事情再发生。这样做虽严惩了员工，但并没有彻底解决问题。

（3）委婉地向客人解释，订票委托单已经由客人签字认可，出现了差错责任不在酒店，损失应由客人自己负责。这种方法会招致客人的不满，客人也许会进一步投诉酒店，甚至不再入住该酒店，有损酒店的声誉。酒店服务员在受理客人订票委托时，最好请客人自己填写票务委托单并签名认可。如果客人要求服务员填写委托单，服务员应根据客人的陈述仔细填写，然后向客人复述要点，请客人核实后签名认可。当票务代办机构送票时，服务员应核对所收到的票是否与订票委托单一致，准确无误后，应登记签收，以明确送票、收票的时间和出现差错的责任。当订票客人取票时，服务员应请客人核对一遍，并在票务登记簿上登记。服务员应做好委托表单的登记存档工作，以避免同类事情再次发生。出现问题后应尽快解决问题，全力消除客人的不满。

任务1 商务中心服务

大多数酒店为了方便客人，满足客人的商务需求，在大厅设立了商务中心，而一些豪华酒店还在行政楼层设立了较完备的商务设施设备。一个功能较为齐全的商务中心，能为酒店吸引更多的客源，尤其是对商务客人前来参加贸易洽谈、展览、研讨、会议等而下榻本店起到积极的作用。

一、商务中心的主要服务项目

商务中心（Business Center）是酒店为客人进行商务活动提供相关服务的部门。许多商务客人在住店期间要安排许多商务活动，需要酒店提供相应的信息传递和秘书等服务。为了方便客人，酒店一般在大堂附近设置商务中心，专门为客人提供商务服务。商务中心是现代高级酒店的重要标志之一。商务服务内容包括打字、复印、传真收发、长途电话、会议服务（包括会议室出租、会议记录等）、翻译、票务、Internet服务、委托代办、办公设备出租等业务。此外，有些酒店还为客人提供各种商业信息，根据客人的需要与外贸部门、公司单位等联系，牵线搭桥，安排业务会晤工作。

二、商务中心的工作环境要求

商务中心的工作环境应有下列几方面的要求：

（一）便于住客寻找，便于与总台联系

商务中心一般设在一层或二层的公共区域内，除了在商务中心处设有标记，还应在公共区域和走道等处挂指示牌，利于客人寻找，从而迅速得到服务。同时，商务中心还应设在便于与总台联系的地方，以利于合理地互相利用现有设备，沟通有关信息，互相帮助及合理地调配人员。

（二）布局要合理，设计要周全

为了方便客人从事商务活动，商务中心应具有安静、舒适、幽雅、干净等特点，让人感到周围的环境赏心悦目，从而保持客人和服务人员良好的精神状态。一般来说，商务中心应以房间为单位来设计，可有一至数间不等，房间与房间可互通，可以让一位客人单独进行工作，也可以让几位客人在不受干扰的情况下各自工作。商务中心秘书在为客人服务时，可与客人在休息处坐着进行，也可以在工作台处坐着进行。

（三）配备主要的设备及用品

商务中心要配备以下设备及用品：

（1）电传机。

（2）复印机。

（3）传真机。

（4）打字机。

（5）直拨电话机。

（6）装订机。

（7）口述录音机。

（8）一定数量的办公桌椅和休息用沙发。

（9）一定数量的供客人查询用的有关书籍、刊物、报纸、指南、资料和其他信息等。

（10）其他办公用品。

三、商务中心服务人员的素质要求及培训要求

由于商务中心服务人员是在小区域内面对面地为客人服务，且工作项目较多，而客人对其工作质量的评价，主要是以服务人员的经验和效率为出发点的。所以，一名合格的商务中心服务人员必须具备良好的个人素质，给人以优质的服务，使客人有种宾至如归的感觉。

（一）商务中心服务人员的素质要求

商务中心服务人员必须具备良好的个人素质，具体如下：

（1）熟悉本部门的工作业务和工作程序，掌握工作技巧和服务技能。

（2）性格外向，机智灵活，能与客人进行良好的沟通。

（3）工作认真、细致、有耐心。

（4）具有较高的文化程度和外语水平，知识渊博，英语听、说、笔译、口译熟练。

（5）具有熟练的计算机操作和打字技术。

（6）掌握旅游景点及娱乐等方面的知识和信息（如本市旅游景点及娱乐场所的位置、电话、票价及消费水准等），了解中国历史、地理，熟悉酒店设施、服务项目。此外，作为商务中心的票务员，还应与各航空公司和火车站等交通部门保持良好的关系，熟知各种类型的票价及各种收费标准，熟知国内外邮政须知及收费标准，熟知国内外报纸、杂志的类型及收费标准。

（二）商务中心服务人员的培训要求

由于商务中心工作的特殊性，在人员配备上要挑选一些优秀的服务人员来当任。在平时的岗位培训工作中尤其要突出以下几个方面：

（1）服务态度。

（2）各种服务项目的技能、技巧。

（3）外语。

（4）商务等信息知识。

（5）秘书工作知识。

（6）机器设备的使用及清洁保养等。

四、商务中心员工的岗位职责

（一）商务中心主管岗位职责

商务中心主管直接对前厅部经理负责，直接下级是商务中心领班或商务中心服务员，确保商务中心工作正常运行。其主要岗位职责如下：

（1）负责制订本部门的工作计划。

（2）负责商务中心各种设备的使用与保养工作，保证设备的正常运转。

（3）负责商务中心员工的工作安排、考勤、考核，督导工作。

（4）检查商务中心的卫生情况及工作准备情况。例如，价目表、计算器、收据、零钱；电传、传真线路是否畅通；复印机是否正常；打字机是否正常（色带是否够用，软盘是否够用）；碎纸机是否正常等。

（5）了解当天VIP情况，并安排好工作。

（6）检查每日工作记录和各种报表，核对电信局的结算账单，控制成本。

（7）负责处理客人的投诉。

（8）随时征询客人意见，掌握市场信息，并及时将收集的信息反馈给有关部门。

（9）制订培训计划，做好员工培训工作。

（10）根据员工表现，做好绩效考核工作。

（11）加强与有关部门的协调沟通，保证业务的顺利进行。

（二）商务中心领班岗位职责

商务中心领班对主管负责，直接下级是商务中心服务员。其主要职责如下：

（1）按照商务中心工作程序和标准，督导下属，并参与打字、复印、传真等商务中心服务，准确、及时、优质地为客人提供服务。

（2）检查设备使用情况，发现故障及时维修，并将情况上报。

（3）检查文员的工作质量，发现问题，及时纠正，填写每日工作记录和有关报表，并上交给有关部门。

（4）保证本组区域的整洁卫生。

（5）处理客人投诉并及时向主管报告。

（三）商务中心服务员岗位职责

商务中心服务员的主要岗位职责如下：

（1）工作积极主动，文明礼貌服务，严格要求自己，努力提高服务质量，忠于职守，讲求效率。

（2）及时接受和发送电传和传真，并做好登记。

（3）认真执行交接班制度，对重点电传、传真及设备使用情况重点交接。

（4）对电传、传真、复印等内容严格执行保密制度，电信设备网络组织不外传，并保守用户单位的地址及有关通信机密。

（5）计算电话、传真等业务项目的合理收费，并保存一份支出单以便定期统计。

（6）钻研业务技术，不断提高业务水平和工作效率。

（7）代办客人的邮件业务，出售邮票。

（8）代办交通票务。

（9）代办旅游、娱乐及体育票务。

（10）代印名片、冲洗胶卷、扩印照片等。

（11）对客人的要求有问必答，尽量满足客人的要求，耐心解释客人的提问。

（12）掌握所使用仪器设备的性能，保养和维修，保证设备的安全运行。

（13）确保工作环境整洁，办公设备良好。

五、商务中心的服务程序

商务中心的服务项目很多，各项业务相差很大，但其服务程序却有许多共同点，概括起来其服务程序可分为迎客、了解客人需求、介绍收费标准、业务受理、结账和送客等方面。

（一）打印服务

打印，是商务中心常见的服务项目，客人往往要求将写好的文稿用计算机打印成字迹清楚的印刷体文件。其服务程序如下：

（1）主动、热情迎接客人，介绍收费标准。

（2）了解客人的要求及特殊格式的安排。浏览原稿，检查是否有不清楚的字符。

（3）告知客人大概完成时间。

（4）文件打出后必须校稿。

（5）将打好的文件连同原稿交给客人，根据打字张数开出账单并输入计算机。

（6）填写商务中心日复印、打字报表。

（7）每个文件都要询问客人是否存盘及保留时间。如不要求保留，则删除该文件。

（8）客人较多或暂时不能给客人打字时，应有礼貌地向客人解释。若客人不着急，告诉客人打印好后将立即通知客人。

（9）送客。

（二）复印服务

复印，是将客人交给的文稿按其要求用复印机进行复制，其服务程序如下：

（1）主动、热情迎接客人。

（2）了解客人的要求　向客人问清复印的数量和规格，并介绍复印收费标准。

（3）复印　调试好机器，首先复印一份，征得客人同意后，再按要求数量进行复印。

（4）交件收费　将复印文件装订好后，连同原稿一起双手送给客人，然后按规定价格计算费用，办理结账手续。

（5）如客人要求开发票，将发票第二联交给客人，第三联需同账单的二、三联一起交给前厅收银员。

（6）把账单号码、房号、金额、付款方式分项填在商务中心日复印、打字报表上。

（7）送客。

（三）传真服务

传真服务可分为发送传真和接收传真两种。

1. 发送传真服务程序

（1）主动、热情迎接客人。

（2）了解其发送传真的有关信息。

（3）主动向客人问清传真要发往的国家和地区，并认真核对发往国家和地区的电话号码。

（4）主动向客人介绍传真收费标准。

（5）发送传真。

（6）认真核对客人交给的稿件，将传真稿件装入发送架内，用电话机拨通对方号码，听到可以传送的信号后，按发送键将稿件发出。

（7）传真发出后，要将“OK”报告单连同原稿送还客人，按规定办理结账手续。

（8）客人较多或线路不通暂时发不出去传真时，应有礼貌地向客人解释。若客人不着急，告诉客人发出传真后将电话通知，请客人先签单。若非住店客人，应先付100%的押金，发出后通知客人来取。

（9）填写商务中心日发送传真报表。

（10）向客人致谢道别。

2. 接收传真服务程序

接收传真分为两种情况：一是客人直接到商务中心要求接收传真；二是接收到传真，要将传真送交客人。对于第一种情况，接待员应主动热情地帮助客人，并按规定收取费用。对于第二种情况，其服务程序如下：

（1）接收传真　接到对方传真要求，给出可以发送的信号，接收对方传真。

（2）核对传真　认真检查传真的字迹是否清楚，页面是否齐全，然后核对传真上客人的姓名、房号，填写传真接收记录，将传真装入传真袋。

（3）派送传真　通知客人取件，或派行李员送交传真。行李员送交传真的程序是：将传真及传真收费通知单独交给行李员（有时交给楼层服务员），请行李员在传真取件单上签名，由行李员将传真交给客人，并请客人付款或在收费通知单上签名。

（4）账务处理　按规定办理结账手续。

（5）填写报表　填写商务中心"日传真来件统计报表"。

（四）票务服务

票务服务，是指酒店为客人提供订购飞机票、火车票等服务，其服务程序是：

（1）主动、热情迎接客人。

（2）了解订票信息　向客人了解并记录订购飞机票（或火车票）的日期、班次、张数、到达的目的地及坐席要求。

（3）了解航班情况　向相关票务中心了解是否有客人需要的航班票。如没有，则须问清能订购的最近航班，并向客人推荐。

（4）订票　向客人介绍服务费收费标准、票价订金收取办法。当客人确定航班后，查阅客人证件的有效签证和期限，请客人在订票单上签字并收取订金，向客人说明最早的拿票时间。送走客人后，向相应票务中心订票。酒店订票所收手续费应在订票前向客人说清楚。

（5）送票　拿到票务中心送来的飞机票（火车票）后，根据订票单上的房号或客人的通信地址通知客人取票，并提醒客人飞机起飞（火车开车）时间。对重要客人，由行李员将票送交客人。

（6）按规定办理结账手续。

（7）向客人致谢道别。

（8）如果酒店尽全力而不能保证有票，必须向客人说明情况并致歉，并询问客人如果买不到指定航班的票时，是否可以改期。

（五）翻译服务

翻译，一般分为笔译和口译两种，两种服务除服务内容和收费计算方式有所区别外，其服务受理程序基本相同。笔译服务的程序如下：

（1）主动、热情迎接客人。

（2）向客人了解翻译的相关信息　向客人核实要翻译的稿件，问明客人的翻译要求和交稿时间；迅速浏览稿件，对不明或不清楚的地方应礼貌地向客人问清。

（3）翻译受理　向客人介绍翻译的收费标准。当客人确定受理时，记清客人的姓名、房号和联系方式，礼貌地请客人在订单上签字并支付翻译预付款。送走客人后，联系翻译人员翻译文稿。

（4）交稿　接到翻译好的文稿后通知客人取稿。如客人对稿件不满意，可请翻译者修改或与客人协商解决。

（5）开立账单并输入计算机。

（6）向客人致谢并道别。

（六）会议室出租服务

中华人民共和国《旅游涉外酒店星级的划分及评定》规定，四、五星级酒店商务设施应有可以容纳不少于10人的洽谈室。洽谈室服务包括洽谈室出租及客人会议洽谈期间的服务两部分。其服务程序如下：

（1）主动、热情迎接客人。

（2）了解洽谈需要的相关服务　向客人详细了解洽谈室使用的时间、参加的人数、服务要求（如坐席卡、热毛巾、鲜花、水果、点心、茶水、文具等）、设备要求（如投影仪、白板等）等信息。

（3）出租受理　主动向客人介绍洽谈室的出租收费标准。当客人确定租用后，按规定办理洽谈室预订手续。

（4）洽谈室准备　提前半小时按客人要求准备好洽谈室，包括安排好坐席、文具用品、茶具用品、茶水及点心，检查会议设施、设备是否正常。

（5）会议服务　当客人来到时，主动引领客人进入洽谈室，请客人入座；按上茶服务程序为客人上茶；会议中每隔半小时为客人续一次茶。如客人在会议中提出其他商务服务要求，应尽量满足。

（6）结账　会议结束，礼貌地送走与会客人，然后按规定请会议负责人办理结账手续。

（7）向客人致谢并道别，打扫洽谈室。

（七）订票服务

1. 当面订票程序

当面订票服务程序如下：

（1）填写订票单。客人要求订票，为客人填写订票单（包括姓名、房号、日期、目的地、班次、数量、等级等），订票单由客人核实无误后签字即可。

（2）请客人出示有效身份证件，以便订票。

（3）向客人收取预收款。如果预收了客人的订票款，则应在订票单上注明，酒店订票所收手续费应在订票前向客人说清楚。

（4）登记完毕后，将订票单第一联给客人，告诉客人这是取票单，第二联留存。

（5）及时与有关部门联系票务事宜。

（6）取到车票或飞机票后，在票袋面上写上客人的姓名、房号、预付款数额、应退款数额，票袋内放有客人的车票或飞机票及应找给客人的零钱。

（7）客人来取票时，订票员必须收回客人的取票联，注明“票已取”字样并存档，将票袋连同订票手续费的收据交给客人，请客人当面核对。

（8）开具账单并输入计算机。

（9）如果酒店尽全力而不能保证有票，必须向客人说明情况并致歉，并询问客人如果买不到指定航班的票，是否可以改期。

2. 电话或传真订票程序

预订客人要求订票，根据订票的传真或信件内容，填写订票单。此后，应将详细的原始资料，如传真或信件与订票一起存档，以备查询。如果客人是电话订票，应根据客人的电话内容，填写订票单，并告知客人，由于未付定金，只可先为他预订，待客人到达后再出票。记录时要仔细，特别是客人的姓名、机票的日期、班次、等级、人数、身份证（或护照）号码等。在记录后，复述一遍，以保证记录完全准确。

3. 退票程序

应根据交通部门的规定收取退票款，酒店则收取手续费，同时把退票费及手续费的发票交给客人。

（八）互联网服务

互联网服务程序如下：

（1）介绍收费标准。

（2）帮助客人上网（上网密码保密）。

（3）与客人确认启用时间。

（4）客人使用完毕，根据实际上网时间，开具账单并输入计算机。

（九）导游服务

导游服务程序如下：

（1）热情向客人介绍旅游线路及收费标准。

（2）确认客人所选择的路线、时间、人数、用车类型，明确收费是否含餐费、景点门票费等。

（3）约定出发时间并留下客人的房号及联系电话。

（4）及时联系车务部，安排车辆及人手。

（5）游览完毕，返店后，开具账单并输入计算机。

（十）过胶服务

资料过胶服务程序如下：

（1）介绍收费标准。

（2）与客人约定领取时间，收下材料并记录客人的联系电话。

（3）完成过胶后，通知客人领取，开具账单并输入计算机。

任务2 总机服务

电话是当今社会最主要的通信手段之一，也是酒店客人使用率最高的通信设施，在对客服务过程中扮演着重要的、不可替代的角色。酒店总机服务是酒店内外沟通联络的枢纽，以电话为媒介，直接为宾客提供转接电话、挂拨国际或国内长途、叫醒、查询等各项服务，是酒店对外联系的窗口，其工作代表着酒店的形象，体现着酒店服务的水准。

一、主要服务项目

总机的主要服务项目有：转接电话、接挂长途电话、呼叫找人、叫醒服务、回答问讯、留言服务。有些酒店的总机还负责背景音乐、闭路电视的播放及接受客房、宴会的预订等工作。

二、总机房的工作环境及设备

（一）总机房的工作环境

总机房的环境好坏将直接影响话务员对客服务的效率和质量。通常，其环境要求如下：

（1）安静、保密　总机房应处于宁静的氛围中，以确保通话的效率与质量。未经允许，任何人不得擅自进入。

（2）便于与总台联系　在对客服务过程中，总机与总台有着极为密切的联系。因此，总机房的设立位置应靠近总台，或应具备必要的通信联络设备，如风管、计算机终端等。有些小型酒店将总机直接安装在总台，由接待员兼管。

（3）清洁、整齐、优雅、舒适　总机房内的各种办公用品应明确定位，各类表格也应归类存放。环境布置应清洁、幽雅、舒适，应配有空调设备，有充足的新鲜空气，保证机器的良好运作，也为话务员提供一个良好的客观条件。

（二）总机房的设备

（1）电话交换机。交换机的种类、型号繁多，目前较为先进的有PABX交换机（日本制造）、EBX交换机（荷兰制造）、PMBX交换机和PBX交换机等。

（2）话务台。

（3）长途电话自动计费机。

（4）自动打印机。

（5）传呼器发射台。

（6）计算机。

（7）定时钟、记事牌（白板）等。

（8）其他办公用品。

三、总机服务的基本要求

总机服务在酒店对客服务中扮演着重要角色，每一位话务员的声音都代表着酒店的形象，是酒店的幕后服务大使。话务员必须以热情的态度、礼貌的语言、甜美的嗓音、娴熟的技能，优质、高效地开展对客服务，让客人能够通过电话感觉到来自酒店的微笑、热情、礼貌和修养，甚至感受到酒店的档次和管理水平。

（一）话务员应具备的素质及培训要求

1. 话务员应具备的素质

话务员应具备以下素质：

（1）修养良好，责任感强。

（2）口齿清楚，语速适中，音质甜美。

（3）听写迅速，反应敏捷。

（4）专注认真，记忆力强。

（5）有较强的外语听说能力，必须会一至两种外语，会标准的普通话和地方话等多种语言。

（6）有酒店话务工作经历，熟悉电话业务。

（7）有熟练的计算机操作和打字技术。

（8）有较强的沟通能力。

（9）掌握酒店服务、旅游景点及娱乐等知识与信息。

（10）严守话务机密。

2．话务员的培训要求

话务员的培训要求体现在以下几方面：

（1）各种服务技巧。

（2）语言表达能力。

（3）服务态度。

（4）机器设备的良好使用及清洁保养。

（5）应变能力。

（6）常用的信息资料。

（二）总机服务基本要求

（1）礼貌规范用语不离口，不得与客人过于随便。

（2）铃声振响后，立即应答，高效率地转接电话。

（3）对于客人的留言内容，应做好记录，不可单凭大脑记忆，复述时，应注意核对数字。

（4）应使用婉转的话语建议客人，不可使用命令式的语句。

（5）若对方讲话不清，应保持耐心，要用提示法来弄清问题，切不可急躁地追问、嘲笑或模仿等。

（6）若接到拨错号或故意烦扰的电话，也应以礼相待。

（7）应能够辨别酒店主要管理人员的声音。

（8）结束通话时，应主动向对方致谢，待对方挂断电话后，再切断线路，切忌因自己情绪不佳而影响服务的态度与质量。

（三）总机房员工岗位职责

1．总机主管

总机主管负责总机房的全面管理工作，保证设施、设备运转正常，为客人提供优质高效的电话服务。其主要职责如下：

（1）制定总机室工作条例和话务员行为规范。

（2）制订总机班工作计划。

（3）做好话务员的考勤工作。

（4）随时掌握客房利用情况，并据此安排和调整班次。

（5）统计每日经手的IDD（国际直拨长途）和DDD（国内长途），每周将特殊电话单呈交前厅部经理。

（6）负责酒店电话号码单的编辑和印刷，并及时提供给各部门使用，对有变化的电话号码要及时更改。

（7）每天更换、调整信息栏的内容，为话务员提供有关服务。

（8）确保电话房清洁卫生。

（9）对话务员进行业务培训，确保员工掌握话务工作程序和工作技能，培养员工的高度责任感，使员工的工作质量时刻保持最佳状态。

（10）周期性检查并保持计算机终端运转正常。

（11）记录所有的传呼电话和传呼系统故障情况，发现故障，立即报告前厅经理。

（12）保存一份所有行政人员及部门经理的手机号码及家庭电话号码。

（13）定期对本部门员工进行评估，按照制度实施奖惩。

（14）完成前厅经理和管理部门临时交办的事情。

（15）有重要客人接待任务时，提醒当班人员予以重视，并布置检查。

（16）处理客人有关电话服务的投诉。

（17）协调总机班与酒店其他部门之间的关系，与各部门保持良好的联系。

2. 总机领班

总机领班的主要职责如下：

（1）直接对总机主管负责，保证当班工作按主管要求进行。

（2）协助主管制订各期乘务员的工作计划，提供主管所需的记录、报表、月总结。

（3）及时向主管汇报工作情况及出现的问题，并提出建议。

（4）在重要问题上，积极提出建设性意见。

（5）监督当班话务员的服务态度、服务质量及劳动纪律。

（6）了解当日天气情况，并做好记录。

（7）合理安排当班员工用餐。

（8）了解当班员工的思想情况，帮助他们处理好各项关系。

3. 话务员

话务员的主要职责如下：

（1）迅速、准确地接转每一个通过交换台的电话。

（2）礼貌地回答客人提出的问题。

（3）处理需要人工接转的长途电话。

（4）了解并牢记VIP的头衔、姓名及住房。

（5）为客人提供叫醒服务。

（6）处理电话收费事宜，如有跑账、漏账，及时向领班汇报。

（7）遇到投诉及其他问题时向领班汇报。

（8）认真填写交班日记，向下一班人员交代清楚有关情况。

（9）保持室内清洁卫生。

四、总机服务工作程序标准

（一）电话转接及留言服务

总机电话转接及留言服务程序如下：

（1）首先认真聆听完客人讲话再转接，并说“请稍等”，若客人需要其他咨询、留言等服务，应对客人说：“请稍等，我帮您接通到某部门。”如客人有疑问，可将电话转到总台查询。

（2）如果是找VIP客人或要求保密房号的客人，应问清来电者的姓名、地点与所找的客人姓名，核实后转入。征询客人意见，由客人决定是否接听，按客人意见处理。

（3）在等候转接时，接音乐键，播放悦耳的音乐。

（4）转接之后，如无人接听电话，铃响30秒后，应向客人说明：“对不起，电话没有人接，您是否需要留言或过会儿再打来？”需给住客留言的电话一律转到前厅问讯处；给酒店管理人员的留言（非工作时间或管理人员办公室无人应答时），一律记录下来，并重复确认，通过寻呼方式或其他有效方式尽快将留言转达给相关的管理者。

（5）为了能够高效地转接电话，话务员必须熟悉酒店的组织机构，各部门职责范围及其服务项目，并掌握最新的、正确的住客资料。

（二）问讯和查询服务

店内外客人常常会向酒店总机提出各种问讯，因此话务员要像问讯处员工一样了解店内外常用的信息资料，尤其是酒店各部门及当地主要有关机构的电话号码，以便正确、快速地回答客人的问讯，及时满足客人的要求。查询电话服务的程序和规范如下：

（1）如果客人电话询问要在酒店开房时，要及时与客房预订处或总服务台联系，并及时答复客人。

（2）若客人询问酒店可以提供的服务设施及项目时，要向客人热情介绍。

（3）若客人想了解本地区的游览胜地、商业中心、单位地址、电话号码等情况时，要尽可能向客人介绍。

（4）对常用电话号码，应对答如流，准确快速。

（5）如遇查询非常用电话号码的情况时，话务员应请客人保留线路稍等，以最有效的方式为客人查询号码，确认后及时通知客人；如需较长时间，则请客人留下电话号码，待查清后再主动与客人电话联系。

（6）如遇查询住客房间的电话，在前厅电话均占线的情况下，话务员应通过计算机为客人查询，此时应注意为住客保密，包括：客人的情况，特别是VIP的情况；不能泄露其房号，接通后让客人直接与其通话。

（7）如遇查询酒店位置情况，话务员应问清客人目前所处的位置，清楚酒店外面的指示牌，站在客人的角度耐心地解答。

（三）“免电话打扰（DND）”服务

“免电话打扰（DND）”服务的程序如下：

（1）将所有要求DND服务的宾客姓名、房号、要求DND服务的时间记录在交接班本上或注明在记事牌上，并写明接受客人通知的时间。

（2）将电话号码通过话务台锁上，并将此信息准确通知所有其他当班人员。

（3）在免打扰期间，如发话人要求与住客讲话，话务员应将有关信息礼貌准确地通知发话人，并建议其留言或待取消DND之后再来电话。

（4）客人要求取消DND后，话务员应立即通过话务台释放被锁的电话号码，同时在交接班本上或记事牌上标明取消记号及时间。

（四）挂拨长途电话服务

酒店所提供的长途电话服务，通常分为两种：一是国际直拨长途电话（IDD）；二是国内长途（DDD）。为了方便客人，酒店设计了电话服务指南及常用电话号码立卡（置于房间床头柜上），供住客查阅使用。住客在客房内直拨长话，计算机自动计时计费，大大减轻了话务员的工作量。另外，话务员应注意及时为抵店入住客人开通电话以及为退房结账的客房关闭电话。若团队、会议客人需自理电话费用，将其打入相应的账单。

（五）提供叫醒服务

叫醒服务（morning call/wake-up call）是客人在酒店住宿时，请酒店来电叫醒自己的方式。总机所提供的叫醒服务是全天24小时服务，可细分为人工叫醒和自动叫醒两类，其服务程序如下：

1. 人工叫醒

（1）受理客人要求叫醒的预订。

（2）问清要求叫醒的具体时间和房号。

（3）填写叫醒记录单，记录叫醒日期、房号、时间，记录时间，话务员签名。

（4）在定时钟上准确定时。

（5）定时钟鸣响，话务员接通客房分机，叫醒客人。

（6）核对叫醒记录，以免出现差错。

（7）若客房内无人应答，5分钟后再叫一次，若仍无人回话，则应立即通知大堂经理或楼层服务员前往客房实地察看，查明原因。

2. 自动叫醒

（1）受理客人要求叫醒的预订（有的酒店客人可根据服务指南直接在客房内的电话机上自己确定叫醒时间）。

（2）问清叫醒的具体时间和房号。

（3）填写叫醒记录单，记录叫醒日期、房号、时间，记录时间，话务员签名。

（4）及时将叫醒要求输入计算机，并检查屏幕及打印记录是否准确。

（5）夜班话务员应将叫醒记录按时间顺序整理并记录在交接班本上，整理、输入、核对并签字。

（6）话务员应在当日最早叫醒时间之前，检查叫醒机是否正常工作，打印机是否正常打印；若发现问题，应及时通知工程部。

（7）检查核对打印报告。

（8）注意查看叫醒无人应答的房间号码，及时通知客房中心或大堂副理，进行敲门叫醒，并在交接班本上做记录。

3. 叫醒失误的原因

叫醒服务是酒店为客人提供的一项基本服务内容，但常常发生叫醒失误的现象，引起客人投诉。叫醒失误的原因有以下两方面：

（1）酒店方面主要有以下几个原因：

① 接线员漏叫。

② 总机接线员做了记录，但忘了输入计算机。

③ 记录的房号太潦草，笔误或误听，输入计算机时输错房号或时间。

④ 计算机出了故障。

（2）客人方面主要有以下几个原因：

① 错报房号。

② 电话听筒没放好，无法振铃。

③ 深度睡眠，电话铃响没听见。

4．叫醒失误的对策

为了避免叫醒失误或减少失误率，酒店可从以下几方面采取积极的应对措施：

（1）经常检查计算机运行状况，及时通知有关人员排除故障。

（2）客人报房号与叫醒时间时，接听人员应重复一遍，得到客人的确认。

（3）遇到电话没有提机，通知客房服务员敲门叫醒。

还有一种情况，就是客人虽然听到了叫醒电话，但没有及时起床，结果误了事，反而责怪酒店服务员没有提供（或没有按时提供）叫醒服务，要求酒店对此负责，并赔偿损失。为了避免这类事件的发生，应做好叫醒服务的通话记录。另外，需要说明的是，叫醒服务不同于叫早服务，它是全天候24小时提供服务的，而不只限于提供早晨的叫醒服务。

客人可能希望把叫醒要求告诉客房部的楼层服务员或前厅部的前台服务员。有些酒店的楼层报务员在为抵店客人提供房内服务时，应特意询问客人是否需要预订叫醒电话。楼层服务员或前台服务员在接受了客人的叫醒要求后，应填写叫醒登记表，然后把有关信息转告总机话务员。转告完毕后，还应把转告的时间、接电话的话务员姓名记录在叫醒登记表上。

（六）电话占线处理

电话占线处理有以下几种情形：

（1）市内电话——市内电话　一个市内电话正在被接听，同时又有一个市内电话要求挂入，这时接线员应向要求挂入电话的发话人表示歉意，请要求挂入电话的发话人稍后再挂。如来电都说明有急事时，应询问要求挂入电话的发话人姓名、所在公司后插入，征询客人意见后，按客人意见处理。

（2）市内电话——长途电话　如果客人正在挂一个市内电话，这时有一个长途电话要求挂入，可直接插入长途电话。

（3）长途电话——长途电话　如果客人正在挂一个长途电话，这时又有一个长途电话要求挂入，可询问来电者地点、姓名，然后征询客人的意见后，按客人意见处理。

（4）酒店有关部门电话　如果客人要求接转酒店的有关部门，而该部门电话又占线时，应本着“客人优先”的原则，请员工终止电话，将客人电话优先转入。

（5）VIP客人电话占线　VIP客人电话占线时，须先问清来电者姓名、公司、电话号码，等VIP客人讲完电话后，将这些信息转告VIP客人。

（七）酒店临时指挥中心

当酒店出现紧急情况时，总机房便成为酒店管理人员迅速控制局势、采取有效措施的临时指挥协调中心。话务员应按指令执行任务，注意做到以下几点：

（1）保持冷静，不惊慌。

（2）立即向报告者问清事情发生的地点、时间，报告者身份、姓名，并迅速做好记录。

（3）即刻使用电话通报酒店有关领导（总经理、驻店经理等）和部门，并根据指令，迅速与市内相关部门（如消防、安全、公安等）紧急联系，随后，话务员应相互通报、传递所发生情况。

（4）坚守岗位，继续接听电话，并安抚宾客，稳定他们的情绪。

（5）详细记录紧急情况发生时的电话处理细节，以备事后检查，并加以归类存档。

总之，总机房所提供的服务项目视酒店而异，有些酒店的总机房还负责背景音乐、闭路电视、收费电影的播放，监视火警报警装置和电梯运行等工作。

【项目练习】

一、讨论

1. 采访某家酒店话务员（或主管、领班），了解他们是怎样适应本职工作的。你有哪些收获？

2. 商务中心文员的素质要求有哪些？与你自身相比较，还存在哪些差距？你将采取哪些措施加以改进？

二、案例分析

— 怀特先生的传真 —

怀特先生拿着一份密密麻麻、才整理好的数据单匆忙来到某酒店的商务中心，还有一刻钟总公司就要拿这些数据与比特公司谈生意了。“请马上将这份文件传去美国，号码是……”怀特先生一到商务中心便赶紧将数据单交给服务员要求传真。服务员一见怀特先生的紧张表情，拿过传真件硬往传真机上安放，通过相关的程序，很快将数据单传真过去了，而且传真机打出的报告单为“OK”。怀特先生舒了一口气，认为事情解决了。

第二天，商务中心刚开始营业，怀特先生便气冲冲地赶到，开口便骂：“你们酒店用的是什么传真机，昨天传出的那份文件一片模糊，一个字也看不清。”服务员接过怀特先生手中的原件，只见传真件上写满了蚂蚁大小的数据，很难看清。而酒店的传真机一直是好的，昨天一连发出20多份传真件都没问题，为什么怀特先生的传真件会是这样的结果呢？

思考题

1. 你认为怀特先生的传真件为什么会是这样的结果？

2. 从这个案例中，你觉得商务中心服务员应该怎么做才能避免不愉快的事情发生？

【项目实训】

一、实训要求

1. 实训目标

通过对总机服务中的叫醒服务进行实训，学习叫醒服务的基本知识，掌握叫醒服务的程序与标准，达到熟练操作与运用的服务能力。

2．实训课时

2课时。

3．实训方法

按总机人工叫醒服务程序和标准编写模拟对话，设计训练内容。老师先示范，然后由学生模拟操作，老师再进行指导。也可以根据角色，两人一组，分别扮演客人和话务员进行对话模拟训练。

二、实训内容与步骤

1．两学生分别扮演客人和总机服务员。客人将叫醒日期、房号、时间告知服务员，服务员记录信息并输入前台操作系统;

2．叫醒时间将到时，服务员再次核对客人信息，拨通客人所在房间电话，用以下标准叫醒用语叫醒客人;

标准用语: 早上好，××先生/女士，这里是电话服务中心，现在是早上/中午/下午几点，您的叫醒时间已到，今天的天气是××，气温是××，祝您今天过得愉快。

3．客人如需二次叫醒，则需要话务员在计算机叫醒后提供人工叫醒，以下是叫醒的具体操作标准用语：

好的，先生/女士，您需要的早上/中午/下午××点的叫醒对吗？已经为您设定，请问您还需要二次叫醒吗？请问您的二次叫醒是在5分钟后还是其他时间呢？好的，先生/女士，我再为您重复一遍。

三、实训考核

叫醒服务考核标准

考核内容	操作要求	配分	得分
询问信息	信息完整、详实	20	
复述信息	信息准确、无误	20	
人工叫醒	规范、礼貌、有效	30	
语言表述	口齿清楚，表达简洁明了，语气轻柔	30	
合计		100	

项目七

前厅宾客关系管理

■ 知识目标

❶ 了解大堂副理的岗位职责与素质要求
❷ 了解客人对酒店产品的需求心理及与客人的沟通技巧
❸ 正确认识客人投诉

■ 技能目标

❶ 掌握与客人的沟通技巧
❷ 掌握处理客人投诉的方法和技巧
❸ 酒店服务员的语言基本功

【案例导入】

于先生因公务出差到泰国，下榻在东方酒店，由于第一次入住时良好的酒店环境和服务给他留下了深刻的印象，所以，这次又选择入住该店。

入住的第二天早上，当他走出房门准备去餐厅时，楼层服务生恭敬地问道："于先生是要用早餐吗？"于先生很奇怪地问："你怎么知道我姓于？"服务生说："我们酒店规定，晚上要背熟所有客人的姓名。"这令于先生大吃一惊，因为他频繁往返于世界各地，住过无数高级酒店，但这种情况还是第一次碰到。于先生高兴地乘电梯到餐厅所在的楼层，刚刚走出电梯门，餐厅的服务生并没有看他的房卡，直接说："于先生，里边请。"于先生更加疑惑："你也知道我姓于？"服务生回答："上面电话刚刚下来，说您已经下楼了。"如此高的效率让于先生再次大吃一惊。

于先生刚进餐厅，服务小姐微笑着说："于先生还要坐老位置吗？"于先生的惊讶再次升级，心想：尽管我不是第一次在这里吃饭，但距离上次用餐也有一年多的时间了，难道这里的服务小姐的记忆力那么好？看到于先生惊讶的目光，服务小姐主动解释说："我刚刚查过计算机记录资料，您去年8月8日在靠近第二个窗口的位子用过早餐。"于先生听后兴奋地说："老位子，老位子!"小姐接着问："于先生是否点老菜单，一个三明治，一杯咖啡，一个鸡蛋？"现在，于先生已经不再惊讶了。"就要老菜单！"于先生已经兴奋到了极点。

给于先生上菜时，服务生每次回话都退后两步，以免自己说话时唾沫不小心飞溅到客人的食物上。这顿早餐，给于先生留下了终生难忘的印象。

此后三年多，于先生因业务调整没再去泰国，可是，在于先生生日的时候突然收到了一封东方酒店发来的生日贺卡：亲爱的于先生，您已经三年没有来过我们这里了，我们全体人员都非常想念您，希望能再次见到您，今天是您的生日，祝您生日愉快！于先生当时激动不已……

案例分析 虽然，泰国的经济在亚洲算不上最发达，东方酒店却因为其无微不至的人性化服务使客人有一种尊贵的满足感和身处异地被人细心关怀的温暖，堪称亚洲酒店之最。细节上的人性化服务，使每个来到这里的客人都难以忘怀，争相入住，几乎天天客满。迄今为止，世界各国有20多万人曾经入住过那里，不提前一个月预订很难有入住的机会，而且客人大多来自西方发达国家。

宾客关系管理，是指通过对客人行为有意识地、长期地施加某种影响，以强化酒店与客人之间的一种合作关系。具体地说，宾客关系管理就是指酒店通过培养客人对酒店产品或服务更加积极的偏爱或偏好，留住客人，并以此作为提升酒店营销业绩的一种策略与手段。

前厅部在宾客关系管理中起着非常重要的作用。前厅部员工要与客人建立良好的关系，就要树立"宾客至上"的服务意识，正确看待客人，了解顾客价值，熟悉顾客对酒店服务的需求，掌握与客人沟通的技巧。

任务1 建立良好的宾客关系

酒店服务的对象是客人，服务主体是广大酒店员工，宾客关系则是服务主体与客体之间的关系。酒店的宾客关系实质上是一种社会交换关系。交换的基本原则是平等互惠。客人与员工之间的交换可以是物质与物质的交换，也可以是精神与精神的交换。

处理好与客人的关系要注意以下几点：

一、正确的认识客人，并学会“读懂”客人

（一）要把客人当“人”来尊重，而不是当“物”来摆布

服务人员要时时提醒自己，一定要把客人当“人”来尊重。注意服务中的细节，免得引起客人的误会和反感。

（二）要充分理解、尊重和满足客人作为“人”的需求

（1）客人是具有优越感的人，在酒店服务中，尽量表现出尊重、关注、礼让客人，注重细节，追求完美的同时又注重策略，使客人感觉到拥有权利、使用权利的快乐。

（2）客人是来寻求享受的，整洁美观的环境，以及向客人提供舒适和舒心的个性化、超常的服务，会给客人提供超出其预期的感受。

（3）客人是最爱面子的人，几乎所有的客人都喜欢表现自己，而且希望被特别关注，给以特殊待遇。因此，酒店必须设计合理、装修精致、布置典雅，服务员容貌整洁、服务亲切。此外，酒店的员工必须懂得欣赏和适度恭维客人。

（4）客人是情绪化的“自由人”，为此，酒店对客人必须宽容，并设身处地为他着想，提供人性化的服务。不同的客人有不同的需求层次，只有充分预见和准确把握客人的需求，才能提供全面的服务，才能使客人有好的情绪和好的住宿体验。

（三）客人不是“教训”和“改造”的对象

对待客人的“不对之处”，要多加宽容、谅解。作为服务员要记住：

1. 不要评论客人

评论顾客的行为、嗜好、生理特征等是一种极不礼貌和没教养的行为。

2. 不要和客人争论

客人是服务的对象，是酒店的财神，不要试图去“纠正”客人的不足，引起客人的不满情绪。

3. 不要和客人“说理”

服务人员要时刻提醒自己，客人是服务的对象。服务人员如果把服务停下来，把本该用来为客人服务的时间用去对客人“说理”，其结果肯定会引起客人的反感和不满。

在服务中注意有两种情况，容易使服务人员忍不住要去对顾客“说理”：

一种情况，是在客人抱怨时，服务人员认为那不是自己的责任，甚至不是酒店的责任，因此，急于为自己或酒店辩解。其实，在这种情况下，辩解是完全没有用的，甚至有时会起反作用。

另一种情况，是服务人员向客人提出善意的建议，客人没有采纳，服务人员解释自己的好心。其实，你可以向客人提出建议，但客人是否采纳这个建议，那完全是客人的事，客人也没有必要向你解释，服务人员应该尊重客人的选择。

所以，服务人员一定要懂得，客人是服务的对象，不是“说理”的对象，更不是争辩的对象。不管你觉得自己多么有道理，也不应该去和客人争辩，争辩就是“没理”，并时刻谨记“客人总是对的”。

二、掌握客人对酒店产品的需求心理

酒店的客人住在酒店的这段时间，实际上有一种“求补偿”和“求解脱”的心理。

“求补偿”就是要在日常生活之外的生活中，求得他们在日常生活中未能得到的满足，即更多的新鲜感，更多的亲切感和更多的自豪感。“求解脱”就是客人要从日常生活的紧张状态中解脱出来。

作为前厅部服务人员，不仅要为客人提供各种方便，帮助他们解决种种实际问题，而且要注意服务的方式。前厅部服务人员应做到热情、周到、礼貌、谦恭，使客人感受到一种前所未有过的轻松、愉快、亲切、自豪。

三、掌握与客人的沟通技巧

客服人员每天面对的是不同的客人，他们是个性、心境、期望各不相同的团体。所以，客服人员既要有个性化的表达沟通，又必须掌握许多共性的表达方式与技巧来为客人服务。同时，作为服务员也要通过沟通和交流来了解客人的爱好。酒店服务交往的沟通方式主要为有声语言、书面语言和无声语言等。

（一）与客人沟通的方式

1. 有声语言沟通

语言是用来表达意愿和交流思想感情的工具。语言的沟通，关系到酒店的服务质量，从而关系到酒店的生存。所以，作为一位服务人员，在服务时一定要谈吐文雅、语调亲切，音量适合，语句流畅。问与答要简明、规范、准确。

（1）用语　同样一句话，你用了这种语气，或者用了另一种表达方式，可以达到不同的效果。在酒店服务交往中的用语是相当丰富的，服务人员要注意使用礼貌用语。

（2）语气与声调　在为客人服务的过程中，服务人员要注意说话的语气和声调，语气要文雅、亲切，声调要适合，这样才能更好地为客人服务。

2. 书面语言沟通

书面语言沟通在服务行业也是较为常见的，往往通过书面语言沟通来了解客人对服务人员的服务是否满意。同时，也可以通过书面语言沟通来宣传酒店的文化与特色。

3. 信函沟通

信件是更加正规和庄重的沟通方式，利用信函与客人沟通，会使客人有一种被尊重的感受，特别是酒店管理者的亲笔信。在日常工作中慎重地对待每一封客人的信件，对客人来信提出的问题迅速调查并复信告知客人处理结果，对其关心酒店工作表示感谢。信函沟通是酒店与客人建立长期稳定关系的有效方式。

4. 电子邮件（E-mail）沟通

随着计算机信息系统的普及应用，电子邮件（E-mail）这种非常经济低碳的沟通方式被广泛地采纳推广，特别是它可以随时随地便捷地解决较简单问题，在批量发布信息时采用。

5. 无声语言沟通

在酒店服务交往中，不仅依靠有声语言沟通、书面语言沟通来传递所要表达的思想与感情，而且还要结合无声语言沟通（表情、手势）。通过这三种语言来为客人服务，才能做到最好，促使客人满意酒店的服务。

表情语言，是一种来自面部的表情交流方式。它是一种无声语言，但它比有声语言沟通更富有色彩感与表达力，在传达信息上起着重要作用。例如，在为客人服务中我们要注意我们的表情，要面带微笑，说话时配以适当的手势。在侃侃而谈地叙述时，加上富有感染力和说服力的手势，可以起到渲染气氛的作用，同时，也能吸引听话人的注意力，还可以把话说得更有声有色，增强有声语言的表达力。有时，在某种情况下，手势也能体现人们的内心思想活动和对待他人的态度，热情和勉强的态度在手势上可以明显地反映出来。在服务行业中，有时无声语言沟通也能起到“无声胜有声”的效果。

但是，当我们在为客人服务时，我们要以有感染力和说服力的手势和表情（微笑），再与有声语言相结合的沟通方式来服务我们的客人，这样能使我们更好地服务每一位客人，从而提高我们的服务质量与名誉度。每一位服务人员都应该掌握好礼貌规范的服务用语。礼貌规范的服务用语在酒店是很重要的，它是酒店服务质量的核心，也是酒店赢得客源的重要因素。

（二）与客人沟通的技巧

1. 重视对客人的“心理服务”

酒店为客人提供“双重服务”，即“功能服务”和“心理服务”。“功能服务”满足消费者的实际需要；而“心理服务”，就是除了满足消费者的实际需要以外，还要使消费者得到一种“经历”。从某种意义上讲，客人就是花钱“买经历”的消费者。

（1）对客人不仅要彬彬有礼，而且要做到“谦恭”“殷勤”。

（2）对待客人，要“善解人意”。

（3）“反”话“正”说。

语言要讲究艺术与随机应变，服务中，常常都会遇到一些紧张气氛或者某些尴尬的场面，这时，我们要随机应变，用巧妙的语言来恭维客人，缓解紧张气氛。

（4）不要让客人感到尴尬。

面对客人，服务员是没有选择权的。往往是客人的素质越低，对服务人员的素质要求越高。酒店里“没有低素质的客人，只有低素质的员工”。所以，酒店服务人员除了要努力提高自身的素质以外，没有别的选择。事实上，如果服务人员自身素质高的话，即使遇到了素质低的客人，也可以把宾客关系处理好。

（5）否定自己，而不要否定客人。

2. 投其所好，避其所忌

根据客人类型分析客人心理，针对其偏好、避开其忌讳提供有效服务、如多血质类型的客人，他们通常表现为活泼主动，喜欢轻松的交谈氛围，高素质的宾客关系员工应首先在语气、语速上营造轻快的氛围，同时在服务内容上尽量新潮、新鲜，满足其好奇心特质，而粘液质类型的客人，他们往往喜欢安静，缓慢的交谈氛围，在服务内容上也倾向于变化不大的、挑战难度不大的项目。因此，针对不同类型的宾客关系会呈现出不同的情境。此外，对于常住型客人，提前熟知其衣食住行等各方面的爱好和避讳，更有利于与客人进行有效的沟通。

3. 学会倾听

学会倾听是一种非常重要的沟通技能，原因如下：

（1）倾听可以使客人感到被很好地尊重；

（2）倾听可以发现客人的真实想法；

（3）倾听可以稳定客人的情绪。

所以，服务人员在服务过程中要学会察言观色，面带微笑去倾听，这将极大地有助于与客人保持良好的沟通。使每一位客人满意，是每一家酒店努力的方向和工作目标，建立良好的宾客关系则是实现这一目标的重要途径之一。

酒店通常通过设立大堂副理和宾客关系主任等岗位来建立、发展和改善与住店客人及来访客人的关系，努力使每一位不满意的客人转变为满意的客人，使客人对酒店留下良好的印象。

要建立良好的宾客关系，还要求酒店各级员工正确地认识客人，掌握客人对酒店产品的需求心理以及与客人的沟通技巧。同时，还要掌握接待投诉客人、处理客人投诉的方法和艺术。

任务2 大堂副理的职责

走进富丽堂皇的酒店大堂，客人会在大堂的一侧注意到一张精美的桌子，上面摆放着鲜花，旁边坐着一位能讲一口流利英语的、和颜悦色的“官员”，他（她）就是酒店的大堂副理。

大堂副理的主要职责是代表酒店总经理接待每一位在酒店遇到困难而需要帮助的客人，并在自己的职权范围内予以解决，包括回答客人问讯、解决客人的疑难、处理客人投诉等。因此，酒店大堂副理是酒店和客人的桥梁，是客人利益的保证，是酒店建立良好宾客关系的重要核心人物。

一、大堂副理的角色定位

大堂副理是一个特殊、综合的角色。

（一）从顾客角度看

（1）大堂副理是酒店代表。

（2）大堂副理甚至代表总经理。

（二）从员工层面看

（1）大堂副理是服务质量的监督者。

（2）大堂副理是突发事件的处理者。

（3）大堂副理是酒店内部各部门的协调者。

（4）大堂副理是酒店夜间最高的管理者等。

（三）从大堂副理管理模式看

（1）大堂副理的直接上级是前厅经理／总经理。

（2）大堂副理的直接下级是宾客关系主任。

二、大堂副理岗位职责

大堂副理的主要岗位职责如下：

（1）大堂副理代表酒店管理机构处理客人投诉，解决客人的疑难问题，及时将客人意见及服务质量方面的问题向总经理汇报，并提出改进意见。

（2）大堂副理作为酒店管理机构的代表，检查各部门员工的纪律、着装、仪容仪表及工作状况。

（3）大堂副理代表总经理做好日常的贵宾接待工作，完成总经理临时委托的各项工作。

（4）大堂副理需回答宾客的一切询问，并向宾客提供一切必要的协助和服务。

（5）大堂副理需维护大堂秩序，确保宾客的人身和财产安全以及酒店员工和酒店财产的安全。

（6）大堂副理需抽查酒店各部门的清洁卫生工作及设备设施的维护保养情况。

（7）大堂副理需负责协调处理宾客的疾病和死亡事故。

（8）大堂副理要征求客人意见，沟通酒店与客人间的情感，维护酒店的声誉。

（9）大堂副理需处理员工和客人的争吵事件：在紧急情况发生时，在不损害酒店利益的前提下，最大限度地保证客人的利益。

（10）大堂副理需保证宴会活动的正常接待。

（11）大堂副理要确保大堂秩序良好，无衣冠不整、行为不端者。关注并保证酒店公共场所，特别是主要出入口和大堂的整洁。

（12）大堂副理需每日参加部门经理例会，通报客人投诉情况、员工违纪等，并提出相关建议。

（13）大堂副理要协助前厅部经理指导并检查前台、预订、总机、门童和礼宾部的工作，做好前厅部的日常管理。

（14）大堂副理需协助前厅部员工处理好日常接待中出现的各种问题（如超额预订问题、客人丢失保险箱钥匙问题、客人签账超额而无法付款的问题、逃账事件以及其他账务等方面的问题）。

（15）大堂副理需沟通前厅部与各部门之间的关系。

（16）大堂副理需完整、详细地记录在值班期间所发生和处理的任何事项，将一些特殊的、重要的及具有普遍性的内容整理成文，交前厅部经理审阅后呈总经理批示。

（17）大堂副理要协助保安部调查异常事物和不受欢迎的客人。

（18）大堂副理要认真做好每日的工作日志，对重大事件认真记录存档。

三、大堂副理素质要求

（一）政策水平高

要求大堂副理熟悉相关政策，主要包括以下几方面：

（1）国家法律、法规。

（2）外事制度。

（3）酒店惯例与行规。

（4）酒店的管理制度等。

（二）与相关协会、政府部门保持良好的互动

与相关协会、政府部门保持良好的互动，有助于处理突发事件。这些相关协会包括消费者委员会、饭店协会等；相关政府部门，包括酒店所在地的派出所、居委会、交警部门及消防部门等。

（三）语言要求高

受过良好的教育，大专以上学历，除了地方语言和普通话外，根据酒店客源定位的特殊性，要求大堂副理能用英语或日语、法语、俄罗斯语与目标客源市场交流。

（四）熟悉酒店各部的运转情况

熟悉酒店各部门的运转情况，在前台岗位工作三年以上，有较丰富的酒店实际工作经验，熟悉客房、前厅工作，略懂餐饮、工程和财务知识，特别是熟悉对客服务部门、工程部门等。

（五）熟悉客情

要求大堂副理掌握顾客历史档案，熟悉饭店的常客、熟客等。了解每天的VIP接待情况和团体到达情况。

（六）处理事情灵活

秉承顾客至上的原则，在酒店政策允许的范围以及自己授权的范围内灵活处理各类问题。

（七）形象、素质要求

对大堂副理的形象，素质要求有以下几方面：

（1）个性开朗，乐于且善于与人打交道，有高超的人际沟通技巧。能妥善处理好与客人、各部门之间的关系，有较强的写作及口头表达能力。

（2）见识广，知识面宽。了解公关、心理学、礼仪、旅游等知识，掌握所在城市的历史，了解主要游乐场所、购物及饮食场所等知识，了解主要国家的风土人情。

（3）有良好的外表形象，风度优雅；彬彬有礼、不卑不亢。

四、大堂副理的禁忌

（一）忌总是刻板呆坐在大堂工作台

为了能收集到更多宾客对酒店的意见和建议，及时发现酒店服务与管理中存在的问题与不

足，抢在客人投诉之前进行事前控制，酒店大堂副理大多数时间应在大堂迎来送往，招呼客人，而不应呆坐在大堂工作台，失去同客人交流的机会。

（二）忌在客人面前称酒店其他部门的员工为“他们”，讲话无分寸，不留余地

酒店是一个整体，不论是哪个部门出现问题，客人都会认为就是酒店的责任。而酒店大堂副理是代表酒店开展工作的，故切忌在客人面前称其他部门员工为“他们”。说话也要讲分寸，留有余地，要明确告诉客人需要花费多长时间解决相关问题。

（三）忌在处理投诉时不注意时间、场合、地点

如果酒店的大堂副理在客人午休、进餐时间、客人发怒时间处理投诉，或在宴会厅等公共场所处理投诉，很可能引起客人的反感。这样的大堂副理在处理客人投诉时只重视了及时性原则，而忽略了处理问题的灵活性和艺术性。

（四）忌缺乏自信，在客人面前表现得过分谦卑

酒店大堂副理是代表酒店总经理处理客人的投诉和进行相关的接待的，其一言一行都代表着酒店的形象。酒店大堂副理应表现出充分的自信，彬彬有礼，热情好客，不卑不亢，谦恭而非卑微。过分的谦卑是缺乏自信的表现，往往会被客人看不起，从而也对酒店失去信心。

（五）忌回避客人投诉

投诉是坏事，也是好事。顾客的投诉能起到监督和提醒的作用，以使酒店管理者能够对症下药，改进服务和设施，提高服务质量和管理水平。因此，酒店大堂副理不应该回避投诉，而应该正确对待客人的投诉。

（六）忌不熟悉酒店业务和相关知识

酒店大堂副理要熟悉客房服务程序、送餐服务、收银程序及相关规定、酒店折扣情况、信用卡知识、洗涤知识、基本法律法规、民航票务知识等酒店业务知识和相关知识，处理投诉才会准确和及时。

（七）忌存在与客人暗地比高低、争输赢的心态

一般来讲，受到客人投诉，说明酒店的服务和管理上有问题。因此，即使是客人的言行有些夸大，酒店也应把“对”让给客人。如果得罪了客人，即便表面争赢，然而会招致客人对酒店工作人员和酒店的不满，实际上酒店还是输了。

（八）忌在处理投诉时只对客人就事论事，不能意会客人的真实意图

客人投诉酒店的原因归纳起来不外乎有三种，即求发泄、求尊重、求补偿。酒店大堂副理要能准确地把握客人投诉的真实心态和用意，要给客人以发泄的机会，不要与客人进行无谓的争辩和解释。特别是在客人异常激动时予以解释，很容易激怒客人。所以，正确地领会客人投诉的心态和意图是处理好投诉的关键。

（九）忌忽视对投诉结果的进一步关注

接待客人投诉的员工，往往不是实际解决客人问题的人，因此客人的投诉是否最终得到解决仍然是个问号。事实上，很多客人的投诉并未得到根本解决，或是这个问题解决了，却又发生了另一个问题。所以，对投诉的处理过程进行跟踪，对处理结果予以关注尤其重要。大堂副理对投诉结果的进一步关注会使客人感到酒店对其投诉的重视，从而使客人对酒店留下良好的印象。

任务3 客人投诉及其处理

一家酒店无论管理多么严格，服务质量多么好，设备设施有多么先进，客人的投诉都是不可避免的。由于客人来自四面八方，每一位客人都有各自的生活方式和习惯，再加上客人心情、年龄等因素的影响，总会出现客人对酒店服务的抱怨和不满。客人不满，可能会找大堂副理投诉，也可能找服务人员投诉。对此，酒店要认真对待，把消极面转化成积极面，通过处理客人投诉来促使酒店不断提高服务质量。

一、对顾客投诉的认知

投诉，是客人对酒店提供的服务设施、设备、项目及行动的过程和结果表示不满而提出的批评、抱怨或控告。当客人投诉时，有可能找大堂副理去投诉，也有可能找任何一名管理人员乃至服务员投诉。其实，顾客投诉是一把双刃剑，对酒店来说是利弊共存的。

（一）投诉的积极方面

1. 可以帮助酒店管理者发现酒店服务与管理中存在的问题与不足

酒店管理者长期在一个环境中工作，对酒店客观存在的问题可能会视而不见，常常不能发现酒店客观存在的问题。而客人则不同，他们付了钱，期望得到与他们所付的钱相称的服务，他们是酒店产品的直接消费者，对酒店服务中存在的问题有切身的体会和感受。因此，他们最容易发现问题，找到不足。

2. 为酒店方面提供了改善宾客关系的机会

通过对客人投诉的处理，可以使酒店有机会将“不满意”的客人转变为“满意”的客人，利于酒店的市场营销。如果客人投诉处理不好，酒店失去的不仅是该位客人，还有可能是他们身后的亲友、同事等潜在顾客。美国有关调查表明，吸引新顾客所花成本是保持老顾客所花成本的五倍。通过客人的投诉，酒店了解到客人的“不满意”，从而为酒店提供了一次极好的机会，使其能够将“不满意”的客人转变为“满意”的客人，消除客人对酒店的不良印象，减少负面宣传。

3. 有利于酒店改善服务质量、提高管理水平

酒店可以通过客人的投诉不断地发现问题，解决问题，进而改善服务质量，提高管理水平。

（二）投诉的消极方面

客人投诉酒店，说明酒店在诸多方面有让客人不满意的地方，酒店在管理上、服务上还存在着各种问题。客人的投诉可能会使被投诉的对象（有关部门或人员）感到不愉快，甚至受罚；同时，接待投诉客人也是一件令人不愉快的事，对很多员工来讲是一种挑战，这是管理人员需要正视的。

总之，由于酒店在管理方面不可避免存在不足之处，以及客人千差万别的个性特点，酒店很可能受到客人的投诉。因而，对酒店而言，每位员工都应掌握客人投诉处理的方法。

二、顾客投诉的原因分析

酒店在向客人提供产品和服务时，服务项目设置不全或不合理，员工服务态度恶劣、服务语言粗鲁、服务效率低下、服务技能笨拙，部门与部门之间沟通困难，怠慢、冷落客人，都有可能引起客人的投诉。引起客人投诉的原因很多，但概括起来有如下几个方面：

1. 对酒店设施设备的投诉

（1）客房灯光配置不当，光线不足。

（2）客房内设备不能正常运作，如电灯不亮，音响、电视不能使用，电话不通。

（3）客房浴厕漏水或管道不通，水压不足，冷热水不稳定。

（4）客房隔音不良，易受干扰。

（5）客房冷暖气功能不好。

（6）客房内湿气过重。

（7）客房内橱柜太小，抽屉太少，不能使用。

（8）卧床太硬或太软。

（9）客房地毯太旧或有破洞。

（10）酒店电梯维护、维修、保养等方面的问题。

2. 对服务的投诉

对服务的投诉指的是对服务人员的服务态度、服务效率、服务时间等方面达不到酒店或客人的要求与期望而引起的投诉。

（1）前台服务人员态度欠佳，缺少笑容。

（2）服务人员表达能力欠佳，无法沟通。

（3）前台人员延误留言条及客人信件的传递，或错送。

（4）订房错误，以致客人抵达时，酒店已无客房保留。

（5）前台人员未遵守先到先服务的原则，被客人视为歧视。

（6）前台人员分派错误客房，而该客房已有客人入住。

（7）商务中心延误或错发客人的传真。

（8）客房的清洁卫生未达到客人要求的标准。

（9）酒店洗衣部门将客人衣物洗坏或遗失。

（10）总机接错房号，或延误叫醒的时间。

（11）前台收银员错收客人费用。

（12）客房内有蟑螂或蚂蚁。

3. 对酒店有关规定的投诉

对酒店有关规定的投诉指的是由于客人对酒店有关规定的不了解或误解而引起的投诉。如客人对退房时间的投诉等，均属此类。

（1）要求客人预付房费，或先刷信用卡。

（2）未告知延误到达班机的客人，其客房只能保留至下午6:00时。

（3）不接受私人支票付账。

（4）房价不可入住后再优惠。

（5）客房内只可加一张床。

（6）客人不可携带宠物进入酒店。

（7）保险箱钥匙遗失，须赔偿酒店费用。

根据这些问题，前厅人员必须用适当的态度处理，要时时记得酒店的职责是为客人提供宾至如归的服务。

4. 由于客人的原因造成的投诉

宾客由于在酒店外其他场合遇到不顺心或遭遇不公平待遇，都可能迁怒于酒店员工或对酒店员工提供的服务进行百般挑剔。但这种情况发生的原因不在酒店，也不能客观地反映酒店员工的服务质量有问题，但仍需妥善地处理。

5. 由于客人与酒店之间的误会造成的投诉

酒店接待的客人来自世界各地，各地区的风土人情、文化渊源、行为习惯等的差异性极大，这些差异将可能导致客人对事物的看法及衡量标准不一致，进而致使客人产生不同的看法和感受，或产生某种误解，造成客人的投诉。

三、顾客投诉的动机分析

顾客投诉的动机，总的来说，可分为以下几类：

（1）通过投诉，为酒店服务管理提供建议。

（2）通过投诉，希望得到酒店的尊重。

（3）通过投诉，求得心理平衡。

（4）通过投诉，求得酒店补偿等。

四、顾客投诉的类型

（一）理智型投诉

理智型投诉是客人在比较理智冷静的情况下提出的投诉，一般都为较合理的要求。

客人一般都比较通情达理，只要酒店立即采取改进措施，就会得到他们的谅解。但是若处理不当，客人很可能会要求赔偿，或者采用法律手段。

（二）发泄型投诉

发泄型投诉是客人在情绪激动或情绪不佳寻求发泄时提出的投诉，大都伴有激烈的言辞并希望引起旁人的注意。若处理不当，会使旁人对酒店形象产生怀疑，影响面较大。

（三）失望型投诉

客人事先预约的服务项目，由于酒店员工的粗心大意而耽误了，这种情况会引起客人的失望与恼火。处理这类投诉的有效方法是尽快使客人消气，并立即采取必要的补救措施。

（四）批评型投诉

客人心怀不满，但情绪相对平静，只是把不满告诉投诉对象，不一定要对方做出什么承诺。

（五）补偿型投诉

提出补偿型投诉的客人觉得自己的利益受到了损害，言辞较为激烈，其注意力并不集中在酒店是否能够给予合理的解释，而是希望得到实质性的补偿。

五、处理顾客投诉的原则

投诉是一件不愉快的事，接待投诉客人具有挑战性，酒店方面在处理客人投诉的过程中，要注意和把握以下几个原则，认真处理好投诉。

（一）对于投诉，酒店应持欢迎和重视的态度

（1）不要害怕、逃避客人的投诉。

（2）欢迎客人投诉，客人投诉有利于发现问题、解决问题。

（3）客人对酒店的关心要表示感谢。

（二）要理解、宽容、真诚的关心客人

客人在遇到不满的事情时，其人性的某些弱点会相对暴露。为此，服务人员必须懂得宽容和设身处地为客人着想。掌握客人的心理特点，并给予适当的理解、宽容，这样酒店才能打动客人的心而赢得客人的谅解。

投诉客人中，常见的几类客人处理原则：

（1）爱表现自己高明，他的投诉可能只是为了表现自己，显得自己很高明和很重要。服务人员必须迎合他们的这种需要，给此类人提供充分表现自己的机会。帮助客人表现其长处，维护并隐藏客人的短处，从而使客人在酒店中获得更多的自豪感和成就感。

（2）对于希望被特别关注的客人，服务人员必须像对待自己的朋友一样给予足够的关注，耐心倾听客人的要求，提供真心诚意的帮助，让客人感到服务人员的关心是发自肺腑的。

（3）对于爱面子的客人，这类客人往往以自我为中心，思维和行为大都有情绪化的特征，对酒店往往带有很大的主观性，即以自己的感觉加以判断。这类客人在投诉时，服务人员首先要肯定客人的投诉，承认酒店的失误，应注意给客人面子。对于客人无理取闹的行为，也应以博大的胸怀去包容理解。只有“将心比心”理解客人，“设身处地”地为客人利益着想，才能赢得这类客人的理解。

（4）客人具有领导的某些特征，具体表现为居高临下，发号施令，习惯使唤别人。在处理此类客人的投诉时，必须像对待领导一样对待他，切忌怠慢。对于客人的无理要求或无端指责，服务人员同样要注意艺术，采取引导和感化的方法，甚至可让他参与投诉的处理决策，使客人感受到正确使用权利的快乐。

总之，服务人员要尽量做到充分理解客人，包括理解客人的语言、心理、脾气、性格和习惯。同时给予客人尊重，投入充分的情感，用“心”去为客人解决问题。

（三）坚持“客人永远是对的”——处理顾客投诉的指导原则

“客人永远是对的”是现代酒店业普遍奉行的信条，是处理顾客投诉的指导原则。

因为，不管什么原因，服务人员都不应该和客人争吵，否则就会永远失去客人。所以，服务人员要了解这一原则的重要意义。

1.“客人永远是对的”这一原则对于处理客人投诉的重要意义

在处理客人投诉时，坚持“客人永远是对的”这一原则对酒店来说具有重要意义。

（1）客人下榻酒店，为酒店带来效益，不仅可使酒店得以生存，而且是推动酒店发展的原动力。因此，服务人员应该怀有感激的心态，热情地欢迎每一位光临酒店的客人，并且乐于接

受客人对酒店服务的监督和检查，把客人对酒店的挑剔当成帮助酒店完善服务、提高服务质量和管理水平的有效方式。

（2）“客人永远是对的”这一原则有利于维护客人自尊、缓解宾客冲突、提高客人的满意度。自尊心受到保护的客人，可提升酒店服务完美的感觉；相反，如果伤害了客人的自尊心，就可能激发其不满和对立的情绪，其结果可能使冲突升级，导致客人的流失。因此，酒店要以客为尊，主动谦让，从而使客人的满意度相对提高。这样做可以树立酒店良好的服务形象，建立更好的服务声誉，获得更多的客源市场。

（3）坚持“客人永远是对的”可以在客人满意的基础上带来口碑效益。否则客人会因对酒店服务的不满而告诉更多的人，从而给酒店带来更大的负面影响。

2.“客人永远是对的”这一指导原则的执行

贯彻执行“客人永远是对的”这一原则，要站在客人的立场上思考问题，给客人以充分的尊重，并最大限度地满足客人的需求。

（1）如果客人没有错，那么客人当然是对的；如果客人错了，只要客人的言行是合法的且不妨碍其他客人的利益，客人所有的正当需求都应该得到满足。酒店不能以种种理由和借口拒绝客人的要求，服务人员更不能与客人争辩。即使客人有不妥之处，服务人员也应坚持把“对”让给客人。其结果将是客人得到了尊重，酒店也赢得了效益，这实际是一种“双赢”。

（2）服务人员应具有服务意识，在酒店服务工作中一切为客人着想，全心全意为客人服务，将“客人永远是对的”这一准则贯彻执行于服务的全过程，千方百计使客人的愿望得到满足。

（3）要充分理解客人的需求，理解客人的想法和心态，理解客人的误会和过错。尽量给错了的客人一个体面的台阶，给吵闹的客人一点儿面子，给并无恶意的客人一些体谅，给道歉的客人一份安慰，用一片真情，换得客人对酒店的理解和真心。

（四）坚持公平、公正、一视同仁处理顾客投诉的原则

我们的客人来自世界各地，在服务和处理投诉时，要“一视同仁”。服务人员在接到投诉后不应考虑客人的背景地位、经济状况、衣着打扮等而以貌取人。因为，所有的客人在人格上都是平等的。只要是酒店的客人，服务人员都要有积极主动的工作态度，保证公平、公正、平等地处理客人的投诉，否则将使受到不公正待遇的客人受到伤害，引起客人的强烈不满，最终影响酒店形象。

（五）维护酒店应有利益的原则

正确处理客人的投诉的最终目标是实现酒店利益最大化，因此，维护酒店应有的利益是一项重要原则。

（1）服务人员对客人的投诉进行解答时，必须注意尊重事实，不明真相之前，不要急于表态，也不能推卸责任或随意贬低他人或其他部门。而应从酒店整体利益出发，避免出现矛盾，从而令客人更加反感。

（2）退款或减少收费等措施不是处理投诉的最佳方法。酒店的服务目标应该是在客人满意最大化的前提下，达到企业利益的最大化。酒店经营者乃至普通服务人员均需铭记基本的使命：为客人创造价值，为企业创造价值。尽管有时服务人员在处理宾客投诉时非常到位，以退款或减免收费的措施赢得了客人的满意，但如果服务成本过高而导致入不敷出，最终会对酒店

的收益产生不良影响。

（六）变被动接受投诉为主动问候征询的原则

客人的投诉发生之前大都有一个忍耐的过程。所以，要在客人投诉之前解决问题，从而减少投诉。

六、投诉处理的程序

面对投诉的客人，处理投诉的人员（大堂副理）要站立，保持谦恭的态度，用热忱、友好且不失刚毅的目光向客人施注目礼，亲切问候客人，使客人感到你既热情好客又具备解决复杂问题的能力。

（一）正常处理流程

1. 认真聆听并记录在案

集中注意力听取客人的投诉，注意倾听具体内容（时间、地点、经过、涉及人员），不打断客人的陈述，不反驳客人的意见，不与客人争辩。在客人面前做好详细的记录。这样做的目的如下：

（1）表示对客人的尊重。

（2）可以使客人讲话的速度放慢，缓和客人的情绪。

（3）是对客人的一种安慰，使客人确信酒店对其所反映的问题是重视的。

（4）记录的资料也是酒店处理客人投诉的原始依据。

2. 适当提问

通过适当的提问，一方面可以替客人理清思路，另一方面可以弄清投诉的症结所在。

3. 表示同情

对客人的遭遇表示同情、理解，并向客人表示歉意。常见用语为"对不起，发生这类事情，我感到很遗憾""我完全理解您的心情""这件事情发生在您身上，我感到十分抱歉""谢谢您告诉我这件事"，等等。

4. 记录投诉要点

为了表示酒店对客人投诉的重视，在认真听取客人投诉的同时要认真做好记录。记录内容包括客人投诉的内容、时间、客人的姓名等。尤其是客人投诉的要点，讲到的一些细节要记录清楚，并适时复述，以缓和客人的情绪。

5. 着手处理

在弄清原因后应迅速做出正确的判断。

（1）告之客人处理问题的方法和所需时间，并征得客人的同意，如有可能可请客人选择解决问题的方案和补救措施，千万不能向客人做出不切实际的承诺。

（2）考虑处理时间的合理性，要留有一定的余地。在顾及问题解决所需的时间时应尽量量化，即用具体的数字表示所需的时间（如10分钟、30分钟等）。

6. 采取行动

（1）当着客人的面与有关部门联系，对客人投诉的事件进行处理，或随客人到出事地点处理问题。

（2）如果是自己能够解决的问题，应迅速回复客人，告诉客人处理的情况。对一些超出自已处理职权的投诉，须及时向上级报告，尽快解决；暂时解决不了的投诉要耐心地向客人解释，取得谅解，并请客人留下姓名和地址，以便日后告知最后的处理结果。

（3）如在处理过程中出现意外情况，应及时告诉客人。

采取行动，切实解决问题。这是处理投诉最为关键的环节，这一环节的落实情况决定了客人对酒店的信任程度。

7. 检查落实

（1）主动与客人联系，反馈解决问题的进程及结果。当知道问题确实已获得解决时，还应询问客人是否满意。如果不满意，还要采取额外措施去解决。

（2）客人尚未离开酒店，而且发生的问题比较明了，确实属于店方责任，服务员及主管或经理要当面向客人道歉，并给予一定的补偿，达到让客人满意的目的。

（3）虽然客人尚未离开酒店，但发生的问题暂时不能立刻做出处理决定。遇到这种情况时，一定要让客人了解问题解决的进展程度，赢得客人的谅解，这样可以避免客人产生其他误会。

（4）如果客人已经离开酒店，店方要想方设法同客人取得联系，采取补救方法以挽回影响。如果无法与客人取得联系，服务员要将客人的投诉报告上级并记录在案，制定有效措施防止再发生类似问题。

8. 及时上报，归类存档

（1）向主管领导及时上报投诉中发现的问题、做出的决定或是难以处理的问题，征求领导的意见。特别是涉及个人自身利益的投诉，不要遗漏，更不应该故意隐瞒材料而知情不报。

（2）对于客人的建议性意见，可将整个处理投诉的过程加以汇总，归类存档，为今后的投诉处理方法提供借鉴，也可据此改进酒店的服务与管理。

（3）整理出的案例可作为培训内容，以改进员工的服务质量。

（二）升级处理流程

当投诉处理遇到阻力，比如和客人发生分歧等，可通过升级处理得到解决，升级处理可以缓解对立情绪，避免小事闹大。以下几种情况需要采用投诉升级处理流程：

（1）处理投诉所需采取的行动超出了受理员工的权限。

（2）可能对酒店的声誉或经济造成重大影响的投诉，如惊动新闻媒体的投诉要上报总经理。

（3）关系较复杂，牵涉到酒店多个部门的投诉。

（4）客人不接受受理员工提出的解决方案。

七、投诉处理的技巧

（一）受理投诉时的技巧

1. 积极倾听

（1）积极倾听，给客人发泄的机会，稳定客人的情绪。从客人的投诉中找出客人投诉的真正原因及客人对投诉的期望结果。因此，倾听客人投诉时不仅要了解事情的整个经过，同时还要掌握事情发生的细节。

（2）确认问题所在，并用纸笔将问题的重点记录下来。让客人觉得被尊重，缓和紧张的气氛，如果对于投诉的内容还不是十分了解，可在顾客将事情说完之后再请问对方。需要注意的是，需用询问的语气来提问，例如，“很抱歉，有一个地方我还不是很了解，是不是可以再向您请问有关……的问题。”并且，在对方说明时，随时以“我懂了”来表示对问题的了解状况。

2. 对客人表示同情和理解

要站在客人的角度上考虑问题，在感情上对对方表示支持，稳定客人的情绪，这是圆满解决问题的良好开端。注意身体语言和语言的使用，如点头、适当的笑容，也可说：“谢谢您告诉我这件事”“对不起，发生这类事，我感到很遗憾”“我完全理解您的心情”等。注意，态度一定要诚恳，不要急于表态，先做一个好听众。

3. 真诚道歉并表示感谢

要认识到向顾客道歉，并不等于在没搞清投诉的责任方是谁之前，就承认是酒店的错，这只是稳定客人情绪的方法。对客人提出的问题表示感谢，还可以让客人感到自己受到重视。尤其是在明确客人投诉事件上，酒店确实有过失的情况下，投诉处理人员更应马上道歉。例如，“这件事给您带来不便，对不起”“给您添麻烦了，非常抱歉”等。

4. 快速采取行动

对于客人的投诉，如果是自己能够解决的，应迅速回复客人，告知客人酒店的处理意见；对酒店服务工作的失误，应立即向客人致歉，在征得客人同意后，做出补偿性处理。快速处理是投诉处理最关键的一个环节，它是节约时间，不失信于客人的表现。

（二）答复投诉客人的技巧

对客人的投诉要及时做出答复，答复技巧如下：

（1）立即答复　对于信息充分、可以确定无疑地做出判断，并且有足够权限采取行动的投诉，受理人员应立即答复客人，越快越好。

（2）延期答复　对于那些还需要进一步调查或验证才能做出判断的投诉，或者没有足够权限采取行动的投诉信息，受理人员应告知客人延期答复的时限及通过何种方式来及时通知他们调查、验证的进展情况。

（3）转移答复 适用于不在自己职权范围内处理的投诉。

（三）与投诉客人沟通的技巧

在处理客人投诉时，要掌握以下与客人沟通的技巧：

（1）对事不对人　假如客人做错了事情，要顾及客人的自尊心，间接地指出其错误。不要直接指出客人的错误而惹怒客人，引起不必要的争吵。

（2）避免用下命令的语气　客人都不喜欢投诉的处理没有选择的余地。因此，要文雅地请求客人去做某件事，并说明这样做给他们带来的好处。常用的表达方法有“请您……”“我们最好这样……”，用建议代替拒绝。

（3）不要对客人说“不”字　因为“不”意味着拒绝客人，婉转地用“您可以”来代替说“不”，会得到客人的谅解。

（4）暂时回避　当自己的情绪控制不住，要对客人大叫时，那就找个理由暂时离开一会儿，让自己冷静下来，然后再去处理问题。为自己找一个合适的借口，表示出您愿意为客人服务。常用表达如“对不起，我要离开一会儿，去核实一下这方面规定”“这个问题我要征求一下上司的意见，一会儿回来”等。

（5）叫客人的姓名　如果客人不停地大声嚷嚷，不给你说话的机会，你可以在说话之前先叫他的名字，大多数人在听到自己的姓名时会停下来倾听。

（四）对待难缠客人的技巧

难缠的客人是指用非常规、破坏性手段，使别人注意自己的客人。这样的客人由于心理上缺乏安全感，实际处理投诉时，非常难以沟通。但处理上还是应该尽量使他们有一种被理解、受欢迎、受尊重的感觉。

（1）一定要保持冷静　就事论事，而不要指责客人，更不能变指责为一种互相之间的人身攻击。记住一点，客人不是对你有意见，而是对你的服务有意见，服务人员应学会控制自己的情绪。

（2）专注于解决问题　投诉处理人员是一个问题的解决者，当问题解决了，投诉自然也就解决了。

（3）多多征求对方意见　使客人感到受尊重、受重视，目的是了解客人的真实想法。

（4）礼貌地重复　如果客人一直坚持某种无理要求，你不要直接回绝，而应当明确告诉他，你能够做些什么。不断地重复这一点，有礼貌地坚持你的原则，让客人明白你的底线在哪里。

（5）寻求帮助　如果客人变得难以控制或要使用暴力时，就应寻求帮助，请出你的上司或报警。

（五）采取行动的技巧

投诉处理所采取的行动，包括赔礼道歉、重新服务、升格服务、采取补救措施、退款、赔偿损失、赠送礼品或优惠券等。采取何种行动，要根据引起投诉的不合格服务的种类而定。不合格服务可以分为两种：

（1）过程不合格　这是指服务过程中出现的不合格。例如，服务态度差、等候时间过长等。过程不合格通常没有影响到过程的结果，没有给客人带来物质上的损失，但给客人带来不愉快的感觉。通常采取赔礼道歉的措施即可。

（2）结果不合格　这是指提供的最终服务产品不符合客人的要求。例如，菜品质量差；卫生间地面湿滑，使客人摔伤等。结果不合格会给客人带来精神和物质的双重损失。除赔礼道歉外，还应该考虑到客人在物质上遭受的损失及由此引起的额外损失，采取升格服务、退款、赔偿损失、赠送礼品等措施，使客人获得大于其所支付成本的价值。通常采取货币成本、时间成本和精力成本等处理方式。

八、减少投诉的对策

（一）进行零缺点服务质量管理

要求每个人都在第一次就把事情做对，激励并帮助员工把每项工作都做得合乎标准。

（二）加强与客人的沟通

主动与客人沟通，了解客人需求的变化趋势及对服务的要求情况，及时改进工作，减少投诉事件的发生。

（三）注重改善服务质量

通过日常工作的监督、控制，注重服务人员思想观念的更新、业务技能的提高，增强其礼貌修养、工作的责任心，改进服务态度，最终通过改善服务质量来提高客人的满意率。

（四）做好酒店的安全控制

现代旅游是一种高级的消遣和娱乐，需要舒适的服务和安全的保障。酒店是客人旅游期间主要的活动场所，毫无疑问，酒店安全在旅游安全中占有重要地位，直接影响旅游的质量，从而影响旅游业的发展。只有保证酒店的安全运营，酒店的长期经营效益和平稳运营才能得到保障，客人才能在酒店具有安全感，从而为提高酒店服务质量，提升顾客满意度打下基础。

（五）做好酒店内各部门消防、治安的监督控制工作

制定严格的规章制度，维护好酒店的治安环境，保障在店客人的人身、生命、财产安全。

（六）加强设施设备管理

及时了解酒店的设施设备情况，及时更换、维修、保养酒店现有的设施设备，保证这些设备性能完好，并以优良的状态为客人服务。

（七）建立客人投诉档案

通过大堂副理日志、顾客投诉意见单等形式记录投诉的情况，并定期整理，形成酒店全面质量管理的依据，以便做好总结、反思问题，改进日后的工作。

【项目练习】

一、讨论

1. 你认为个性化服务重要吗？为什么？请你分别就“蜜月”“金婚”“学术研讨会”“海外观光团”为主题，为酒店分别设计系列化的个性服务。

2. 我们常说“顾客是上帝”“客人永远正确”，但我们相信，几乎酒店的每一位服务员都能够举出例子来证明“客人并非总是对的”。请你谈一谈这里的辩证关系。

二、案例分析

一天上午，某酒店大堂结账处有许多客人正在结账，1108房间的刘先生也来到前厅结账。这时，结账处接到楼层服务员报告：“1108房间少了两个高档衣架。”收银员小陈立即微笑地说：“刘先生，您的房间少了两个衣架。”谁知客人好像早已有所准备，立刻否认带走了衣架。收银员小陈马上意识到出了问题，便立即通知了大堂副理，大堂副理在前厅处找到了刘先生。大堂副理对刘先生说：“刘先生您好，麻烦您过来一下好吗？”客人随着大堂副理来到了大厅的僻静处。“刘先生，您没拿衣架，那么有没有可能是您的亲朋好友来拜访您时顺便带走了衣架呢？”大堂副理婉转地向客人表述酒店要索回高档衣架的态度。

刘先生说：“没有，我住店期间根本没有亲友来过。”

“请您再回忆一下，您会不会把衣架顺手放到别的地方了？”大堂副理顺势提醒刘先生。

“以前我们也曾发现过一些客人住过的房间衣架、浴巾、浴袍之类的物品不见了。但他们后来回忆起来，或是放在床上，或被被子、毯子遮住，或裹在衣服里带走了，您能否上去再看看，会不会也发生类似情况呢？”大堂副理干脆给了刘先生一个明确的提示。

“一个破衣架，你们真麻烦，还是我上去找一下吧。”刘先生觉得越是拖延下去对自己越

没有什么好处，便不耐烦地说。

大堂副理：“您可以让我帮您看管一下您的箱子吗？”

“不用，不用，”刘先生忙摇着头，边说边急匆匆地提着箱子上了电梯，大堂副理和收银员会意地相互看了一眼。

不一会儿，刘先生下来了，故做生气状地说道：“你们的服务员也太不仔细了，衣架明明就掉在沙发后面嘛！”大堂副理知道客人已经把衣架拿出来了，就不露声色同时很有礼貌地说：“实在对不起，刘先生，麻烦您了。”为了使客人不感到尴尬，大堂副理还很真诚地对客人说：“刘先生，希望您下次来，还住我们酒店！我们随时欢迎您的再次光临，谢谢！”

思考题

请用宾客关系的相关知识分析此案例给我们的启示。

【项目实训】

一、实训要求

1．实训目标

学会进行酒店外部与内部沟通，本部分的实训重点是针对如何处理顾客投诉而展开。

2．实训课时

4课时。

3．实训方法

教师先讲解示范，然后学生按程序模拟与发挥，学生观察并相互点评，教师指导纠正。

二、实训内容与步骤

1．实训内容

（1）了解常见客人投诉类型；

（2）练习处理投诉的基本程序；

（3）通过小组练习教师指点让学生掌握处理客人投诉的技巧；

（4）通过妥善处理投诉，建立良好的宾客关系。

2．实训步骤

（1）设计案例；

（2）学生分析案例；

（3）小组讨论；

（4）小组演示；

（5）教师指导。

三、实训考核

前厅部顾客投诉处理实训考核标准

考核内容	评分标准	配分	得分
聆听客人投诉	真诚、专注，客人感受到被重视	10	
安抚客人	语气温和，语言温暖	20	
了解情况	有针对性，能快速找出问题症结所在	15	
向客人致歉	诚恳、热情，能平缓客人情绪	15	
给客人相应补偿	补偿切合实际，既能安抚客人，又考虑酒店成本	15	
建立顾客档案	详实、条理清晰，能被快速检阅到	10	
会议总结	客观、全面、合理	15	

项目八

前厅部人力资源管理

■ 知识目标

❶ 了解前厅部各级管理人员的岗位与素质要求
❷ 掌握前厅部员工招聘、培训的程序和方法
❸ 掌握前厅部员工的定编方法

■ 技能目标

❶ 能够设计前厅部员工的招聘计划书
❷ 能够模拟展开前厅部员工的招聘、培训等流程
❸ 能够给酒店前厅部员工完成实际定编操作

【案例导入】

—上海浦东香格里拉大酒店的人力资源管理—

一、获取（选人）——层层筛选

在香格里拉大酒店，员工被分为5个级别，1～3级都是中高层的管理人员，他们的面试分为3轮：第一轮的面试官是人力资源部，第二轮为部门主管，第三轮则由总经理亲自面试。4～5级为基层员工，他们中除了厨房和客房人员外，其他各部门的员工必须熟练掌握英语。这些人员主要来自应届毕业生，由于考虑到招聘数量的巨大，上海地区可能无法满足，他们每年会去大连、沈阳、青岛等地招聘所需要的员工。

此后的6月至12月，招聘到的员工会被派往酒店的各部门进行实习，在此期间，会有专门的老师对他们进行带教和考核。每月或者每两个月，老师会将所有学员的表现向人力资源部汇报。基本上80%的学员能够期满转正，然后正式进入酒店工作。通常，公司每个新进的员工，都会经过总经理的亲自审查，主要是通过交谈观察他们是否热情。

二、激励（用人）——内部晋升

集团愿意让员工看到他们在集团内的发展空间。职位出现空缺，优先考虑酒店内部员工，从内部调整或晋升。香格里拉（中国）90%的管理层都是通过酒店内部晋升或调动的。2005年中国地区有109名管理层在酒店之间进行调动。本着公平公开的原则，合理进行人员调配，达到“人尽其才，才适其位”的用人宗旨，让员工看到自己在集团内的职业生涯发展前景，使员工的工作充满了无穷的动力。

三、开发（育人）——“回炉”再造

香格里拉大酒店也很重视员工的发展，每家酒店都会给员工进行英语培训，而这种培训会根据公司上下不同级别，不同部门的员工专门制定系统的培训进程。同时，香格里拉还给每个员工网上学习的机会。另外，在北京的香格里拉集团还设有一个香格里拉学院，提供一些证书类学习课程，如英语、前台、餐饮服务、厨房、客房服务等，也有高级人员的培训证书。这些证书将在所有香格里拉内通用。他们还设想在将来，所有新员工能进入这所学院进行短期培训，然后再将他们分配到不同的区域酒店内工作。

四、保持（留人）——注重沟通

香格里拉大酒店把员工视为自己最重要的资产，因此认为定期的员工沟通是必不可少的。总经理很重视每月一次的员工大会，每个基层部门的代表都会在会前统计好本部门员工的意见和建议，有时甚至是一些很琐碎的事情，如某些员工对福利不满意、更衣室的挂钩不够用等。管理层也会通过这些会议让基层员工知道公司的决策，下一步该做些什么。

案例分析 酒店最重要的是人才，酒店人力资源管理是酒店管理中不可或缺的一环。由于前厅部在酒店所有部门中所处的核心枢纽地位，决定了前厅部人力资源管理又是酒店人力资源管理中最重要的内容之一。部门经理、主管等管理人员与酒店人力资源部门共同协作，承担起前厅部人力资源的开发、招聘、培训及员工定编定岗等管理工作。

任务1 前厅部管理人员“岗位说明书”

一、前厅部经理

（一）前厅部经理工作内容简介

前厅部经理要将管理原理运用到工作中去，并通过前厅部员工的共同努力，使每一位客人都能感受到热情、关爱、安全、高效的酒店服务。前厅部经理在工作中会遇到来自不同方面的挑战，如对前厅部员工进行有关酒店电脑管理系统的培训，在提供服务与追求利润之间如何保持一种微妙的平衡，在部门内部以及与其他部门之间如何保持良好的沟通等。

为了实施有效的管理，前厅部经理有权支配以下基本要素：员工、设备、客房、预算资金和各种销售机会。前厅部经理通过支配上述要素，实现酒店的各项利润指标。为了符合酒店经营的指导思想和有关规章制度，前厅部员工应当得到适当的培训。经过培训，每一位员工都应当树立起服务意识，了解服务态度对于客人及整个酒店业的重要性。员工工作的环境和气氛应能够激发员工的士气，培养团队精神。对于酒店而言，每一间未出租的客房都意味着一次失去的销售机会，这是对前厅部经理的直接挑战。前厅部必须与酒店市场营销部门密切合作，实施广告促销和现场销售战略。因此，应对前厅部员工进行培训，使他们能够抓住每一次销售机会，销售酒店产品，确保酒店各项财务指标的实现。由前厅部经理和酒店总经理共同完成的预算方案，表明前厅部经理对酒店的经济效益和资金的运用具有很强的控制能力。工资的确定、设施设备及用品的采购、每日销售机会的掌握以及对客人收费情况的精确记录，都使得前厅部经理能够有机会表现其管理技能。

（二）前厅部经理的“岗位说明书”

“岗位说明书”详细地列出了前厅部经理的主要任务和岗位职责。

前厅部经理的“岗位说明书”（Job description for a Front Office Manager）

直接上级：房务总监/总经理

直接下属：前厅部副经理、各主管、大堂副理、文员

岗位职责：

（1）全面主持部门工作，提高部门工作效率和服务质量，力争最大限度地提高房间出租率。

（2）贯彻执行总经理下达的营业及管理指示。

（3）根据酒店计划，制定前厅部各项业务指标和规划。

（4）按照有关要求，制作未来一个星期、一个月或其他时间段的客房销售预测表。

（5）对各分部主管下达工作任务并指导、落实、检查和协调。

（6）组织主持每日主管工作例会，传达酒店例会工作要点，听取汇报，布置工作，解决难题。

（7）确保员工做好前厅部各项统计工作，掌握和预测房间出租情况、订房情况、客人到店和离店情况以及房间账目收入等。

（8）参与制定并最终提交前厅部员工的预算草案。

（9）负责前厅部员工的招聘和培训工作。

（10）在前厅部员工之间建立和发展良好的沟通体系。

（11）检查、指导前厅部所有员工及其工作表现（包括员工的仪容、仪表和制服的卫生情况），对前厅部的日常运作进行监管（包括预订、入住登记和结账离店等过程），保证酒店及部门规章制度和服务质量标准得到执行，确保前厅部各部门工作的正常运转。

（12）每月审阅各部门主管提供的员工出勤情况。

（13）对前厅部员工进行定期评估，并按照奖惩条例进行奖惩。

（14）与酒店其他部门经理之间建立良好有效的沟通与协调制度，以便为客人提供优质的服务。

① 与销售部的协调，每天与进、离店的团队协调配合，在团队到达前七天内及时了解该团队的具体要求，并通过销售部做好团队的善后工作。同时，参与酒店客房及其他产品和服务销售计划的制订。

② 与客房部及工程部协作，确保大厅及公共区域的卫生状况良好，设施设备运转正常。

③ 与计算机部经理紧密配合，熟悉计算机程序，确保计算机的安全使用。

④ 就顾客的账务纠纷与酒店财务总监及有关部门经理沟通。

（15）协助总经理处理发生在大堂的特殊事件。

（16）每日、每月批阅由大堂副理提交的客人投诉记录及汇总表，亲自处理贵宾的投诉和客人提出的疑难问题。

（17）密切保持与客人的联系，经常向客人征求意见，了解情况，及时反馈，并定期提出有关接待服务工作的改进意见，供总经理等参考决策。

（18）如总经理或其他管理部门要求，应履行其他义务。

（19）检查VIP接待工作，包括亲自查房、迎送。

（20）与社区或商务公司领导人保持良好的业务关系。

二、前厅部其他管理人员

（一）前厅部副经理

前厅部副经理的“岗位说明书”（Job Description for a Deputy F. O. Manager）

直接上级：前厅部经理

直接下属：前厅各组主管

岗位职责：

（1）协助前厅部经理管理前台的各项日常工作，当前厅部经理不在时，代行其职，保证前厅部各环节的正常运转。

（2）检查前厅部各部门工作（包括仪表仪容、工作表现等），为前厅部经理写出报告。

（3）及时处理客人投诉并及时反馈。

（4）对 VIP 的接待工作予以关注。

① 根据报告，检查当天的到店情况，确认其特殊要求已经准备好。

② 检查 VIP 房间及鲜花、水果、刀叉等是否准备好，如果发现房间等有差错，应及时通知有关部门。

（5）处理超额预订问题。

（6）检查酒店的后台工作（夜班），大厅和客人活动区域，包括门外停车区。确保检查过的每个区域没有问题（如发现有意外情况，及时与有关部门联系并记入交班本中）。

（7）与保安部配合，对可疑客人加以控制。

（8）报告并记录酒店内的一切异常情况。

① 事故报告必须在同一天内呈送前厅部经理及有关部门经理和酒店领导。

② 如有财产物品丢失或人员伤亡，写出报告及时通知客人并索要费用。

（9）亲自培训员工。

（10）与计算机部经理协调配合，保证计算机系统的正常运作。

（11）执行前厅部经理或管理部门交给的其他任务。

素质要求：

（1）头脑灵活，反应快。前厅部随时可能出现各种复杂的情况和事件，要求前厅部经理应灵活妥善地加以处理。

（2）熟悉前厅部、客房部、销售部工作，略懂餐饮、工程、财务等知识。

（3）高级英语水平，能用英语处理日常事务。

（4）了解市场状况，掌握酒店经营及管理动态。

（5）善于处理各类投诉。

（6）善于交际，风度优雅，谈吐大方。

（二）前台主管

前台主管的“岗位说明书”（Job Description for Front Desk Supervisor）

直接上级：前厅部经理

直接下属：领班

岗位职责：

（1）协助前厅经理检查和控制前厅的工作程序，全面负责前厅的接待和问讯等日常工作，督导员工为客人提供高效优质的服务。

（2）主持前厅工作例会，上传下达，与相关部门做好沟通、合作与协调工作。

（3）随时处理客人的投诉和各种要求。

（4）每天检查员工外表及工作情况。

（5）对员工进行培训并进行定期评估。

（6）下班之前与预订部核对当日及次日的房态。

（7）检查有特殊要求客人的房间并保证这些特殊要求得到关照。

（8）及时申领物品，保证前台有足够的办公用品。

（9）协助大堂副理检查大厅卫生，陈列酒店介绍等宣传品，并在用餐时间，临时接替大堂副理的工作。

（10）按要求每月制作有关报表并送至公安部门。

（11）完成前厅经理或其他管理部门所交给的任务。

素质要求：

（1）思维敏捷，具有协作精神。

（2）熟悉本部门的各项工作程序和标准。

（3）具有一定的计算机软件知识，打字熟练。

（4）五官端正，口齿清楚，气质高雅。

（5）英语口语良好。

（6）有三年以上国际酒店前台领班工作经验。

（7）能够适应超时工作。

（三）前台领班

前台领班的"岗位说明书"（Job Description for Front Desk Captain）

直接上级：前台主管

直接下属：接待员

岗位职责：

（1）协助主管的日常工作。

（2）检查、督导前台员工按照工作程序和标准为客人提供优质服务。

（3）重视客人的要求及投诉，尽最大努力予以答复，遇不能解决的问题及时报告主管。

（4）确保入住登记单详细、准确、清晰并符合有关部门的规定。

（5）通知有关部门关于到店房、换房、VIP房和特殊安排房等情况。

（6）每天检查和准确控制房态。

① 每日定时（上午9点、下午4点和晚11点）根据客房部提供的房态表核对房态。

② 每天定时（中午12点、下午5点和晚10点）认真检查已结账的房间是否已从计算机中销号。

③ 如有换房或调价，应记录存档。

（7）详细记录交班事项，如有重要事件或需下一班继续完成的事情都应详细记录，并在交班时签上自己的名字。

（8）确保所有的信件、邮包和留言的发送、存放、记录存档无误。

① 每天上午10:00、中午12:00、下午4:00和晚9:00，检查邮件、信件、留言。

② 若发现有未送出的，应及时通知或检查留言灯。

（9）遇到处理不了的特殊情况，如客人不按期到达、延长住房日期、提前离店、客人投诉以及其他紧急事件，要及时上报主管或大堂副理。

（10）完成经理分派的其他工作。

素质要求：

（1）五官端正，气质高雅，口齿清楚。

（2）了解旅游景点及娱乐等方面的知识和信息。

（3）能够进行熟练的打字和计算机操作。

（4）良好的英语口语水平。

（5）两年以上酒店前厅工作经验。

（6）有一定的管理能力。

（7）性格活泼，思维敏捷，理解能力和自控能力强，善于应变。

任务2 前厅部员工的招聘与录用

一、前厅部员工的招聘

（一）招聘的含义

招聘是指在企业总体发展战略规划的指导下，制订相应的职位空缺计划，并决定如何寻找合适的人员来填补这些职位空缺的过程。它的实质就是让潜在的合格人员对本企业的相关职位产生兴趣并且前来应聘这些职位。

招聘活动的目的是把相关的人员吸引到本企业来参加应聘，而如何从应聘者中挑选合适的人员，是选拔录用要完成的任务。所以招聘活动并不要求对应聘人员进行严格的挑选。

招聘活动所要吸引的人员应当是企业需要的人员，即要把那些能够从事空缺职位的人员吸引过来，这可以看作是对招聘质量方面的要求。招聘活动吸引人员的数量应当是适当的，这是对招聘工作数量方面的要求。

（二）招聘的方式

员工招聘方式主要有内部招聘和外部招聘两种，各有其优缺点。

1. 内部招聘

内部招聘涉及现有员工的调动或晋升。前厅部现有员工想在本部门有所发展，其他部门的员工则可能想调到前厅部工作。通过这种形式的招聘，经理们得以接触那些熟悉酒店或熟悉前厅部的申请人，还可以接触技能已得到证实的申请人。内部招聘能提高员工的士气和生产力。对于能给予提高技能、知识、地位和收入机会的酒店，员工会表现出较大忠诚度。许多行业领导，包括公司董事长、副董事长以及总经理，就是通过内部招聘而提升上来的。以下总结了内部招聘的优缺点。

内部招聘的优点和缺点：

（1）优点

① 提高被晋升员工和其他员工的士气。

② 经理能更好地了解内部招聘来的新手的能力，因为他们的工作表现已经经受了长期的观察。

③ 主管和管理岗位的内部招聘会带来一系列晋升（每个空出的岗位由一个人去补充），能强化“内部职业阶梯”。

④ 内部招聘的成本低于外部招聘的成本。

（2）缺点

① 内部招聘推动“近亲繁殖”。

② 内部招聘会在被晋升遗漏的员工中引发问题。

③ 通过内部招聘填补一个部门的空缺，可能会造成另一部门更重大的职位空缺。岗位空缺出现以后，前厅部应及时张贴公告（有的酒店认为，在对外宣布之前应先向内部员工公开各个岗位），公告应张贴在员工休息或工作区域中显眼的位置，有的酒店还张贴在入口处。员工们知道这些消息以后，常常会鼓励合格的朋友或熟人来申请。公告的内容应是全面的，要充分说明工作内容，指出最低任职要求和需要的技能。公告还应该告诉申请人该项工作是日班、夜班，还是周末班，有的酒店还公告准确的工资额。在国外有些酒店里，员工在现岗不达一定期限不可申请。在这种情况下，公告中应明确声明这项要求。

2. 外部招聘

前厅部经理也可以从酒店外招募人员来填补空缺岗位。新员工能贡献创新的思想、独到的观点，以及创造性的办事方法。外部招聘工作包括上网招聘、临时职业介绍机构，以及员工推荐介绍计划。以下总结了外部招聘的优点和缺点。

外部招聘的优点和缺点：

（1）优点

① 外部招聘把新鲜血液和新的思想带进酒店。（外部来的新成员不仅能提供新的想法，还能带来关于竞争对手在做什么、怎样做的信息。另外，外来新成员能提供对酒店的新看法，有时这些新看法能强化现有员工的工作满意度。如外来新员工可能会说到这样一类事情，“你们的厨房比我以前工作的某酒店的厨房干净多了”，或者“这里员工的互助态度使我在这里比在老地方工作愉快多了”）。

② 外部招聘也是酒店广告的一种形式（报纸广告、招贴画、公告牌通知等，提醒公众关注酒店的产品和服务）。

（2）缺点

① 找到一个适合本酒店文化和管理哲学的人会比较困难。

② 会打击现有员工的士气。

③ 外部新手比内部人员需要更长的入职培训时间。

④ 外部招聘会在短期内降低生产率，因为外来新手不如内部人员操作快捷或有效，同时还会引起员工之间的矛盾。

（三）影响招聘活动实施的因素

在实践中，招聘活动的实施是受到多种因素影响的，为了保证招聘工作的效果，必须对这些因素有所了解。这些因素，归纳起来主要分外部因素和内部因素两大类。

1. 外部因素

（1）国家的法律法规 国家的法律法规对企业的招聘活动具有限制作用，它往往规定了企业招聘活动的外部边界。例如，法律规定，企业的招聘信息中内容不能涉及性别、种族和年龄的特殊规定。如果在招聘信息中出现“女，35岁以下”之类的字眼，就要受到法律的制裁。

（2）外部劳动力市场 当企业内部没有合适人选时，就要进行外部招聘，即在外部劳动力市场招聘。因而，市场的劳动力或人才的供求状况将影响到招聘的效果。当劳动力市场的供给小于需求时，企业吸引人才就会比较困难；反之，当劳动力市场的供给大于需求的时候，企业吸引人才就会比较容易。在分析外部劳动力市场的影响时，一般要针对具体的职位级别和职位类别来进行。

（3）竞争对手 在招聘活动中，竞争对手的影响因素也是必须要考虑的重要因素，应聘者通常是在进行比较之后才做出决策。因此，一定要了解竞争对手的招聘策略、竞争对手的优势和劣势，充分展示本酒店的优势，增强本酒店的吸引力。

2. 内部因素

（1）酒店的招聘预算 酒店招聘预算的多少会直接影响酒店选择何种招聘的方法、在哪些范围内进行招聘、选择何种媒体进行广告宣传等，而这些都将直接影响招聘的效果。招聘预算一般包括以下几项费用：

① 业务费用：包括招聘人员的差旅费、广告费（在报纸、杂志、互联网、广播电视等媒体发布广告的费用）、资料费（酒店设计、印刷室材料和求职表的费用）、通信费（电话费、上网费、传真费和邮资等）、办公用品费（纸张、文具的费用）、为获取信息而支付的专业咨询和服务费以及给推荐了合格人选的人员的奖励费等。

② 人工费用：招聘人员的薪酬福利，以及因招聘工作而产生的加班费、交通费、餐费等。

③ 其他费用：包括水电费、设备折旧费、物业管理费等。

通常情况下，人们只考虑到刊登广告或支付给中介机构的这类直接发生的费用，而忽略了人工成本、办公费用及其他费用，这使得计算出的招聘成本无法确切地反映出因招聘而产生的真实费用，对招聘的效果进行评估时就缺乏准确性。

（2）酒店的招聘政策 招聘通常通过内部招聘和外部招聘两个渠道进行，而采用哪种渠道或偏重于采用哪种渠道，往往取决于酒店的招聘政策。有些酒店为给内部员工提供更多的调动和晋升的机会，侧重于内部招聘，有些酒店则认为需要多一些“新鲜血液”而更愿意采用外部招聘的方式；有些酒店更愿意在学校进行招聘，有些酒店则倾向于在社会上进行招聘，有些酒店根据所要招聘的空缺职位的级别及劳动力市场的人才稀缺状况通过人才中介招聘。

（四）招聘程序

1. 确定空缺职位和职位要求

确定空缺职位和对任职人员的要求是整个招聘工作的起点。只有明确前厅部的空缺职位以及职位的具体要求（包括需要具备什么条件的人员、需要该人员何时到岗等），才能够开展招聘工作。职位空缺的确定，要以人力资源规划为基础，根据前厅部的人员编制和在职人员的数量加以确定。对任职人选的要求应根据该职位的《岗位说明书》（Job Descriptions，有些酒店也称为《岗位职责描述》）中所列的任职条件而定，这些要求包括对任职人选的学历要求、个人素质要求、专业水平和专业技能要求、语言沟通要求、从业经验要求等。

2. 选择招聘渠道

一般来说，企业的招聘渠道有两类，即内部招聘渠道和外部招聘渠道。为了体现企业对内部人才的重视，以及企业提供给内部员工的发展空间，大多数酒店制定的招聘政策规定，一旦酒店内有职位空缺，应该首先将机会留给其内部员工，即先从内部挑选、调任或提升相关的人才。内部招聘渠道及其方式主要表现为刊登内部招聘启事，通常在员工告示栏上刊登职位空缺和职位要求信息，供内部员工自荐或推荐他们认识或了解的人选。

当酒店通过内部招聘无法寻求到合适人选时，就必须通过外部招聘渠道进行招聘。外部招聘渠道通常有以下几种：

（1）在报纸、互联网、广播甚至电视上刊登广告，吸引应聘人选；

（2）通过校园招聘吸引大中专院校毕业生；

（3）通过社会上的各种招聘会进行招聘；

（4）通过同行企业间相互推荐人选的方式进行招聘；

（5）通过猎头公司、人才服务中心或人才服务公司招聘人才。

酒店最终选择哪一种或哪几种渠道进行招聘，取决于酒店的招聘政策以及酒店的招聘预算。不论通过哪种招聘渠道，酒店的人力资源部都必须非常清楚地说明空缺职位的名称、职位任职人员的主要工作职责以及对任职人员任职条件的要求。这样，求职者可以根据自身条件决定是否应聘，而负责招聘工作的人员也可以用公开、公平、公正的标准对应聘者进行筛选。如果酒店通过猎头公司、人才服务中心或人才服务公司等中介机构招聘人才，酒店明确规定的招聘要求更有助于提高中介公司推荐入选人员的质量，避免人力和财力的浪费。

需要指出的是，酒店在选择招聘渠道时，一定要先了解自己招聘的目标市场以及所采取的招聘渠道所面向的人才市场。例如，如果酒店打算通过在报纸上做广告进行招聘，酒店的人力资源部人员就首先必须了解不同报纸的发行量和主要读者群、刊登较多招聘广告的报纸类型及读者关注较多的报刊等，然后再决定在哪份报纸上刊登广告、在报纸的哪一版刊登广告、刊登多大尺寸的广告。至于广告内容的构思和设计，酒店的人力资源部和公关部应共同关注。一般来说，广告一定要让人清楚地了解哪家酒店在进行招聘。广告要引起人们的注意，要能激发有意求职者（或称主动求职者）和当前无意求职者（或称被动求职者）对所刊登的空缺职位的兴趣，从而唤起他的应聘愿望，促使他们采取行动，投递求职信或个人简历。

3．制订招聘计划

酒店人力资源部根据酒店的人员需求和人才市场的供求状况制订招聘计划。招聘计划应该包含以下内容：

（1）需招聘的职位及职位要求；

（2）决定采用的招聘渠道及吸引人才的方法；

（3）招聘的预期效果；

（4）招聘的费用预算。

4．实施招聘计划

当招聘计划得到批准后，人力资源部就必须和前厅部一起按计划开展招聘工作。

二、前厅部员工的选拔录用

（一）选拔录用的含义和意义

选拔录用又称为人员甄选，是指运用一定的手段和工具对求职者进行考核和评估，区分他们的人格特点和知识技能水平，预测他们未来工作表现，从中挑选出酒店所需要的、适合职位要求的职位空缺填补者。

选拔录用应包括两个方面的工作：一是评价应聘者的知识技能水平、经验、能力和个人素质；二是预测应聘者未来在酒店的工作表现。很多企业在选拔录用人选时将注意力过多地集中于前者，而忽略了后者，其实后者对企业来说才更有意义。前厅部员工的选拔录用由人力资源部门和前厅部共同完成，最终的录用决策应首先尊重前厅部的意见。

选拔录用要以空缺职位所要求的任职条件为依据来进行，只有那些符合职位要求的应聘者才是酒店所需要的。选拔录用的结果直接决定着酒店是否能正常运营，影响着酒店人力资源管理的有效性，以及酒店人力资源管理和劳动力成本的开支。

酒店为保证新录用的人员能够很快熟悉企业文化、酒店的各项规章制度和运作规程，一般都会对新入职的各级员工进行入职培训。如果录用的人员经培训后发现不符合职位的要求，在所有的培训结束后不能很快胜任工作，对酒店来说，在招聘、录用和培训工作上的花费是极大的浪费，更有甚者，不符合职位要求的人员不但会影响酒店的管理和服务质量，他们的离职还导致酒店不得不再次招聘。另外，即使酒店招聘录用了酒店认为合适的人才，而该人才与酒店的企业文化格格不入，也会导致新入职人员由于不适应而选择离任，这也会造成工作时间和财力的浪费，并影响酒店的管理和服务水平以及在职人员的工作情绪。对于录用了的不符合职位要求的人员，酒店通常有三种解决办法：一是对该人员进行进一步的培训，这就增加了酒店培训的开支和培训开发的工作量；二是将该人员调换至其他岗位，这就增加了人力资源管理的工作量；三是解除酒店与该员工的劳动合同，这不但增加了人力资源管理的工作量，而且还可能需要酒店支付一定的赔偿费。如果处理不当，还会给酒店带来劳动争议或纠纷。由此可见，选拔录用相对于招聘活动来说，对酒店人力资源管理的影响更为直接。

（二）选拔录用的程序

在酒店管理中，人才的选拔录用一般遵循下述程序。

1. 审阅候选人简历

审阅候选人简历是人才筛选的最初工作，主要是通过阅读应聘者的简历，了解其受教育程度、工作背景、任职资历等，并对照前厅部相应职位的任职要求，判断该应聘者是否可以作为候选人员。

2. 进行面试

面试是指面试者对照相关职位及其任职条件的要求，通过与候选人进行面对面的交流和沟通，收集有关候选人的全面信息，并对所收集的信息进行评估，做出是否录用决策的一种方法。

在酒店业中，主要采用面试作为人才筛选的工具。面试的方式可根据面试人数分为一对一面试、陪审团式面试、集体面试三种。陪审团式面试是指由多个面试者对一个应聘者进行的面试；集体面试指的是一个面试者同时对多个应聘者进行的面试。通常情况下，酒店到学校招聘实习生时，多采用集体面试的方法。酒店面试一般采用系列式面试而不是一次性面试。初试一般由人力资源部负责招聘工作的人员进行。初试通过后，候选人需要经过用人部门的负责人的面试。根据职位级别和酒店的有关政策规定，有些职位的候选人还要经过酒店驻店经理或副总经理乃至总经理的面试。

面试的目的是有针对性地进行信息收集，即收集反映候选人工作或教育履历、技能水平、实际工作经验、兴趣和工作愿望或动力等各方面的信息，以便通过候选人过去的行为初步预见其未来可能发生的行为，从而做出录用决策。

面试过程中，面试者会根据职位要求和对任职人员的工作经验、知识水平、工作技能、工作能力和行为表现等方面的要求对应聘人的各项能力进行了解和考核。面试考核是一种目标选才的过程。面试者是根据相关职位的《岗位职责描述》中阐述的该职位的岗位职责和任职条件来面试考核的。这样，面试者就能够将面试重点放在获取最重要的信息上，避免只通过单项能力的考核就做出录用决策，确保全面收集体现应聘者各项能力和表现的资料，从而公平地评估和选择候选人。

面试过程是一个主观性较强的过程。因此，在面试进行中会出现如下问题：

（1）相似性错误　许多面试人容易对与自己相似（兴趣、个人背景甚至外表等方面）的候选人产生积极反应，而对与自己不同的候选人反应消极。

（2）对比性错误　应该把候选人与岗位设定的标准相比较，而不是把他们互相对照。如果在候选人之间对比，那个平平之辈看上去就会比很差的人突出，从而引起对比性错误。

（3）过于看重负面信息　人类的本性就是更关注负面信息。面试者看自荐材料或申请的时候，会倾向于寻找负面的而不是正面的资料，在面谈中也会发生这样的情况。

（4）第一印象错误　许多面试人会对候选人产生强烈的第一印象，并且在面谈中自始至终保持这一印象。

（5）光环效应　有时候，候选人某一方面（外表、背景等）给面试人的好印象会给他的总体印象增辉。在这种喜爱的光芒下，面试人看候选人的一言一行时都会产生光环效应。

（6）魔鬼的号角　光环效应的对立面。这种情况常常会使面试人用不喜欢的眼光看待候选人的一言一行。

（7）近期错误面试　人容易记住候选人最新的行为或反应，而记不住面试中稍早发生的行为和反应。

（8）非言辞因素　非言辞因素如服装、微笑、说话方式和目光接触等，都会影响面试人对候选人的印象。有的面试人只根据候选人的服装和举止来下决定聘用人选。

【知识拓展】

— 面试样题 —

与工作背景有关的

- 你每周工作 40 小时吗？加班多少时间？
- 你的总额工资和到手工资各是多少？
- 有什么福利？你要为这些福利付多少钱？
- 你想要什么样的工资或薪金？你能接受的最低数额是多少？
- 你最希望把工作安排在一周中的哪几天？
- 以前周末工作过吗？在什么地方？有多久？
- 你最喜欢的工作班次是什么？你不能上什么班次？为什么？
- 你喜欢每周工作多少小时？
- 你怎么来上班？
- 对于可能要工作的班次来说，你的交通方法可行吗？

- 上一份工作是什么时候开始的？做到什么职位？你现在的职务或你离开时的职务是什么？
- 你现在的工作或上一份工作的起始工资是多少？
- 在现在的工作或上一份工作中，多久涨一次工资？
- 在下一份工作中，你想要避开的三件事是什么？
- 你希望主管有什么样的素质？
- 你为什么选择这一行？
- 你为什么有兴趣在本酒店工作？
- 什么工作经历对你的职业决定影响最大？

教育和智力

- 在学校的时候，你最喜欢哪些学科？为什么？
- 在学校的时候，你最不喜欢哪些学科？为什么？
- 如果一定要你重做受教育的决策，你会做出同样的选择吗？为什么或为什么不？
- 过去6个月里，你学到的最重要的是什么？
- 你发现你最好的老师具有什么好品质？这些也可以应用在工作上吗？

个人性格

- 业余时间你喜欢干什么？
- 在现在或前一份工作中，你缺勤或迟到了多少次？那是正常的吗？是什么原因？
- 你在本酒店工作，家里会怎么看？
- 在你前一份工作中，关于无故迟到或缺勤的政策给你解释清楚了吗？这些政策公平吗？
- 你的第一位主管是什么样的人？
- 你的第一份工作是怎样得到的？你最近的工作呢？

根据面试的需要，以下关于个人性格、工作职务的问题可以改变

- 谁的责任更重大，总台接待员还是预订销售员？为什么？
- 你曾面对过一位对一切都不满的气愤的客人吗？如果有过这样的经历，那你是怎样与该客人一起解决问题的呢？
- 你认为你所申请的岗位的人离开的主要原因是什么？你会怎样去改变它？
- 你认为一个好的总台接待员的最主要责任是什么？
- 假设你的主管坚持要你以某种方式学习一项任务，而你知道另有更好的方式，你会怎样做？
- 你遇到过对某些员工表现出偏爱的主管吗？对这种情况，你是怎么认为的？
- 在你的工作经历中，你最不喜欢的是什么？为什么？
- 当你到商店去买东西的时候，希望看到销售人员什么样的素质？
- 在前一份工作中，你最大的成就是什么？
- 如果有机会，你会对前一份工作做哪些改变？
- 如果给了你这样的机会，你愿意回到前雇主那里吗？为什么？
- 当你决定离开时，是提前多久通知前雇主的（或计划通知前雇主的）？

● 你的前主管和同事们会怎样描述你？

● 你带到这个新岗位的强项和弱项是什么？

● 工作上什么会让你感到灰心？你会怎么对待这些挫折？

● 在你的前一份工作评估中，你的前主管提到需要改进的是哪些方面？你认为为什么会有这样的意见？

● 你最愿意改进自己的三个方面是什么？

● 你做过的最值得骄傲的事情是什么？为什么？

● 你遇到的最有趣的事是什么？你申请的工作对你重要吗？为什么？

针对候选管理人员的问题

● 对员工，你有过什么样的培训计划，谁制订谁实施的？

● 在前一份工作中，你做了哪些努力去改进你所管理部门的工作？结果是怎样衡量的？

● 经理最重要的贡献是什么？

● 哪些酒店是你们的最大竞争者？他们的强项、弱项各是什么？

● 作为管理者，你的员工会怎样描述你？

● 在前一份工作中，你必须管理多少人？概述一下情况。

● 对开除员工你是怎么看？你在激励你的员工方面做了哪些工作？

3. 面试评估

表8-1所示为一个面试评估样表，其中列出了前厅部员工的一些重要素质。此表的各部分应根据前厅部的岗位要求进行组合，前厅部经理可以运用这个表来评价申请人的强项和弱项。

在对申请人面试之后，前厅部经理可以用此表按以下标准为申请人打分。如果申请人达不到给定领域技能的可接受水平，或技能不直接与工作有关，则申请人的得分为 0；根据在与工作相关的领域，申请人达到或超出可接受技能水平的程度，得分可加1分或3分；在与工作相关的技能方面，按申请人低于可接受的水平的程度，可减1分或3分。

每一位申请人都有强项和弱项。面试评价表能保证申请人不会因某一方面的缺点而失去机会。评价了所有的申请人之后，经理应选出最适合该岗位的申请人并予以聘用。在面试评价表上得分最多的申请人一般很有可能成为最好的员工。一旦选出了申请人，经理应通知参加面试的其他申请人，该岗位已经有人了。有时，申请一个岗位失败者可能会适于另外的岗位空缺。出现这种情况时，经理应鼓励申请人去申请，或者花点时间告诉另一部门的经理有关合格的申请人的情况。所有聘用面试情况应存档，特别是那些未被录用的申请人的面试。

表8-1 面试评估样表

申请人姓名　　　　需评估的岗位　　　　日期

	欠佳		一般	较好	
	–3	–1	0	+1	+3
相关工作背景					
一般背景					

续表

	欠佳		一般	较好	
	–3	–1	0	+1	+3
工作经历					
同样的公司					
对工作的兴趣					
工资要求					
出勤					
领导经验					
教育 / 智力					
正规学校教育					
智力能力					
另外的培训					
社交技能					
语言表达和聆听能力					
文字能力					
身体因素					
一般健康状况					
体力状况					
清洁、服饰和姿势					
体能水平					
个人性格					
第一印象					
人际交流技能					
个性					
合作精神					
激励					
眼界、幽默和乐观					
价值观					
创造性					
压力承受能力					
展示技能					
服务态度					
独立性					
计划和组织能力					
成熟性					
决断能力					

续表

	欠佳		一般	较好	
	−3	−1	0	+1	+3
自我了解					
灵活性					
工作标准					
小计					

4．候选人工作背景调查

在面试结束后、最后决策前，还有一个不可忽视的工作必须完成，那就是候选人的工作背景调查。候选人的工作背景调查是酒店选拔录用人才不可缺少的环节。当今时代，工作变动已是非常平常的事，很多人不仅在一个地区内调动工作，而且可能跨地区寻找和接受工作。为较充分地了解候选人，酒店需要时，应和候选人过去工作单位的人力资源部联系，对其工作的各项表现进行调查，避免因候选人的隐瞒而造成在候选人尚未离职的情况下与其签订劳动合同、产生劳动关系，酒店应该要求候选人出示与原单位解除劳动合同的证明书。

一般来说，基于时效性的考虑，酒店大都调查候选人过去三至五年的工作情况。另外，无论候选人最近一次任职期有多长，酒店都应对他至少做两个任职期的工作背景调查。

5．提供入选机会

当人力资源部和前厅部同意录用候选人后，人力资源部必须按照招聘录用程序将候选人的个人资料、面试评估意见、将来的职位及薪酬福利待遇等上报审批，在总经理批准后再与候选人沟通。在告知候选人酒店的录用意向时，需要简单地告知其所任职位、工作职责、工作时间、薪酬福利等。

当双方合作意向明确后，所定人选才会根据酒店要求办理各项入职的准备工作，如体检、签订劳动合同等。

任务3 前厅部员工的培训

一、酒店员工培训的含义

酒店员工培训是指酒店通过各种方式使员工具备完成现在或者将来工作所需要的知识、技能，以改善员工在现有或将来职位上的工作业绩，并最终实现企业整体绩效提升的一种计划性和连续性的活动。

培训从效果上看具有长效和短效之分，前者更多的是一种实现短期目标的行为。目的是使员工掌握当前所需的知识和技能，例如餐厅服务员摆台、点菜的技能技巧培训，酒店新员工的入职培训，礼貌礼仪培训等；而后者则更多的是一种实现长期目标的行为，目的是使员工掌握将来所需的知识和技能，以应对将来工作所提出的要求。这两者的实质是一样的，都是要通过改善员工的工作业绩来提高企业的整体绩效，只是关注点有所不同，一个关注现在，而另一个更关注将来。

准确理解培训的含义，需要把握以下几个要点：

（1）培训的对象是酒店的全体员工，而不只是某部分员工，当然这并不意味着每次培训的对象都必须是全体员工，而是说应当将全体员工都纳入到培训体系中来，不能将有些员工排斥在培训体系之外。

（2）培训的内容应当与员工的工作有关，与工作无关的内容不应当包括在培训开发的范围之内；此外，培训的内容还应当全面，与工作有关的各种内容都要包括进来，如专业知识、专业技能、工作态度、酒店的战略规划以及酒店的规章制度等。

（3）培训的目的是改善员工的工作业绩并提升酒店的整体绩效，应当说这是酒店进行培训的初衷和根本原因，也是衡量培训工作成败的根本性标准，如果不能实现这一目的，培训工作就不能成功。

（4）培训实施的主体是酒店，也就是说培训应当由酒店来组织实施。有些活动虽然客观上也实现了培训的目的，但是实施主体并不是酒店，因此不属于培训的范畴。例如，员工自学，虽然同样会改善工作业绩，但不属于培训；如果这种自学是由酒店来组织实施的，那么就属于培训。

二、酒店员工培训的意义

很多国内、国际酒店或酒店集团之所以重视培训开发工作，是因为它具有非常重要的作用和意义，这主要表现在以下几个方面。

（一）培训有助于改善酒店的经营管理成果

酒店经营管理目标的实现是以员工个人绩效的实现为前提和基础的，有效的培训工作能够帮助员工提高知识和技能水平，增进他们对企业战略、经营目标、规章制度以及工作标准等的理解，从而有助于改善他们的工作业绩，进而提高酒店的经营效益。

（二）培训有助于增进酒店的竞争优势

构筑自己的竞争优势，这是所有酒店在激烈的竞争中谋求生存和发展的关键所在。当今时代，随着知识经济的迅猛发展和科学技术的突飞猛进，酒店的经营环境日益复杂多变。通过培训，可以使员工及时掌握新的知识、新的技术，增强酒店的竞争优势。

（三）培训有助于增强员工的满足感

对员工进行培训可以使他们感受到酒店对自己的重视和关心，这是增强其满足感的一个重要方面。此外，对员工进行培训，可以提高他们的知识技能水平，而随着知识技能水平的提高，员工的工作业绩能够得到提升，这有助于他们获得成就感，这也是增强其满足感的一个重要方面。

（四）培训有助于培育酒店的企业文化

研究表明，良好的企业文化会对员工产生强大的凝聚、规范、导向和激励作用，这对酒店来说有着非常重要的意义。因此，很多酒店越来越重视企业文化的建设。作为酒店成员共有的一种价值观念和道德准则，必须得到全体员工的认可，这就需要不断地向员工进行宣传教育，而培训就是其中非常有效的一种手段。

三、前厅部员工培训的内容

（一）入职培训

入职培训是新员工首先接受的培训。成功的入职培训计划常包含一份书面的日程，该表包含培训的具体安排。入职培训计划应包括以下信息：

（1）酒店　历史、服务声誉、主要管理人员姓名、发展计划、公司政策等；

（2）福利　工资、保险项目、员工折扣、假期和带薪假日；

（3）工作条件　培训计划安排、工作日程、休息、用餐时间、加班、安全、保安、员工告示板和记事本以及社会活动；

（4）工作　工作岗位所承担的具体任务，与其他部门的配合工作，期望达到的服务标准；

（5）前厅部团队　介绍同事，概述每位员工的主要职责，解释隶属关系；

（6）规章制度　关于如吸烟、出入、纪律处分、停车权利等的规定；

（7）建筑物　建筑物的布局、员工入口的位置、更衣室、员工餐厅、制服房、总台以及其他重要部门。

员工上班的第一天就应填写有关人事、工资和工作表格，并根据工作发放制服和更衣柜。新员工还应该参观全酒店，特别是不同种类的客房和会议室。参观地点应包括工作区、计时钟、工作日程张贴处、库房、急救箱、厕所和小憩区。参观相关的部门会有助于强化对工作流程的理解。在参观中，前厅部经理应尽量多给新员工介绍一些同事并指出一些重要部门的位置，如客房部、洗衣房、工程部、财会部等。参观中最重要的事情之一是要花时间把新员工介绍给重要部门的经理，这样有助于让新员工立刻感到自己是整个团队的一员，还有助于建立管理层与员工之间的相互关系。

（二）技能培训

技能培训是前厅部员工培训的重要内容。保证员工受到适当的培训是前厅部经理的主要职责之一，这并不是说经理一定要做培训老师，实际的培训工作可以交给培训老师、部门主管，甚至是经验丰富的员工。然而，前厅部经理应负责部门内外培训计划的实施。绝大多数经理和培训员都知道，培训的目标是帮助员工获得做好工作的技能。但是，许多经理和培训员都不了解培训的最佳方法，他们常需要一个培训计划。

四、前厅部员工培训的步骤

前厅部员工培训包括准备培训、实施培训、技能实习、跟踪检查这几个步骤。

（一）准备培训

对成功的培训来说，准备工作是十分重要的。没有充分的准备，培训会缺乏逻辑顺序，工作的重要细节也会被忽略。培训之前，前厅部经理必须进行工作分析并发现培训需求。

1．工作分析

工作分析（Job Analysis） 确定员工必须掌握什么知识，他们要完成什么任务，以及执行任务时必须达到的标准。工作分析可分为三步：确定工作所需的知识、制定任务单、为前厅部各岗位的每项任务进行工作分解。知识、任务单和工作分解构成了评价工作的有效体系。

（1）工作知识（Job Knowledge） 工作知识明确了员工在进行工作时需要了解哪些内容。工作知识可以分为三类：酒店全体员工的知识，前厅部员工的知识以及各岗位（如总台接待员）的知识。

（2）任务清单（Task List） 一份“任务清单”反映出一个岗位的全部工作职责。表8–2给出了总台接待员的任务清单样本。注意任务清单的每一行都以一个动词开头，这种形式强调了行动，并且清楚地告诉员工，他将负责什么工作。只要有可能，任务清单都应按每日工作的逻辑顺序列出任务。

（3）工作分解（Job Breakdown） 工作分解是用一张表列出需要的设备、用品和步骤。为了适应各项工作的需要，工作分解的形式可以有所变化。表8–3给出了表8–2中第16项任务“运用有效的销售技巧”的工作分解。

表8–2 总台接待员的任务清单样表

总台接待员任务清单（FRONT DESK AGENT TASK LIST）	
1．使用总台计算机系统	28．准备地图并提供指路服务
2．使用总台打印机	29．满足客人的特殊需要
3．使用总台电话系统	30．回答有关部门服务和活动的问题
4．使用传真机	31．处理对客服务中的问题
5．使用复印机	32．为客人兑换支票
6．整理总台，准备入住登记	33．领取、使用并上缴备用金
7．使用前厅部工作日志	34．邮寄客人账单和发票
8．制作并使用抵店名单	35．遵守保护客人隐私和安全的措施
9．预留和撤销预留客房	36．办理叫醒业务
10．建立预登记	37．操作付费电影系统
11．开始客人入住登记	38．处理保证类预订客人的未抵店情况
12．登记时确定付款方式	39．更新客房状况
13．获得信用卡授权	40．帮助客人办理将来的预订
14．发放并控制客房钥匙／钥匙牌	41．办理客人离店手续
15．完成客人入住登记	42．调整有争议的对客收费
16．运用有效的销售技巧	43．转移获准同意的客人收费
17．为抵店团队做预登记以及入住登记工作	44．办理自助离店
18．带领客人参观客房	45．处理客人延迟离店
19．客房尚未准备好时使用的候补名单	46．办理延迟收费
20．在超额预订情况下重新安置客人	47．保持总台干净整齐
21．使用人工客房状况显示系统	48．调整客房状态，与客房部下午报告一致
22．处理房间更换	49．准备最新客房状态报告
23．为客人办理保险箱业务	50．执行大小检查
24．为销售点准备现金报告	51．盘存并申领总台补给品
25．经管并跟办信用检查报告	52．填写并上交当班检查表
26．处理客人信件、包裹和传真	53．处理急救
27．管理客人信息指南	54．对警报做出正确反应

表8-3 “运用有效的销售技巧”的工作分解

运用有效的销售技巧		
需要的资料：促销项目目录册，促销材料，宣传册，客房简图，餐厅和房内用餐菜单		
步骤	怎样去做	提示
1. 升级销售客房	（1）客人进店时推荐较高房价的客房 （2）描述高价房的特色和好处 （3）出示客房简图，帮助说明特点 （4）如果客人有孩子，建议用大点的房间，以增加空间 （5）建议商务旅客用条件更好的房间，或者更大的房间，可以开会 （6）如果一对夫妇正在度假，建议用能留下深刻记忆的特色房 （7）直接问客人他们是否愿意入住你所说的房间	升级销售是一种销售比客人原订房间更贵的客房的方法 向客人提供更好的房间不会伤害客人，你在表达的是希望客人住得愉快 不要等待客人告诉你他要订的是某一种房型；预期他们的需要，并且问你是否能为他们订那种房型的客人通常都欢迎积极的建议
2. 推荐餐厅	（1）如果客人说没有时间离开房间，则推荐订房内用膳，告诉客人服务时间 （2）运用好的判断，不要在深夜推荐房内用膳菜单上的大菜 （3）如果客人要找一个环境好的地方吃饭，则推荐酒店的餐厅 （4）给客人看菜单，以帮助他们做出决定 （5）告诉客人预订和着装方面的要求 （6）倾听客人意见，如果他们特别询问酒店外的餐厅，就建议去有地方特色的餐厅 （7）如果客人要找地方放松一下，建议他去茶座 （8）掌握对菜单、营业时间和娱乐节目的变动信息，客人认为你是本酒店的专家	当你推荐酒店餐厅的时候，是在进行团体协作
3. 推荐酒店的促销项目	（1）询问主管店内有哪些促销项目 （2）研究各促销项目的特点及益处 （3）热情地描述可以满足客人需要的项目 （4）给客人宣传册和其他促销材料	客人喜欢感到他们得到了“免费的东西”或“特别优待”

2. 发现培训需求

（1）新员工的培训需求 任务清单是做员工培训计划的良好工具。因此开始培训之前，请研究任务清单。然后，再根据单独工作之前应该掌握的、在岗两个星期之内应该掌握的、在岗两个月内应掌握的各项任务，来分步实施培训计划。选出“单独工作之前应该掌握”的几项任务，计划在首期培训中完成。员工了解并且能执行这些任务之后，在随后的培训中再教授员工剩下的任务，直至新员工学会所有的任务。

决定各期培训教授的内容之后，再看工作分解。把工作分解作为培训的课程计划，也可以作为自学的学习指导。因为工作分解列出了员工必须执行的每一步骤，还准确告诉员工培训中要做些什么。工作分解可以指导讲课，也可以确保重点或步骤不会被忽略。

（2）分析现有员工的培训需求　一份培训需求评估表能找出一位员工的弱点，同样也能找出全体员工的弱点。要对一位员工进行需求评估，需观察这位员工现有两到三天的工作情况，记录在一份与表8-4类似的表格里。员工得分较差的地方就是计划培训的目标所在。

表8-4　评估现有员工培训需求评估表

第1部分：工作知识

评定员工在以下各方面的知识	低于标准很多	略低于标准	达标	高于标准
全体员工应掌握的知识				
高质量的对客服务				
血液携带的病原体				
仪容仪表				
紧急情况				
失物招领				
再循环程序				
安全工作习惯员工政策				
识别值班经理				
酒店宣传册				
有关法律法规				
前厅部全体员工应掌握的知识				
礼貌接听电话				
保安				
客房种类				
保养需求				
酒店政策				
所在社区				
回答问路				
到机场的交通				
乘电梯礼仪				
餐厅菜单				
总台员工应掌握的知识				
何谓总台员工				
与同事和其他部门团结协作				
目标市场				
使用客房设备和用品				
电话系统				
销售点记录设备				
总台计算机系统				
总台打印机				
客房状况显示系统				

续表

评定员工在以下各方面的知识	低于标准很多	略低于标准	达标	高于标准
预订种类				
可售客房和出租客房术语				
房价术语				
客房状况术语				
常客计划				
入店登记和结账离店要点				
客房预测				
信用卡授权程序				
检查授权程序				
信用检查报告				
现金兑换				
周转库存量系统				
重点宾客				

第2部分：工作技能

评定员工在以下任务时的技能	低于标准很多	略低于标准	达标	高于标准
使用总台计算机系统				
使用总台打印机				
使用总台电话系统				
使用传真机				
整理总台准备入住登记				
使用前厅部工作日志				
制作并使用抵店客人名单				
预留和取消预留房				
建立预先登记				
开始客人入住登记				
登记过程中确立付款方法				
寻求信用卡授权				
发放和控制客房钥匙				
结束客人入住登记				
运用有效的销售技巧				
预先登记并办理团队客人入店手续				
向潜在的客人展示客房				
客房未能入住时使用等候名单				
超额预订时重新安置客人				
使用人工客房显示系统				

续表

评定员工在以下任务时的技能	低于标准很多	略低于标准	达标	高于标准
办理换房				
为客人办理保险箱				
为营业点准备现金报告				
制作并跟踪信用检查报告				
办理客人的信件、包裹和传真				
更新对客服务信息指南				
准备地图并给客人指路				
帮助落实客人的特殊要求				
回答关于服务和活动项目的问题				
处理对客服务中的问题				
为客人兑换支票				
领取、使用并上缴备用金				
邮寄客人的账单和付款单				
保护客人的隐私和遵守保安措施				
处理客人的叫醒电话				
管理收费电影系统				
处理保证类预订的不抵店				
更新客房状态				
帮助客人预订客房				
在总台办理客人离店费用				
调整有争议的收费				
转移经批准的对客收费				
办理自助离店手续				
办理延迟离店手续				
收取延迟离店费用				
保持总台清洁整齐				
核对客房状态和客房部下午的房态报告				
准备一份最新状态报告				
执行大小检查				
盘存并申领总台补给品				
填写并上交当班检查表				
对需要急救的情况做出反应				
对警报做出反应				

注：前厅部经理（或主管经理）进行工作表现评估时只需将对应的栏目与员工表现相对照，并应经常对新员工表现进行评估，这样评估才可以起到强化的作用，随着新员工越来越熟悉他们的工作，评估的频率可以降低，直至将员工完全培训好。

（3）制订部门培训计划 酒店一般一年制订四次培训计划，每三个月左右一次，在下一季度开始前一个月完成各个计划。可按照以下步骤准备培训：

① 认真复习培训中要用到的所有知识部分和工作分解；

② 为接受培训的每一个人复印一份各知识部分和工作分解；

③ 制定培训日程，这将取决于要培训的员工和用什么方法培训该员工，记住要把每一期培训的内容限制在员工能够理解和记住的范围内；

④ 选好培训时间和地点，培训应尽量安排在营业淡季，并选择合适的工作地点；

⑤ 把培训的日期和时间通知员工；

⑥ 实施授课；

⑦ 收集需要的全部物品做演示。

（二）实施培训

实施培训实际上就是按照“工作分解表”的内容进行培训，“工作分解表”是培训指南，培训要遵循工作分解中各步骤的顺序。在每一步骤，演示并告诉员工要做什么、怎样做，以及细节的重要性。让新员工学习任务清单，从而对他们将要学着去做的所有任务有一个总体印象。

实施培训的方法有以下几种：

1. 讲授法

这是培训中最简单也最常用的方法。值得注意的是，运用讲授法对酒店员工进行培训时，绝不能只进行单方面的灌输，培训员应在整个讲述过程中激发参加培训的人员回答问题，抒发见解，进行双向沟通。

2. 案例分析法

案例分析法要求参加培训的员工深入思考和描述工作实例，分析其背景、原因、发生过程，找出理论依据或解决办法。案例分析法的运用容易引起参加培训人员的兴趣，激发研讨热情，促进相互之间的交流，并且可以结合前厅部日常服务的实际情况，进行生动的教学。

3. 角色扮演法

角色扮演法是让员工模拟实际情景、扮演各种角色来进行培训的一种方法。角色扮演法趣味性强，可以让受训者有机会实践所学到的知识，加深受训者的理解，使之印象深刻。

4. 培训者演示、受训者模仿法

培训者演示、受训者模仿法，是指培训者向参加培训的员工讲授正确的操作方法，带领其观看实际工作的操作执行过程后，让其模仿、实践，在员工行为模仿实践时，培训者会纠正其操作中的错误行为，直到他们掌握操作要领。

5. 视频培训法

视频培训法即使用录像带或影碟进行培训的方法，这种培训方式的优点在于观看者可以跳过或者重复观看某些片段；也可将员工自身的操作行为录下来，让员工自己再看一遍，并对自己的表现提出意见。

6. 问题讨论法

问题讨论法是将某一问题，设定一定的限制条件，引导员工展开讨论并进行指导，最终得出正确结论的培训方法。这种培训方法可使受训员工相互启发并各抒己见。员工能够相互交流经验、体会，从而达到提高认识的目的。

（三）培训效果评估

1. 运用科学方法评估培训效果

培训效果是指在培训过程中，参加培训的员工所获得的知识、技能、才干等应用于工作的程度，以及由此带来的酒店或部门的绩效提高水平。

酒店对培训效果进行评估，主要是研究员工的工作行为是否在培训后发生了变化，这种变化是否是由培训引起的，是消极的变化还是积极的变化。衡量这些变化常用的方法有以下几种：

（1）调查法 调查法是指通过问卷调查、实际跟踪调查、座谈会等形式，了解员工对这一培训项目的看法及反应（如是否感到培训后有收获），以及员工对培训方式、培训科目和培训员的认可程度。

（2）考试法 考试法即通过考试、测试等办法，检验员工对所讲授内容的掌握程度，看员工是否能理解培训内容中的概念和技能。

（3）经营指标分析法 经营指标分析法即通过与培训相关的一些经营指标的统计来分析检验培训的效果，如差错率、投诉率以及客房、宴会和会议销售额的增长率等。这些指标是表明员工是否由于参加培训，在行为上应用了学到的概念和技能，引起了与工作有关的行为发生变化。该方法是检验培训结果对组织的影响程度，以此来判断培训带来的积极效果。

2. 递交培训报告

一般来说，酒店培训部每个月应该完成一份培训报告，总结所开展的培训活动及其效果。通常培训报告中包括以下几方面的内容：

（1）当月开展的培训课程；

（2）员工平均受到培训的时间，包括部门的技能技巧培训和培训部组织的各项培训所花的时间；

（3）培训计划的实施情况；

（4）对照培训预算，统计实际发生的培训费用，并加以解释和评估；

（5）培训的组织和培训质量的评估，评估内容包括：培训的计划、组织状况，培训员的备课、讲课质量，受训人员的参与及受益情况；

（6）培训效果的评估，要点有：受训人员的反馈，给酒店经营管理带来的积极影响和需要跟进或改进的方面。

综上所述，对酒店前厅部员工进行培训，酒店培训部以及前厅部应该通过培训需求分析，明确培训目的，了解目标学员（目标市场）的培训需求和接受能力，针对培训员和受训人员的要求，设计培训内容，确定授课方法，计划培训时间，准备所需培训设备、培训材料，做好培训预算，列明培训评估的方法，并由此制订年度培训计划、月度培训计划以及每周的培训计划，之后要通过对培训效果的考核和评估，判断培训是否给酒店前厅的服务和管理带来了积极的效果。这样才能有的放矢地开展培训并取得预期的培训效果。

任务4 前厅部人员定编

酒店人员定编是进行人力资源规划最重要的一环，下面以前厅部人员定编为例对这部分内容做专门介绍。

一、酒店人员定编需要考虑的因素

根据酒店经营、服务和管理的特点对人力资源的需求进行分析后，才可以较为准确地对各部门的人员编制进行定编。一般来说，酒店人员定编应考虑以下有关因素：酒店星级；酒店经营规模、经营范围；酒店服务项目和服务水准要求；经营时间；酒店的客源状况；酒店的经营状况预测；酒店的员工素质、知识技能水平；不同职位的具体岗位职责；国家和地方政府有关劳动时间的相关劳动法律、法规，如员工的法定工作时间、法定节假日等。

举例来说，确定酒店前厅部的人力资源的编制时，管理人员须考虑以下指标。

（一）酒店的出租率

例如：如果某酒店客房数为500间，下一年的平均出租率预测为80%，而酒店的主要营收为客房收入，餐饮的设施和服务不占主导地位。按照国际惯例，就要以预测的下一年每天的出租客房数［即：500×80%=400（间）］来考虑酒店员工需求量，特别是前厅和客房部员工的需求量。

（二）酒店相关部门的服务时间以及每一段工作时间内需要的人员数

例如：酒店的前台接待是24小时在岗的，而根据客房出租率所推算的客人数量及每位接待员接待客人的数量，可以计算出每一班次最少需要多少员工和管理人员。

（三）酒店相关员工每天的工作时间，以及每周乃至每年的工作天数

例如，一名前台接待员每年享有以下的法定假日和年假：

（1）每周2天的正常休息日；

（2）每年10天的法定节假日；

（3）按照公司规定享受7个工作日的年假。

那么这位服务员每年的假日是121天，工作日是244天。

（四）酒店的经营性质和经营战略

一个五星级商务型酒店和一个三星级度假型酒店，对服务项目的设置和服务水平的要求是不同的。相应地，对员工的要求也就不同。

（五）酒店的员工数与酒店客房数的比例

酒店的员工数与酒店客房数的比例，通常是国际酒店用来分析人员编制是否合理的一个重要参数。酒店常常通过对酒店的员工数与客房数之比的分析和比较，来衡量酒店的总体编制水平是否过高或不足。例如，在国内的大多数国际商务型酒店中，员工数与客房数之比一般不超

过1.5∶1。需要指出的是，当一家酒店的餐饮和娱乐设施所占比例较大时，人员的编制也会较多，而酒店的员工数与客房数之比也会相应地增大。

二、酒店人员定编的方法

酒店人员的定编，有着不同的方法。制定某个职位的人员编制最简单也是最常用的方法，是将该职位一天中每个班次所需人员相加，乘以一周酒店运作的实际天数，再除以一个员工每周工作的天数，所得数即员工需求数量。

例如：一家酒店前厅部的接待员每天工作8小时，一个班次中有1小时工作餐时间，早班（上午7:00至下午3:00）需4人，下午班（下午3:00至晚上11:00）需4人，夜班（晚上11:00至上午7:00）需2人，按照劳动法规定，每个员工每周有2天休息。那么该酒店前台接待员需求量应为14人[即：(4+4+2)×7÷5=14]。

上述的计算方法并没有考虑在法定假日、年假等期间员工的额外需求量。如果希望计算得更为准确，还可以按照以下步骤进行核算：

（1）先了解具体的工作岗位的班次和每个班次的人员需求情况。

（2）计算出员工每年的休息天数。根据劳动法的有关规定，员工每一周的工作时间不得超过40小时，每天的工作时间不得超过8小时，即一般每周休息2天。另外，国家规定，员工每年享受10天的公共节假日，加上公司给员工每年10天的有薪年假待遇，那么一个员工每年的休息天数应为：

全年休息天数：52×2=104（天）

全年公共节假日：10天

有薪年假（如年假为10天）：10天

一个员工每年的休息天数共124天。

（3）根据员工每年的休息天数即可算出该员工每周的工作天数：

$$\text{员工每周的工作天数}=\frac{365-\text{员工每年的休息天数}}{52}$$

（4）统计出每个岗位、每个班次所需人数以及该岗位每周不同班次所需人数之和。

（5）计算出该岗位所需人数，也即人员编制，公式如下：

$$\text{员工编制}=\frac{\text{每周不同班次所需人数之和}}{\text{每个员工平均每周工作天数}}$$

【实例1】

仍以上述案例为例：一家酒店前厅部的接待员每天工作8小时，一个班次中有1小时工作餐时间，早班（上午7:00至下午3:00）需4人，下午班（下午3:00至晚上11:00）需4人，夜班（晚上11:00至上午7:00）需2人。普通员工一年享有6天年假。若考虑在法定假日、年假等期间员工的额外需求量，请核算前台接待员所需的人员编制。

（1）早班、中班和夜班每天所需员工数：

早班所需员工＝4（人）

下午班所需员工＝4（人）

晚班所需员工 = 2（人）

（2）计算出每天三个班次所需人数之和：

早班、中班所需员工数 = 4+4+2 = 10（人）

（3）计算出员工每周实际工作天数：

$$员工每周工作天数=\frac{全年天数-全年节假日数-年假}{全年周数}$$

$$=\frac{365-104-10-6}{52}\approx 4.71（天/人）$$

（4）前台接待员所需的人员编制：

$$员工编制=\frac{每天所需人数\times 一周天数}{员工每周实际工作天数}=\frac{10\times 7}{4.71}=14.9（人）\approx 15（人）$$

【实例2】

某酒店为一家四星级酒店，拥有不同类型的客房数600间，每天接待来自欧美、亚洲、大洋洲以及国内不同地区的商务客人。根据市场销售预测，明年该酒店的客房的平均出租率为80%。前台服务员分三个班次工作：早班7:00—15:00，中班15:00—23:00，晚班23:00—7:00。普通员工一年享有6天年假。请根据上述条件，核算出客房楼层服务员所需的人员编制。

根据前面所讲的计算方法，我们可做如下计算：

（1）根据客房出租率（80%）计算早班、中班每天所需员工数：

早班所需员工数=（600×80%）÷13≈36.92（人）

中班所需员工数=（600×80%）÷45≈10.66（人）

（2）计算每天两个班次所需人数之和：

早、中班所需员工数=36.92+10.66=47.58（人）

（3）计算员工每周实际工作天数：

$$员工每周工作天数=\frac{全年天数-全年节假日数-年假}{全年周数}$$

$$=\frac{365-104-10-6}{52}\approx 4.71（天/人）$$

（4）客房楼层服务员所需的人员编制：

$$员工编制=\frac{80\%出租率时每天所需人数\times 一周天数}{员工每周实际工作天数}$$

$$=\frac{47.58\times 7}{4.71}=70.7（人）\approx 71（人）$$

如果酒店希望压缩编制，就可以将人员编制定得紧些。比如将上述例子中的人员定为70人，必要时可适当安排员工加班并支付加班费。总的来说，根据每个班次、每天的营业或运营需要来进行人员编制的核算，原则上已经可以避免人员编制过多或过少的现象。

【项目练习】

一、讨论

1. 选择你所在城市的一家酒店，了解和分析酒店当年的招聘计划和招聘效果，并尝试制订一个你认为能够提高招聘效果的招聘计划。

2. 讨论人才选拔和录用的一般程序，并论述为什么需要按照这样的程序进行人才的选拔和录用。

3. 如果你曾在酒店前厅部工作过，谈谈酒店是如何对你进行培训的。一般而言，让员工接受良好培训对前厅部经理有哪些好处？

二、案例分析

— 这样的管理科学吗 —

一位酒店实习生眼中的前厅礼宾部管理

在某大酒店前厅实习时，我遇到最多的一件事，可以说是每天都看到老员工（其实也就工作了两个月以上的员工）在欺负刚来的新员工，当然包括实习生。他们主要的做法是把能拿到额外收益的工作全都包了，把一些琐碎、容易被人骂的、比较重或者累的工作分给新员工。我发现，老员工是很“团结的”，他们一般都会说粤语，被排斥的新员工都是外省的。据说老员工会把所有的小费都集中，然后根据情况再适当地分给每个人（很多新员工是拿不到一分钱的）。更为滑稽的是，员工们的小费需要硬性地上缴一部分，这一部分是硬性的，无论当天有没有收到钱都要交，由每个员工分担，就像税收。

因为我每天都看到这一类的事情，就感觉很有趣。在广东这样一个浮躁的社会，一群说粤语的员工排斥外省人这也正常，只要有利益冲突，又加上酒店的文化未能深入人心，员工们都是向“钱”看的。因为开业不久，培训不力，这种现象的存在也较为正常。但有趣的是，管理层既然知道了问题所在，却没有去有效解决，而设置的上缴制度，是在加剧矛盾的激化。不论当天下面员工有没有收到钱，管理层都要让下面的员工每天上缴钱，这种做法的结果是：

其一，逼员工想尽办法去做有利可图的事，而不做没利可图的事。比如国内客人到酒店时，员工会相对冷淡些，因为中国人没有给小费的习惯，这样对客人的歧视势必导致客人的不满。

其二，管理层对小团体主义视而不见，那些被欺压的员工对老员工心生怨恨，导致了内部争斗并且对管理层失望，最终把不满发泄在客人身上。

其三，把收到的小费集中分配时，每个人分到的都不一样，但又没有一个可以说服所有人的标准，这就导致老员工之间存在矛盾。

以上这些势必导致管理的混乱、部门内部人员的内耗，最后肯定转化成了客人的不便，导致客人的不满和投诉。我个人觉得，一个管理者最重要的职责之一就是制定制度，制度不好势必引起管理的混乱。

思考题

1. 你是否认同这位实习生的分析？

2. 针对礼宾部存在的这些问题，你认为应该如何加强管理？

【项目实训】

一、实训要求

1. 实训目标

本实训重点是对前厅部员工招聘过程中的面试流程进行练习和模拟。因学生在校期间会面临酒店的多次面试，毕业之际也将面对企业的招聘面试，所以重点对此进行训练。通过对前厅部员工面试流程的练习模拟使学生掌握面试的各个步骤和技巧。

2. 实训课时

2课时。

3. 实训方法

教师先讲解示范，然后学生按程序模拟，学生观察并相互点评，教师指导纠正。

二、实训内容与步骤

1. 布置任务

教师在前一天布置练习内容，如以下则招聘广告为例。以小组形式展开，每个小组里的成员都分配一个角色：面试官和应聘者。可采取多种形式的面试方式。

— 海斯曼大酒店招聘启事 —

招聘岗位：前厅部主管

招聘要求：男女不限，大专以上学历，相貌端庄，女1.65米以上，男1.70米以上。工作细致、踏实，能承受较大的压力。具有良好的沟通能力，协调能力，组织能力。同等行业两年以上相关工作经验，具有较丰富的专业知识，有在四星级酒店的从业经验者优先录取。

2. 资料准备

学生根据角色不同准备不同资料。面试官根据课程内容提示准备好面试问题和评分标准表格等。应聘者根据应聘要求准备好简历等。各角色着好相应正装。

3. 布置场地

要求一对一或多对一进行面试，桌椅排放按此要求进行。

4. 进场

从室外进入场内要求轻扣房门，得到允诺后自然入场。另外，双方致意要符合礼仪规范。

5. 问答开始

面试官有目的地开始提问，应聘者沉着冷静应答。

6. 问答结束

由面试官掌握面试节奏，在恰当时机结束面试。

7. 标准评分

对面试者进行评分，评分标准应客观、公正、易操作。

8. 统核

对所有面试者进行统分对比，当场宣布面试结果。

三、实训考核

面试模拟考核标准

考核内容	评分标准	配分	得分
资料准备	客观、全面、有针对性	10	
仪容仪表	着装规范，发型合适，女生淡妆，男生清爽	15	
仪态	仪态大方、自然	10	
问题设计（面试官）	设计合理，能全面考查出应聘者的综合素质和专业能力	50	
回答问题（应聘者）	回答问题有针对性，能全面体现出自身的综合素质和专业能力	5	
语言表述	条理清楚、逻辑性强	10	

参考文献

[1] 姜玲. 星级前厅服务人员指导教程[M]. 广州: 广东经济出版社，2006.

[2] 王伟，孙东. 服务人员教程[M]. 北京: 旅游教育出版社，2005.

[3] 东京帝国饭店营业企划室编. 孙琳译. 帝国饭店服务秘诀. 北京: 中国旅游出版社，2000.

[4] 胡剑虹. 饭店前厅客房服务与管理[M]. 北京: 科学出版社，2010.

[5] 陈乃法，吴梅. 饭店前厅客房服务与管理[M]. 北京: 高等教育出版社，2008.

[6] 李雯. 酒店前厅与客房业务管理[M]. 大连: 大连理工大学出版社，2005.

[7] 万雯、郭志敏. 饭店前厅客房服务与管理[M]. 武汉: 武汉大学出版社，2009.

[8] 徐文苑. 饭店前厅管理与服务[M]. 北京: 清华大学出版社，北京交通大学出版社，2011.

[9] 仇学琴. 饭店前厅客房服务与管理[M]. 天津: 南开大学出版社，2011.

[10] 万雯，郭志敏. 饭店前厅客房服务与管理[M]. 武汉: 武汉大学出版社，2010.

[11] 于英丽. 前厅客房服务技能实训教程[M]. 大连: 东北财经大学出版社, 2006.